ちくま新書

日本近代史

坂野潤治
Banno Junji

948

日本近代史【目次】

第6章 危機 1925-1937 335

はじめに

本書は、一八五七（安政四）年から一九三七（昭和一二）年までの八〇年間の歴史を、六つの段階に区分して通観しようとするものである。それぞれの時代を日本近代史に固有の言葉で表現すれば、「公武合体」→「尊王倒幕」→「殖産興業」→「明治立憲制」→「大正デモクラシー」→「昭和ファシズム」の六段階になろう。

しかし、これでは各時代の特徴はとらえられても、それぞれの時代の相互関係はわからない。そこで本書では、六つの段階を、「改革の時代」→「革命の時代」→「建設

日本近代史の流れ

1850	公武合体	改革期
1860	尊王倒幕	革命期
1870	殖産興業	建設期
1890	明治立憲制	運用期
1900	大正デモクラシー	再編期
1930	昭和ファシズム	危機期
1940	大政翼賛会	崩壊期

の時代」↓「運用の時代」↓「再編の時代」↓「危機の時代」と呼び直してみた。「公武合体」が「改革の時代」、「尊王倒幕」が「革命の時代」、「殖産興業」が「建設の時代」、「明治立憲制」が「運用の時代」、「大正デモクラシー」が「再編の時代」、「昭和ファシズム」が「危機の時代」に相当する。

本書は、一九三七年をもって「危機の時代」が終わり「崩壊の時代」が始まったことを示唆したところで分析を終えている。その理由については、第6章の最後の部分で説明するが、「崩壊の時代」が日中全面戦争によって始まり、太平洋戦争の敗戦で終わることは、容易に想像がつくであろう。

「改革の時代」に始まって「崩壊の時代」で終わる戦前日本の歴史の後は、再び戦後改革と呼ばれる「改革の時代」が始まる。専門的に研究したことのない戦後六六年間の歴史については語る資格はない。しかし、「革命の時代」を見つけるのは困難にしても、「改革」↓「建設」↓「運用」↓「再編」↓「危機」、そしてあるいは「崩壊」の各段階は、戦後六六年間の歴史の中にも見出せるような気がしている。

戦後六六年の六段階については、門外漢の印象にとどめて、まずは一八五七年に始まる近代日本の「改革の時代」からの六段階を、順を追って見ていきたい。

なお、史料の引用にあたっては、現在の読者にも十分にその意を汲《く》みとっていただけるよう、原則として、新字・現代かな遣いに改めた。適宜句読点やふりがな、送りがなを追加し、漢字やカタカナをひらがなに直したところもある。また、引用史料中の〔　〕は筆者による注記であることをお断りしておく。

文中の年月日の表記に関しては、とくに明記しない限り、一八七二（明治五）年一二月二日までは陰暦による。一八七三（明治六）年一月一日以降は陽暦に替わる。

もう一点。本書第4章以下にたびたび出てくる総選挙による議席の変化は、衆議院の解散当日と召集当日のそれを比較したものである。戦前においても、無所属で当選したのちに与党に鞍替《くらが》えするものが少なくなかったためである。

第１章

改革 1857−1863

西郷隆盛と島津斉彬（写真提供：毎日新聞社）

1 「尊王攘夷」と「佐幕開国」

†明治維新への紆余曲折

明治維新という言葉で人々がまず想起するのは、一八六八年一月（慶応三年一二月）の「王政復古」と同年四月（明治元年三月）の「五箇条の御誓文」であろう。そこには欧米文明を吸収して「富国強兵」と「公議輿論《こうぎよろん》」（合議制）をめざす、近代的中央集権国家の姿が鮮明にあらわれている。

しかし、そこにいたるまでには、二十数年に及ぶ紆余曲折《うよきょくせつ》があり、さまざまな指導者や思想家の悪戦苦闘の歴史が存在した。

「悪戦苦闘」の最大の原因は、外圧に刺激された「尊王攘夷《そんのうじょうい》」論の台頭であった。ペリー来航（一八五三年）に象徴される欧米列強の軍事的圧力は、日本古来の伝統（「尊王」）と二五〇〇年余にわたるもう一つの伝統（「攘夷」）とを結びつけた。この二つの「伝統」が「水戸学」や吉田松陰《しょういん》などにより、「尊王攘夷」という一つの「国是」に合体した時、日本に強固な原理主義が登場したのである。

年表Ⅰ

年代		出来事
1842	天保13	清国、アヘン戦争（1840〜）に敗北
1851	嘉永 4	島津斉彬、薩摩藩主に
1853	6	ペリー、浦賀に来航
1854	安政 元	日米和親条約。日英・日露和親条約。斉彬参勤交代で江戸に、西郷隆盛も同行
1856	3	米総領事ハリス下田駐在
1858	5	日米修好通商条約。安政の大獄（〜59）。島津斉彬没
1859	6	西郷隆盛、奄美大島に流される。橋本佐内刑死
1860	万延 元	桜田門外の変
1862	文久 2	坂下門外の変。和宮降嫁。島津久光、公武調停の意見書。寺田屋事件。西郷、鹿児島に戻されるも再度配流（徳之島→沖永良部島）。久光、率兵上京（一橋慶喜を将軍後見職、松平慶永を政事総裁職に）。生麦事件。長州藩士、イギリス公使館焼打ち

他方、二五〇年余にわたる「鎖国」の中で一国平和主義に慣れ親しんできた幕末の日本は、世界有数の弱小国であり、欧米列強の開国要求をはねのける軍事力などは、あるはずもなかった。現実的な選択は、「開国」以外にはありえなかったのである。時の日本の支配者だった幕府には、「開国」を容認するしかなかった。幕府を支えて開国を容認する立場を当時の言葉で表現すれば、「佐幕開国」となる。

「尊王攘夷」と「佐幕開国」の対立を克服することは、きわめて困難な課題であった。それは対外政策の基本的な対立であっただけではなく、「尊王」か「佐幕」かという国内政治体制の根本的な対立でもあったからである。一八五三年のペリー来航から六八年の明治維新までの一五年間の日本は、この二つの根本対立の落としどころを求めて、悪戦苦闘しつづけたのである。

†悪戦苦闘の四段階

「尊王」か「佐幕」か、「攘夷」か「開国」かの二重の基本的対立（二つの「国是」の対立）は、段階的に展開していった。

第一段階は一八四二年のアヘン戦争での清国の敗北である。戦勝の余勢を駆って、イギリスが近い将来日本に「開国」を迫ることは、日本の一部の指導者の眼には、あまりにも明らかであった。日本も欧米列強に敗けない海軍と砲台と近代的な陸軍を整備しなければならないという主張は、早くもこの時から一部で提唱されていた。

第二段階は言うまでもなく、一八五三（嘉永六）年と五四（安政元）年のアメリカ艦隊の渡来である。強力な軍艦に守られたペリーの「開国」要求を、日本は拒むことも受け容れることもできなかった。要求を拒否して一戦すれば日本の敗北は必至であり、要求を受け容れて開国すれば、「鎖国」を「国是」としてきた幕府は、支配者としての正統性を失うからである。

第三段階は、ペリー来航時には「通商」を含まない「和親」だけで帰国したアメリカ政府が、同国初代駐日総領事を通じて正式な通商条約の調印を迫った一八五七（安政四）年から五八年にかけてである。この時には、「攘夷」か「開国」かの対立に加えて、将軍後継者をめぐる幕府と有力大名の対立が生じていたから、対外政策と国内政治が同時に混乱した。その結果が大老井伊直弼《なおすけ》による日米通商条約の独断的な調印と、反対派の有力大名やその家臣の大弾圧（安政の大獄）である。

当面は幕府の「開国」政策の勝利に終わった。しかし、天皇の許可なしに「開国」を断行したことが、「尊王」と「攘夷」の結びつきを強くし、他方、有力大名の意向を無視したことが「公武合体」論を台頭させた。「開国」は是とするが、天皇と有力大名の無視は許せないとするこの主張は、「尊王攘夷」と並ぶ有力な幕府批判の根拠となったのである。

第四段階は、この「公武合体」と「尊王攘夷」の二つの幕府批判勢力が正面から衝突した、一八六三（文久三）年から六四（元治元）年の時期である。幕府支持の会津藩と公武合体論の薩摩藩が手を結んで、尊王攘夷の長州藩の孤立化を謀った時である。「文久三年八月一八日の政変」と「禁門の変」（一八六四年）の名で知られる事件である。

しかしこれでは、かつての「佐幕開国」が「公武合体開国」に替わっただけで、「尊王」と「攘夷」の二つの「国是」は長州藩が握りつづける。長州藩一藩では、軍事力でも経済力でも、幕府と有力諸藩の連合には敵わないことは明らかでも、二つの「国是」を守ろうとする長州藩には、反「開国」派と反幕府派の双方が同情を寄せていた。一八六四年の禁門の変で長州藩に「朝敵」の汚名を負わせただけでは、「尊王攘夷」問題を消滅させることはできなかったのである。

唯一の解決策は、「攘夷」か「開国」かの問題を棚上げにして、「尊王」か「佐幕」かに選択肢を絞り込むことであった。そうなれば薩摩と長州は「尊王倒幕」で手を握ることができる。日本古来の「国是」であった「尊王」によって、たかが二五〇年来の「国是」にすぎない「鎖国」を包み込むことができれば、「公武合体」を重視する有力大名が幕府を支持する根拠は薄くなる。

「開国」―「攘夷」の対立が棚上げされた時には、有力大名の声を重視せよという「公武合体」の要求は、大名だけではなく、有力家臣の意向も尊重せよという「公議輿論」の要求に発展してきた。こうして「尊王倒幕」と「公議輿論」が有力大名とその藩士たちの共通のスローガンになった時、「悪戦苦闘」の四段階は終わりを告げ、事態は明治維新に向けて急転回していく。筆者の仮説は、その時点は一八六四年にあり、その推進者は薩摩藩の西郷隆盛だった、というものである。

2 西郷隆盛の「合従連衡」論

どのような革命も、「体制内改革派」と「体制外改革派」の一時的な提携なしには成功しない。もちろん、革命前にも革命後にも、この二つの改革派は提携するよりも対立することの方が多い。しかし、両派が同じ目標に向かって進んでいると誤解することなしには、革命は成就しないのである。

日本近代史上で成功した革命は、明治維新以外にはない。「革命」の象徴は一八六八年一月（慶応三年一二月）の王政復古であるが、その始点は、一八五八（安政五）年の大老井伊直弼による「安政の大獄」、さらにはそれに先立つ「安政の改革」にあった。そしてその時以降「王政復古」にいたる一〇年余の変革期を通じて、「体制内改革派」と「体制外改革派」は、激しく対立しながら「改革」の主導権を競っていた。日本近代史では前者を「公武合体派」、後者を「尊王攘夷派」と呼んできた。

†「変革相場」の変化

しかし、「安政の大獄」で処刑された越前藩士橋本左内《さない》を想起すればわかるように、後

橋本左内

者の「体制外改革派」が「攘夷」主義者であったとは限らない。「安政の大獄」以前の日本で橋本左内以上にあからさまな「開国」主義者はいなかったからである。橋本左内を含めて「体制外改革派」を定義しようとすれば、「開国」―「攘夷」の対立軸を一旦忘れて、「尊王倒幕派」と呼ぶ以外にはない。

幕末十余年の個々の事実に詳しい歴史家たちは、「安政の大獄」前後の橋本左内を「倒幕派」と呼ぶことに異を唱えるであろう。彼は朝廷に対して幕府の条約調印（開国）を擁護しただけではなく、彼の国内政治改革こそ「公武合体」そのものだったからである。さらに左内は、幕府親藩の越前藩主松平慶永《よしなが》の意を受けて動いていたのであり、「体制外改革派」ではなく「体制内改革派」そのものであった、ということもできる。

しかし、一八五七（安政四）年から六八（明治元）年までの一〇年余の変革期においては、いわば「変革の相場」というものは時代とともに上がっていく。王政復古の直前にいたって明確に「尊王倒幕」を唱えた者の方が、一八五七年に「公武合体」を主張した橋本左内より、〝変革度〟が高いというわけではないであろう。「変革の相場」を考慮して各人の「変革度」を測らないと、「王政復古」の日を見ずに死んでいった人々の思想を低く評価することになりかねないのである。幕府が二百数十年来の専制を維持していた一八五七—五八年に、一介の越前藩士(しかも二十代前半の藩医)が、藩主を動かし、朝廷に働きかけるということは、十分に「体制外的変革」であり、「尊王倒幕」の魁《さきがけ》だったのである。

実はこの「変革の相場」を理解しないで、文字の上だけで「尊王倒幕」と「公武合体」を論じてきたことが、明治維新に先立つ一〇年余の歴史像を歪めてきた最大の原因であると、筆者は考える。

「変革の相場」の高低という状況の違いを考慮すれば、すでに一八五七—五八年の「改革派」の中に、「尊王倒幕論」を見出し、「体制外変革者」の走りを見つけることは可能なのである。

このような幕末理解を筆者に示唆してくれたのは、橋本左内同様に有力大名の下級武士(九段階あったうちの下から二番目)の西郷隆盛であった。西郷がその下で働いた薩摩藩主島津斉彬《なりあきら》は、越前藩の松平慶永と違って外様大名であったが、その領国は越前藩の二倍以上であった(薩摩藩七七万石、越前藩三二万石。大雑把に言えば、人口七七万人と三二万人)。藩の格と藩の大きさとを相殺すれば、薩摩藩は越前藩と同格の有力大名であり、その下で活動した西郷隆盛の地位も橋本左内とほぼ同格であった。

一八五八年の安政の大獄で囚われの身となり翌年には処刑されてしまった橋本左内と異なり、西郷の場合は不遇の五年間を経験しながらも、結局は最高指導者として明治維新に立ち合うことができた。その彼の立場は、先に記した「変革相場」を考慮する必要もないほど、幕末期を通じてほぼ一貫していた。

幕末期を通じての西郷のキー・ワードの一つは、「合従連衡」であった。彼はこの言葉を二重の意味で使っていた。

†「開国」・「攘夷」対立の棚上げ

その一つは言うまでもなく、薩摩藩主が中心となっての他の有力藩主との協調であった。盟友の有力諸藩主の構成はその都度変わるが、越前藩主（後に隠居）の松平慶永は、一八六八年一月（慶応三年一二月）の王政復古の「小御所《こごしょ》会議」まで、一貫して薩摩藩の「合従連衡」の対象であった。

しかし、重要なのはもう一つの「合従連衡」の方であった。西郷にとって一番大切な「合従連衡」の相手は、有力大名ではなく、その家臣の中の「改革派」であった。この「改革派」は「開国派」であっても「攘夷派」であってもかまわなかった。「尊王派」であって、幕府の改革をめざす各藩の有志は、すべて西郷の同志だったのである。西郷に関する最初の本格的な伝記である勝田孫弥の『西郷隆盛伝』（一八九四年刊）は、一八五六—五七（安政三—四）年の将軍継嗣問題に関連して、次のように記している。

「当時堀田閣老〔正睦《まさよし》、老中〕等と京師《けいし》〔京都〕の勤王党とは素《もと》より開鎖〔開国か鎖国か〕の論につき紛争したりしに相違なしといえども、隆盛らの争う所は一橋世子《せいし》派即ち一大革新を行わんと欲するものと、紀州派即ち幕府の祖法を固守するものとの競争にして、開鎖論の如きはさまで隆盛らの争う所にあらざりしなり。」（第一巻、九八頁）

この勝田の解釈を支えるものとして、安政の大獄の難を怖れた薩摩藩によって一八五九（安政六）年初めに奄美大島に流された西郷が、盟友の大久保利通に送った他藩同志の一覧表を挙げることができる。そこには、水戸、越前、肥後、長州、土浦（水戸と関係の深い譜代）、尾張の六藩から八名の同志の名前が挙げられているが、その中には越前の橋本左内のような典型的な開国派も、水戸の武田耕雲斎《こううんさい》のような徹底した攘夷論者も含まれている。また八人の中には、肥後の長岡監物《けんもつ》、長州の益田弾正《だんじょう》（吉田松陰門下）、尾張の田宮如雲《じょうん》、土浦の大久保要《かなめ》など家老級の重臣が含まれており、西郷の同志は下級武士に限られなかったこともわかる（一八五九年旧暦一月二日付大久保利通宛書簡、『大久保利通関係文書』第三巻、二八四頁）。

この手紙は単に同志の名前を大久保に書き送っただけのものではない。安政の大獄に対する直接行動的な報復を急ぐ大久保利通ら薩摩の同志たちに、のちに自ら「合従連衡」と呼ぶにいたる他藩の藩主や同志との提携の必要を説いたものとしても、重要な書簡である。肥後藩と薩摩藩の同志だけで井伊大老を襲おうと言う大久保に対して、西郷は次のようにその軽挙を戒めている。

「堀〔直太郎〕より肥藩の決心一左右《いっそう》到来云々。按《あん》ずるにいよいよ決心候ても越〔前〕へ一往の返事承届候わで事を挙候儀《あげそうろうぎ》は決して仕るまじく、越と事を合わせて繰出し申すべき儀と相考申候。それのみならず、筑、因、長の一左右も必ず見合わせ申すべく儀と存じ奉り候。機会を見合わせず候て只々《ただただ》死を遂げ候えば忠臣と心得候儀、甚だ以《もっ》て悪《あ》敷《し》く御座《ござ》候間《そうろうあいだ》、是非御潜居下され候とところ合掌奉り候。」（同前書、二八三頁）

肥後藩の動向だけではなく、盟友とも言うべき越前藩をはじめ、筑前（福岡、五二万石）、因幡（鳥取、三二万石）、長州（三七万石）などの動向を見極めた上でなければ薩摩藩は行動してはいけないと、大久保を諭しているのである。
この一文を先の有志一覧と併せて考えれば、西郷が考えていた有力諸藩の動向とは、単なる各藩の大名の意向のことではなく、それら諸藩を支えている有力家臣を含めたものであったことが明らかになる。
有力諸藩の藩主と有力家臣とが共同して幕府に改革を迫る時の西郷の「大義」は、前年（一八五八年）急死した前藩主島津斉彬の遺志である「勤王」であった。彼は大久保に次のように説いている。

「盟中の儀は三藩〔水戸、越前、肥後か？〕と死生を共に仕度儀に御座候。如何となれば先君公右三藩と共に天下の大事を談ぜられ、朝廷の御為に尽させられ候御事に御座候間、同じく決心仕《つかまつりたき》度儀と存じ奉り候。三藩動立候わば、共に動立申すべき儀と存じ奉り候。」

しかも幕府が朝廷に対しても弾圧を加えれば、「勤王の諸藩」は、薩、越、水、肥の四藩にとどまらない、と西郷は読んでいた。すなわち、「按《あん》ずるに堂上方《どうじようがた》へ手を掛け候わば、定て勤王の諸藩空見して罷在《まかりあり》申すまじく候間、必ず疎忽《そこつ》に動立申さず、諸藩と合体いたし候て是非とも御難を救い奉る儀、肝要と存じ奉り候」と（勝田前掲書、同頁）。

先に紹介した西郷の有志名簿から考えれば、薩、越、水、肥の四藩以外の「勤王の諸藩」とは、長州、土浦、尾張の三藩になろう。この七藩が「勤王」のために提携した場合には井伊大老率いる幕府と一戦してもいい、と西郷は言っているのである。

これだけの構想を持ちながら、西郷が大久保ら薩摩有志に説いたのは、勤王諸藩の合意ができるまでは自重せよということであった。すなわち、「憤激の余りに事を急ぎ候ては、ますます御難を重ね奉るべく候間、能々《よくよく》御考え下さるべき儀と存じ奉り候」と（同前書、第二巻、七頁）。

†西郷書簡と薩土盟約

勤王諸藩の藩主と有志とが提携した場合には幕府と同等の力と権威を持てるという一八五九（安政六）年の西郷の構想は、それから八年後の一八六七（慶応三）年の「大政奉還」のそれと基本的には同じである。同年旧暦六月の「薩土盟約」は「大政奉還」の基になったものであるが、そこには次のように記されている。

「一、天下ノ大政ヲ議定スル全権ハ朝廷ニ在リ。我《わが》皇国ノ制度法則一切ノ万機、京師ノ議事堂ヨリ出《いづ》ルヲ要ス。
（中略）
一、議事院上下ヲ分《わか》チ、議事官ハ上公卿ヨリ下陪臣庶民ニ至ル迄《まで》、正義純粋ノ者ヲ撰《せん》挙《きよ》シ、尚且《なおかつ》諸侯モ自ラ其《その》職掌ニ因《よつ》テ上院ノ任ニ充《あ》ツ。
一、将軍職ヲ以《もつ》テ天下ノ万機ヲ掌握スルノ理ナシ。自今宜《よろし》ク其職ヲ辞シテ諸侯ノ列ニ帰順シ、政権ヲ朝廷ニ帰ス可《べ》キハ勿論《もちろん》ナリ。」（拙著『日本憲政史』一四頁）

第二項で「諸侯モ自ラ……上院ノ任ニ充《あ》ツ」と記されている以上、「上公卿ヨリ下陪臣庶民ニ至ル迄《まで》」の「議事官」のうち、「上公卿」も当然「上院ノ任」につくことになる。言いかえれば、公卿と諸侯が上院議員となり、「陪臣庶民」のうちの「正義純粋ノ者」が下院議員となるのである。さらに将軍職を朝廷に返還した徳川慶喜《よしのぶ》は、「諸侯」の一人となって「上院議員」となる。

この「薩土盟約」をその八年前の大久保宛西郷書簡と改めて比較すれば、二つの構想はほとんど同じである。薩摩、越前、水戸、肥後の藩主（もしくは前藩主）に長州、尾張、土浦の藩主が「勤王」の旗印の下に結集し、さらにすでに西郷が個人的な信頼関係を築いていたこれら諸藩の有志たちがこの藩主連合を支えるということは、「勤王」の旗印の下に「上院」と「下院」を設立するという「薩土盟約」に直接的につながる構想だったのである。

このことを逆に言えば、二つの構想が結びつくのに、八年もの歳月がかかったことになる。

八年間のブランクを生んだ原因は三つある。その第一は、構想だけではなくその実現のための人脈を他藩の有力者との間で築いていた西郷が、五年余にわたって奄美大島・徳之島・沖永良部島《おきのえらぶじま》に配流されていたことである。いくら西郷でも孤島に閉じ込められた身では遠隔操作に限りがあった。

第二に、大久保利通以下の薩摩藩有志が西郷構想も西郷人脈も十分に継承していなかったためである。このギャップについては次節の島津久光《ひさみつ》率兵上京（一八六二年）において明らかにするが、すでに本節で検討した大久保宛の西郷書簡からも十分に推測できる。もし西郷と大久保の間だけでも構想と人脈が共有されていれば、そもそもこのような西郷書簡は不要だったはずである。

第三は、急死した前藩主島津斉彬とその後を事実上継いだ異母弟久光（藩主は久光の長子）との力量の差であった。

†島津斉彬の識見

よく知られているように、斉彬の父斉興《なりおき》の側室お由羅《ゆら》の方は、自分が産んだ久光を藩主とするために斉彬の排斥につとめ、藩内保守派の調所広郷《ずしょひろさと》らがそれを支えた。このため斉彬は四三歳になった一八五一（嘉永四）年まで世子《せいし》（後継者）の座に甘んじなければならなかった。

しかし、このことが斉彬の識見と人脈を拡大するのに役立った。当時の幕府制度の下では、各藩の正夫人と世子はいわば人質として江戸藩邸に住まなければならなかった。

幕末最有力藩の世子を、幕府要人や参勤交代で江戸に来ている大藩の藩主や著名な知識人たちが放っておくはずはなかった。彼は越前藩主松平慶永（春嶽《しゅんがく》）、土佐藩主山内豊信《とよしげ》（容堂《ようどう》）、宇和島藩主伊達宗城《むねなり》（藍山）、肥前藩主鍋島直正《なおまさ》（閑叟《かんそう》）、尾張藩主徳川慶勝《よしかつ》（盛斎）ら当時名君の名の高かった藩主たちの知遇を得、幕臣で外国事情に詳しかった岩瀬忠《ただ》震《なり》、川路《かわじ》聖謨《としあきら》、大久保忠寛《ただひろ》（一翁《いちおう》）、江川太郎左衛門《たろうざえもん》、高島四郎（秋帆《しゅうはん》）、勝海舟らと交わり、さらに水戸藩の高名な儒学者藤田東湖《とうこ》や松代藩士で西洋兵学の開祖とも言うべき佐久間象山《しょうざん》らとも親しく接することができた。

一八五一年にようやく薩摩藩主となった斉彬が五四年に最初の参勤交代で江戸に向かう

とき、最下級の藩士ながら西郷隆盛はその伴揃いに加えられ、江戸藩邸では庭方役として斉彬と庭先で言葉を交わす幸運を得た。三年間の江戸滞在中に西郷は斉彬の信頼を高めたようで、五七年の帰藩に際しては、斉彬は特に西郷を指名して改革派諸大名や幕府・諸藩の改革派との交渉に当たらせた。当時の薩摩藩邸では、幕府や他藩との応接で藩の態度がブレないために、担当者を一人に絞っていたという（『西郷隆盛伝』第一巻、六二―六五頁）。

斉彬帰藩後まもなく一旦鹿児島に帰った西郷は、斉彬の新たな命を受け京都に上り、朝廷工作に当たった。有名な一橋慶喜擁立運動である。京都において西郷は、将軍家定《いえさだ》の正室天璋院（篤姫）の養父である左大臣近衛忠熈《ただひろ》に、斉彬の使いとして面会し、その側近であった清水寺住職の僧月照《げっしょう》と親交を深めた。一八五八年の安政の大獄に際して鹿児島湾で西郷とともに入水する人物である。

これを要するに、一八五七―五八年の西郷隆盛の識見と人脈は島津斉彬という名君との二人三脚の中で作られたものである。その斉彬が五八年旧暦七月に食当たりで死去し、翌年初めには西郷も奄美大島に配流された。斉彬の後を受け継いだ藩主代行の久光にも、鹿児島に残った大久保利通ら西郷の同志にも、斉彬と西郷の二人三脚に比肩できるような識見も人脈もなかったのである。これが次節で記す文久年間の政治混乱の主因であった。

3　単独出兵か合従連衡か

一八五七―五八（安政四―五）年に将軍家定の後継者として、血統よりも識見を重視して御三卿（一橋家、田安家、清水家）の一人一橋慶喜を推した水戸、越前、尾張の諸藩主は幕府から謹慎もしくは隠居を命ぜられ、難を逃れた薩摩藩主も病死した。これら有力藩主の活動を支えた越前の橋本左内や長州の吉田松陰ら多数の改革藩士たちも、投獄あるいは処刑された。有名な安政の大獄（一八五八―五九年）である。幕府の圧力は朝廷にも及び、近衛忠凞ら慶喜擁立派の公卿たちは役職を追われた。

†島津久光率兵上京

しかし、一八六〇（万延元）年の桜田門外の変と六二（文久二）年の坂下門外の変などで、井伊直弼・安藤信正といった幕府要人が改革派の志士の襲撃にあって以降、改革諸藩の巻き返しが始まった。なかでも有名なのは、一八六二年旧暦四月の薩摩藩主代行の率兵上京である。久光は二年前に一四代将軍家茂《いえもち》と将軍職を争った一橋慶喜を将軍後見職に、慶喜擁立運動の中心にあった前越前藩主松平慶永を政事総裁職に任命することを、朝廷の権威を借りて幕府に承諾させた。勅使大原重徳《しげとみ》の江戸下向による「公武合体」工作として有名な事件である。

久光に率兵上京を迫った一因として大久保利通ら薩摩の改革派の直接行動論があげられる。約五〇名に及ぶ大久保らのグループを「誠忠組」として準公認したかわりに、個々の有志の直接行動を抑え、「挙藩勤王」で薩摩藩が一致した上での、久光の率兵上京であった。

薩摩藩に「挙藩勤王」を迫った気運が、三年におよぶ大島流刑から西郷を解放する結果となった。しかし、一八六二年旧暦二月に鹿児島に戻された西郷は、「挙藩勤王」に反対して「合従連衡」の必要性を久光に説いた。

近年の研究では、「挙藩勤王」を否定して「合従連衡」にこだわったのは、西郷が三年間の大島流刑で時代遅れとなったためであると解釈されている（たとえば、佐々木克『幕末政治と薩摩藩』七九頁）。

しかし、先に紹介した、日本で最初の本格的な西郷伝の著者勝田孫弥は、その反対の解釈を示している。勝田によれば西郷は直接に久光に会って次のように述べたという。

「隆盛はさらに久光に至りてその意見を陳述せんと欲し、二の丸に赴き謁《えつ》して曰《いわ》く、今回決挙の計画は先公斉彬の遺志を履行せらるるにありて大いに可なるがごとしといえども、今や時世大いに変遷し天下の形勢また昔日と異なれり。（中略）故に時世に応じて当時の挙を改め、先ず大藩諸侯と意を通じ合従連衡を計り、而《しか》してのち初めて京師に出で勅命を奉じて以て公武の間に尽力し給うべし。独り薩藩の力を以て京師を守護し勅命を以て諸藩を招き公武の間に尽さんと欲するも、到底その成功を期すべからず。」（『西郷隆盛伝』第二巻、二六頁、傍点筆者）

勝田はこの解釈を裏付けるために、一八六二年に西郷が久光によって再度流刑にされた直後に、流刑先の徳之島から薩摩藩の大坂留守居役の木場伝内に送った長文の書簡を引用している（同前書、四四―五四頁）。主要な論点を箇条書き的に整理してみよう。

†西郷の批判

その第一は、島津久光の率兵上京は、西郷が大島に流されたのち大久保利通ら約五〇人の「誠忠組」が計画したものだった点である。この書簡の中で西郷は「誠忠組」の状況認識や行動計画が全く井の中の蛙的なものであることを、次のように厳しく批判している。

「嶋元より相考え候よりは雲泥の違いにて（中略）、いわゆる誠忠派と唱え候人々は、これまで屈しおり候ものの伸び候て、ただ上気に相成り、まず一口に申せば世の中に酔い候塩梅《あんばい》、逆上いたし候模様にて、口に勤王とさえ唱え候えば忠良のものと心得、さらば勤王は当時如何の処に手を付け候わば罷成候《まかりなり》や、その道筋を問詰め候えば訳も分らぬ事にて、国家の大体さえかようのものと明《あきら》めも出来ず、日本の大体はことという事も全く存知これなく、幕の形勢も存ぜず諸国の事情も更に弁《わきま》えこれなく、そうして天下の事に尽そうとは実に目暗蛇を出ずにて〔不適切表現ながら原文のまま〕仕方もない儀に御座候。」（同前書、四四―四五頁）

三年前の西郷は、幕府の開明官僚や大藩の藩主やその家臣の有識者の間を自由に走り廻り、さらには朝廷の有力公卿とも直接面会できた。しかるに西郷流刑中の三年間は安政の大獄の余波が続いていたため、残された大久保利通以下の誠忠組には、自らの見聞識見を広め天下の名士と直接に交流する機会が与えられなかった。その結果が薩摩一藩だけでの「挙藩勤王」という無謀な行動になったのだと、西郷は批判しているのである。

第二に、すでに記したように、「挙藩勤王」に反対する西郷の根拠が「合従連衡」の重視にあったことが、この書簡では西郷自身の言葉で記されている点である。一八六二（文久二）年二月一五日に藩主代行の島津久光と直接会談する機会を得た時、西郷は次のように述べたと言う。

「四月一五日（二月一五日頃の誤り――勝田註）旧務に復せられ直様《すぐさま》召出され候処《ところ》、一々右の難論申出で、その上私愚考とは大きに違い申候。ただ今の御手数は先公方〔斉彬〕遊され候御跡を踏せられ候御事にて、その時よりは時態も相変じ、順聖公〔斉彬〕と一様には成されがたく、（中略）諸侯方の御交りもいまだこれなく、一体成され方相変じ申さず候では、いよいよ成し応じ候処見留めつき申さず、いずれ大藩の諸侯方御同論御成りなされ、合従連衡してその勢を以て成され申さず候ては相済まじく（下略）」（同前書、四六―四七頁、傍点筆者）

この一文により、斉彬死後の三年間の状況変化を全く考慮しないで、朝廷守護の必要が生じれば薩摩藩だけでも率兵上京するという斉彬の遺訓に縛られていたのは、久光と誠忠組の方で、この三年間大島に流されていた西郷の方ではなかったことが明らかになろう。そして、久光の「単独率兵」に西郷が対置したのが、「合従連衡」だったのである。

第三に、すでに第2節で明らかにしたように、西郷の「合従連衡」論は二重構造をなしていたことに、改めて注目する必要がある。三年前に大島に流された時にも、西郷は六藩八名の〝勤王の志士〟の名前を大久保利通に伝えていた。その八名の共通軸は「開国」でも「攘夷」でもなく「勤王」であった。

三年後に西郷が赦《ゆる》されて鹿児島に帰ると、先に記した八名の盟友は刑死や病死していたが、それでも彼の元に駆けつけた有志の数は少なくなかった。この西郷詣は、久光が西郷の主張を退けた後にも、弱まりそうにはなかった。西郷は、有力大名だけでの「合従連衡」が仮にできても（久光はこの努力すら行わなかった）、「御国之人心不平」のままでは「治も変も出来申さず」と久光に力説した。藩主層だけではなく全国の有志が「勤王」で一致しなければ、変革も変革後の建設もできないというのが、西郷の主張だったのである（同前書、四八頁）。

このように見てくれば、島津久光と西郷隆盛のどちらの視野が広かったのかは、あまりにも明らかである。久光の「単独出兵」は有力大名との「合従連衡」を欠くがゆえに、朝廷と幕府との協力、いわゆる「公武合体」以上のものにはなれない。また、「単独出兵」の直前の三月に久光自身が出した諭書で、薩摩藩士が「各国有志と相唱候者ども」と交流することを禁じられていたから、朝廷と幕府との力関係で朝廷を優位に立たせる「勤王」の志士の支持を得られるものでもなかった。藩主レベルと有志レベルの「合従連衡」を全く欠いた久光の「率兵上京」は、構想としてはきわめて低次元のものであり、その成功の可能性もきわめて低かったのである。

これに対して西郷の「合従連衡」論は、有力藩主間の協力と各藩有志者の横断的結合とを、「勤王」の旗印の下に実現しようとしたものであり、この各藩有志者が「攘夷論者」であるか「開国論者」であるかは、問うところではなかったのである。一言でいえば、一八六二年旧暦四月の久光による西郷の処分は、薩摩藩にとっての大きな愚行だったのである。

4 「尊王攘夷」の台頭と薩長対立

†長州と土佐の尊攘派の台頭

「尊王」と「合従連衡」を二つのキー・ワードに「尊王攘夷派」(「尊攘派」)をも組み込んできた西郷の再度の配流は、同じ「尊王派」の中に「開国派」と「攘夷派」の亀裂を生じさせた。島津斉彬と西郷隆盛がいなければ、かつてのように水戸学の武田耕雲斎と開国派の橋本左内とを結びつけるようなことはできなかったのである。

勅使大原重徳を奉じて幕府に乗り込み、一橋慶喜を将軍後見職に、松平慶永を政事総裁職に任命させて久光が閏八月に帰京した時には、朝廷をめぐる京都の情勢は一変していた。

この情勢一変は、早くから西郷が洞察していたとおりの原因から生じた。第一に長州や土佐などの有力外様大名との「合従連衡」に努めないで薩摩一藩が単独行動に出たことに、両藩が強く反発した。また久光の西郷処分が、西郷が他藩の「攘夷派」の有志と交流したためだったことは、藩主層だけではなく各藩の改革派有志の反発を買った。ここにおいて、薩摩藩の単独出兵、勅使随伴、幕府改革は、他藩の間に「公武合体」か「尊王倒幕」かの対立だけではなく、「開国」か「攘夷」かの対立までも生じさせてしまったのである。

明治維新について少しでも識《し》っている者ならば、「尊王攘夷」抜きではこの日本近代史上の大変革は起こらなかったことは知っている。しかし同時に、少し深く明治維新を学んだ者ならば、「尊王攘夷」の中心であった長州藩が、一八六四年の四国艦隊の下関攻撃を機に「攘夷」論を放棄したことも、同時に知っているはずである。「尊王攘夷派」を味方につけながら、そこから「攘夷」が落ちるのを待つという方針を唱えた西郷隆盛の方が、正しかったのである。

しかし、西郷が徳之島からさらに沖永良部島に流されてしまった以上、このシナリオは狂いに狂ってしまった。

第一に島津久光が薩摩藩兵を率いて江戸に着いたのは、長州藩江戸屋敷にいた世子の毛利元徳《もとのり》が藩主敬親《たかちか》に召されて京都に出発した直後であった。薩摩藩の単独行動への協力を長州藩はあからさまに拒絶したのである。しかもその長州藩では「航海遠略策」（一八六一年）で有名な長井雅楽《うた》が謹慎を命じられた。木戸孝允《たかよし》、高杉晋作、久坂玄瑞《くさかげんずい》ら「尊王攘夷」派が藩政を握ったのである。

今日の眼で読むとき、長井の「航海遠略策」には非の打ちどころがない。朝廷は幕府の一連の通商条約の調印を支持して「富国強兵」につとめ、その成功を待って逆に日本が海外雄飛に打ってでるべきだというのである。さらに長井は、古代にはアジア雄飛につとめた朝廷が、僅々三〇〇年の幕府の鎖国政策をあたかも自らの「祖法」のごとく主張するのは、本末転倒も甚しいとまで論じた。

外交・防衛政策としては、四年前の橋本左内のそれに直接連なる卓見ではあるが、その国内政治体制論はむしろ保守的な「公武合体論」であった。国内政治の中枢はあくまで幕府で、朝廷はそれを支える存在にすぎず、有力諸大名の政治参画は含まれておらず、各藩有志者の介入などは全く眼中になかった。この点が四年前の西郷の盟友橋本左内との根本的な相違であった。「開国派」も「攘夷派」も含めた各藩有志の横断的結合をめざしていた西郷は、長井雅楽を「勤王倒幕」の前に立ちはだかる「天下之奸物」とみなしていた(『西郷隆盛伝』第二巻、五一―五二頁)。先に紹介した徳之島配流直後の木場伝内宛書簡の中で、西郷は長井を次のように評している。

「〔長井〕京師へ罷登《まかりのぼり》候わけは、幕より御頼みを以《もつ》て出居《いでおり》候。それは、これまでの御扱振り宜しくこれなく、前非を悔て御改めなさるべしとの趣を以て朝廷をだまし付け候策にて、書取を以て朝廷へ差出候書面これあり、その内には、第一異人交易勅許相成り候様偏《ひとえ》に申立て、黄金をつかい九条殿下をだまし、開港勅許に相成り候わば直様堂上方《すぐさまどうじょうがた》御冤罪を解き、また諸侯方も同様致すべしなど、まことにつまらぬ事ばかり書建て候て、薩摩と同道にて申上候。(中略)長州においても永井《(ママ)》の党と有志の党と両立〔分裂〕いたしおり候。(中略)この儀はたしかに長州大坂留守居宍戸《ししど》九郎兵衛〔左馬之介〕と申ものより承り候。」

わずか三カ月の自由の身の間に、西郷は長州藩の長井雅楽の「航海遠略策」の概要を知り、また長井に反対する同藩内の「尊攘派」の動向をつかんでいたのである。
長州藩が長井を謹慎させて藩論を「尊王攘夷」に転換して朝廷に圧力をかけている時、

土佐藩でも同様の事が生じていた。長州藩の長井同様に「開国」を肯定しての「富国（藩）強兵」につとめてきた参政の吉田東洋《とうよう》が、「尊王攘夷」を唱える武市《たけち》半平太《はんぺいた》ら「土佐勤王党」に暗殺されてしまったのである（一八六二年四月）。藩政を握った「土佐勤王党」は藩主山内豊範《とよのり》を擁して七月に二〇〇〇の兵を率いて京都に入ったのである。

†「挙藩勤王」の挫折

こうして京都においては、「開国」と「公武合体」を結びつける薩摩藩と、「攘夷」と「尊王」をセットにする長州藩や土佐藩が、共に朝廷に圧力をかけるという分裂状況が顕在化してきた。

このような状況こそ、徳之島に流される前の西郷隆盛がもっとも懸念していたことであった。西郷の対策は、長州藩や土佐藩も含めた藩主レベルでの「合従連衡」と、長州の高杉晋作、久坂玄瑞、土佐の武市半平太ら「尊王攘夷派」との家臣レベルでの横断的結合であった。

この西郷の提言を二つとも拒絶し、こともあろうにその西郷を流刑に処した島津久光は、この混乱の第一の責任者であった。また西郷の大島流刑中に大久保利通ら薩摩の下級武士が結成した「誠忠組」が、各藩有志との横断的結合を禁ずる久光の「挙藩勤王」をやすやすと受け容れてしまったことも、事態の混迷に拍車をかけた。

なかでも、西郷の古くからの同志で他藩の「攘夷派」とも交流のあった有馬新七ら六人の藩士を、同じ「誠忠組」の奈良原繁らが伏見の寺田屋で「上意討ち」したこと（寺田屋事件）は、「尊王」運動における薩摩藩の孤立をもたらした。朝廷、長州、土佐、そして全国の尊攘の志士らの支持を失った島津久光は、江戸での一応の幕府改革を朝廷に報告した直後の閏《うるう》八月二三日に、鹿児島に向けて京都を出発した。久光の「挙藩勤王」の挫折である。

5 混迷の文久二年

†勝海舟と横井小楠

「開国派」と「攘夷派」のどちらが「左」なのかは決められないが、あえてこれを「左右対立」と呼べば、西郷が島流しにされてしまって以降、「左右の改革派」の結節点がなくなってしまった。京都は朝廷内攘夷派と長州藩や土佐藩の「尊攘派」が握り、幕府やその親藩でも「開国派」の勢力が抑圧された。

幕府では開国派の大久保一翁（忠寛）が格下げになった。海軍奉行だった勝海舟は一八六二（文久二）年一一月の日記に次のように記している。

「昨日（一一月五日）大越（大久保越中守・一翁）講武奉行に転役。この人幕府中の英傑。幸い先日御用御取次（将軍秘書官）に抜擢せられしが、今日武官に転ず。あるいは云う、当時東武にて開国説を主張する者、大越その魁《さきがけ》、次に小栗豊後《ぶんご》（上野介）、岡部駿河（長《なが》常《つね》）の三子なり、然るべからずとの議京師にて風評あり、故に転ずと云う。ああ、区々として開瑣（鎖）を論ずるは天下の形勢を知らざる無識の言。当時危急の秋なり、朝廷、衆議に雷同せず有識を以て要路に置かずば、いずれの日か大政一新を得べけんや。（中略）およそ開瑣は和戦を以て論ぜしと同義にして、無用の談のみ。」（『勝海舟全集』第一八巻、一四一—一五頁）

この海舟の主張は、「開国」—「鎖国」を棚上げにしようとする点でも、「朝廷」を中心とする「大政一新」をめざす点でも、先に紹介した西郷隆盛の議論に近い。両者の相違は「尊王攘夷」の「志士」たちの評価にあった。西郷は「開鎖」の論を棚上げにすることによって、全国の志士の横断的結合をめざしたのに対して、幕府の海軍奉行たる勝の方は、

「尊攘論」を「衆論」として退けて「有識を以て要路に置く」」、トップ・ダウン型の改革をめざしていたのである。次章で明らかにするように、この「衆論」の汲み上げについて西郷と勝が直接に議論するのは、西郷が二度目の流刑から解放された一八六四（元治元）年になってからである。

「開国」か「攘夷」かは、外国と友好を保つか戦端を開くかの問題と同じである。そうであれば、「戦争」を「国是」にする国などありえないし、反対にどんな時にも「友好」を続けるという「国是」もありえない。このような海舟の主張は、幕府の政事総裁職に就任した前越前藩主のブレインであった横井小楠《しょうなん》（平四郎）によっても共有されていた。一八六二年一一月に小楠を訪問した海舟は、次のような問答を行っている。

「〔一一月〕一九日出営。この日横井小楠先生を訪《おとな》う。我問う。この頃世間開瑣〔鎖〕の論争に皆服せざる処なり。それ開瑣は往年和戦を論ぜしと同断にて、ただ文字の換《かわ》りしのみ。何の益あらんやと。

先生曰く、実に然り、当今しばらくこの異同を言わずして可ならん。それ攘夷は興国の基を云うに似たり。しかるに世人いたずらに異人を殺戮し、内地に住ましめざるを以て攘夷なりとおもうは、甚だ不可なり。今や急務とすべき、興国の業を以て先とするにあり。区々として開瑣の文字に泥《なず》むべからず。興国の業、侯伯一致、海軍盛大に及ばざれば能わず。今や一人もここに着眼する者なし、また歎ずべしと。」(同前書、一七頁)

ここで小楠は海舟以上にはっきりと「棚上げ論」を主張している(「当今しばらくこの異同を言わずして可ならん」)。また、小楠の言う「侯伯一致」は、そのまま西郷の「合従連衡」と一致する。さらに小楠の「攘夷は興国の基を云う」という文脈での「攘夷」とは、国民の志気を指すものである。

小楠は、この勝との会談の二年前に、有名な「国是三論」を著わしている。そこでは「富国論」と「強兵論」とが区別して論じられており、前者は後の大久保利通の殖産興業論の原型であり、後者は海軍奉行勝海舟の海軍充実論の先駆をなす。そして今、この会談では「侯伯一致」の表現で西郷の「合従連衡」論が説かれている。

しかし、勝だけではなく横井にも、全国有志の横断的結合という発想が欠けていた。先に紹介した「薩土盟約」の議会論と比較すれば明らかなよ

横井小楠

うに、横井の「侯伯一致」では「上院」はできても「下院」はできないのである。すでに記したように、「下院」すなわち全国有志の横断的結合の重視は、西郷配流中の薩摩藩誠忠組にも欠けていた。大久保利通は他藩の有志との交流を禁じた島津久光の「挙藩勤王」の信奉者だったのである。

†誠忠組と御楯組

ところで、徳之島に流される直前に西郷が島津久光に説いた、「開鎖」の違いを棚上げにした全国志士の横断的結合は、西郷が流刑されなければ可能だったであろうか。筆者は、たとえ西郷の能力をもってしても、「開国」派の志士と「攘夷」派の志士の横断的結合の維持は容易ではなかったと考える。

その一因は、長州藩の下級武士が「攘夷」をかかげた組織を結成したことにあった。薩摩藩で「挙藩勤王」を支えたものが一八五九年結成の「誠忠組」だったのと同じように、長州藩の「攘夷」の中心になったものは、一八六二年結成の「御楯組《みたて》」であった。高杉晋作、久坂玄瑞、井上馨《かおる》らが、週末に今の神奈川県の金沢八景辺りを散策する外国公使を斬って「攘夷」の発端としようとしたのを、長州藩世子の毛利元徳が直接会って説諭したことが、御楯組結成のきっかけであった。

この経緯自体は薩摩の誠忠組結成のそれと似ているが、御楯組は誠忠組と違って、藩主の指揮下に完全に入ったわけではなかった。御楯組の血盟書は、よく言えば「攘夷」のための自立的結社の、わるく言えば「攘夷」をめざすテロリスト集団の盟約書であった。長州藩が「挙藩」で一致したのは「攘夷」という目標だけであり、その具体的実践方法は多様でありえたのである。

その典型例が、金沢八景での外国人襲撃を藩主後継者に説得されて中止した直後に御楯組が決行した、イギリス公使館焼打ち事件である。品川御殿山の新公使館は当時ほぼ完成していたが、公使館員の移転はまだ行われていなかった。幕吏の警護だけで英国人のいないこの公使館に、今回は伊藤博文も加えた御楯組一三人が侵入して放火したのである。一八六二（文久二）年一二月一二日の夜半のことである。

†久光の意見書

「挙藩勤王」の旗印の下に統率された約一〇〇〇人の薩摩軍団と、わずか一三人の長州の「攘夷」の志士たちによる御殿山英公使館焼打ちとを現代人の眼で比較すれば、薩摩藩の方に軍配が挙がろう。しかし、一八六二（文久二）年閏八月に大任を果たして京都に凱旋《がいせん》した島津久光は、朝廷からも有力諸藩からも、さらに諸藩の志士からも、冷たくはねつけられたのである。

その理由は、帰京直後に久光が朝廷の議奏・伝奏に提出した意見書を読めば明らかになる。この中で久光は、幕府がすでに一橋慶喜を将軍後見職に、松平慶永を政事総裁職に任命するという幕府改革を受け容れた以上、朝廷による他の有力大名の召集は不要であると断言している。また攘夷論者を中心とする各藩の有志の主張を「匹夫之激論」と酷評し、そのようなものの建策は「一切御採用」あらせられざることを厳しく朝廷に迫ったのである（勝田孫弥『大久保利通伝』上巻、三三五頁）。

ここですでに検討した西郷隆盛の第二次流刑前の主張を思い出してみよう。彼は久光に、有力諸大名との「合従連衡」なしの薩摩藩の単独出兵は成功しないこと、および有力諸大名の「合従連衡」には各藩の有力志士との横断的結合が不可欠なことを久光に説いたため、再度の流刑に処せられたのである。

この二要素を欠いた久光意見書は、同時に「攘夷」の不可を朝廷に説いたものでもあった。すなわち、「攘夷の儀は方今の一大重事にて、公武御隔意の根源と存じ奉り候。もっとも関東において条約御取り替えし相成候の事に御座候えば、故なく攘夷仰せ出でされ候ては、決して関東御受け御座あるまじく（中略）。その故は、条約取結びのうえ故なく此の方より兵端を開き候ては、夷人ども不義非道申し立て、同盟の国々相結び速かに軍艦数十艘差し向け、江戸海は勿論、国内要地の津港《しんこう》へ乱暴つかまつり、防御行届かざる処より内地へ乱入致し候儀顕然に御座候。（中略）水戦は我が短なる処に御座候えば、勝算覚束なく存じ奉り候。」（同前書、三四二―三四四頁）。

一読したところではきわめて合理的な議論に思えるかもしれない。一艘の軍艦も自力では造れない当時の日本が、欧米諸国相手に戦端を開くなどということは狂気の沙汰だったからである。

しかし、一八五七―五八（安政四―五）年の政治改革の挫折から検討をはじめた本書の観点からすれば、久光の意見書も同様に砂上の楼閣であった。「安政の改革」がめざしたものは、有力諸大名と有力志士たちが協力して、幕府を中心としながらも新しい政治体制を構築することであった。しかるにそれから四年も経った一八六二年に薩摩藩がめざした改革とは、有力大名も有力志士たちも排除し、その上で朝廷も「攘夷」を諦めて、幕府との「公武合体」を強化するというものであった。言いかえれば、英明の聞こえ高かった一橋慶喜と越前藩前藩主松平慶永とをそれぞれ将軍後見職と政事総裁職に任命すれば、それで改革は終了すると言っているようなものだったのである。

第２章

革命 1863－1871

1868年の江戸城（写真提供：毎日新聞社）

1 西郷構想の復権

†参預会議

一八六三（文久三）年に入って長州藩を中心とする尊王攘夷派の朝廷工作が盛んになってくると、それに対抗する形で、薩摩藩も「挙藩勤王」から、諸藩主やその家臣たちとの「合従連衡」に方針を転換していった。その姿は、先に紹介した佐々木克氏の『幕末政治と薩摩藩』の第三章と第四章で詳細に分析されている（一二三―一八〇頁）。

同書第三章「文久三年八月政変と薩摩藩」で明らかにされるのは、薩摩藩の軍事力ではなく、長州藩の朝廷支配に不満をもつ会津、鳥取、岡山、徳島、米沢らの諸藩の力で、八月一八日の宮廷クー・デターが行われていく姿である。一年前に西郷隆盛が島津久光に力説した「合従連衡」の実現である（一七九―一八四頁）。

もうひとつ注目すべき点は、一年前には厳しく禁じられていた他藩有志との横断的結合が、八月政変の準備過程で積極的に行われていたことである。この点は同書に引用されている薩摩藩の朝廷工作員村山松根《まつね》の大久保利通宛書簡に詳しい。再引用の繁を避け、同書

年表Ⅱ

年代		出来事
1863	文久3	薩英戦争。八月一八日の政変。参預制(～64初)
1864	元治元	西郷隆盛、赦免され帰藩。池田屋騒動。禁門の変。第一次長州征伐。四国艦隊下関砲撃。西郷・勝会談
1865	慶応元	第二次長州征伐宣言。条約勅許
1866	2	薩長同盟。長州再征中止
1867	3	薩土盟約。大政奉還
1868	明治元	王政復古の大号令。三職(総裁・議定・参与)を置く。[←以上、慶応3] 鳥羽・伏見の戦い(戊辰戦争、～69)。江戸無血開城。五箇条の誓文。明治改元。一世一元制
1869	2	東京遷都。五稜郭の戦い。版籍奉還。蝦夷地を北海道と改称
1870	3	工部省設置
1871	4	三藩献兵(御親兵の設置)。新貨条例。廃藩置県。日清修好条規

一六四―一六六頁収録の書簡を筆者の観点から要約したい。

㈠ 八月六日に肥後(熊本)に着いたところ偶然同藩士徳富太多助(一敬。蘇峰《そほう》、蘆花《ろか》の父)と出会った。この人は横井小楠の門人で、自分の数年前からの知己《ちき》である。彼と同道して越前藩の三岡八郎(由利公《きみ》正《まさ》)と会談した。

㈡ 越前と肥後の立場は「開国説」であるが、この是非は将来のこととして、まずはともかくわが藩とこの両藩との「同盟」を回復すべきである。

㈢ 越前藩前藩主の松平春嶽(慶永)は京都で評判が悪く、また長州藩の暴挙はますます拡大しているから、三藩が同盟して京都に入れば、「戦闘」、「流血」は避けがたい。今回の計画は「三、四日」で片付くから多人数の長期滞京は不要だが、「勢援ヲ張」るためにはある程度の兵は必要である。

「尊攘派」の公卿と長州藩士たちを京都から追放した八月一八日の政変には、ここで記されている越前藩や肥後藩は出兵しておらず、かわりに藩主が京都守護職や京都所司代をつとめる会津藩と淀藩、それに鳥取藩、岡山藩、米沢藩、徳島藩、土佐藩の藩兵が加わった。仕掛人の薩摩の藩兵はわずか一五〇人前後の規模であった。

しかし、筆者が村山松根の大久保宛書簡に注目するのは、西郷隆盛の配流以来久しく見られなかった藩主層と藩士層の「合従連衡」が、再び姿をあらわしている点である。中でも薩摩藩士の村山が肥後藩士の徳富太多助と越前藩士の由利公正と談合して三藩の同盟を計っていたことは、注目に値する。すでにたびたび指摘してきたように、藩主層だけではなく藩士レベルでの「合従連衡」こそが、西郷構想の眼目だったからである。

八月の政変で「尊攘派」を長州に追いやった後、二つの「合従連衡」のうち藩主レベルの会議は一八六三（文久三）年の終わりには一旦は制度化された。徳川慶喜、松平容保《かたもり》（会津）のほかに、越前、土佐、宇和島、薩摩の藩主レベルが加わった「参預会議」が設立されたのである。

しかし、藩主層を支える藩士レベルの会議を伴わない参預会議は、何らの具体的成果を挙げられないままに、わずか二ヵ月で廃止されてしまった。土佐、越前、宇和島、薩摩などの藩主層が参預を辞任して帰藩してしまったからである。幕府と有力大名が彼らのブレインを伴わずに京都御所や二条城に集まって会議しても、何もまとまらなかったのである。その結果は、京都における幕府側の勢力回復であった。公武合体を旗印に中央政治への参画を計った薩摩、越前、土佐などの有力大名たちは、京都を握る幕府と長州に結集する尊攘派の対立の中で埋没の危機にさらされたのである。

†西郷隆盛の赦免

苦境に立たされた薩摩藩の有志たちは、約二年にわたり鹿児島沖の沖永良部島に流されていた西郷隆盛の赦免を島津久光に迫った。「尊王攘夷」と「佐幕開国」の間に埋没すまいとすれば、攘夷―開国の問題を棚上げにして「尊王倒幕」に結集せよと主張してきた西郷隆盛の復権が、不可欠だったのである。

すでに繰り返し記してきたように、西郷は攘夷派の間にも開国派の間にも、有力な同志や知己を持っていた。彼は一貫した「二重の合従連衡」の主張者であり、かつ実践者だったのである。

しかし、西郷のこの主張は、二度も藩主代行の島津久光の恣意によって挫折させられてきた。一八六四（元治元）年二月末に流刑を許されて帰藩した西郷に必要だったのは、構想と人脈だけではなく、その構想を実行するための実力だった。その意味で帰藩直後に西郷が「軍賦役」に任ぜられたことは重要である。勝田孫弥の『西郷隆盛伝』は、帰藩直後の西郷について次のように記している。

「初め久光の隆盛を流罪の刑に処せしは、隆盛の挙動に憤る所ありたるに相違なしといえども（中略）、隆盛が知勇絶倫の人傑たるは久光の烱眼《けいがん》つとに覚知する所なり。故に勤王党の激昂に迫られて西郷を召喚するや、爾来《じらい》専ら国事をこれに托《たく》してその局に膺《あた》らしめたり。

久光帰国の後京師に滞留せるものは、公子島津図書〔久治〕、家老小松帯刀《たてわき》、軍賦役隆盛、軍役奉行伊地知《いじち》正治《まさはる》、御小納戸《こなんど》頭取《とうどり》吉井友実《ともざね》、その他の諸有志及び軍隊の将士にして禁闕《きんけつ》警衛の任に膺りしが、これを総轄指揮せし実際の総督は実に隆盛にてありき。大久保は久光に従い鹿児島に帰り、藩地に力を尽して俗論を退け、内外相応じて一致の運動を為すに至れり。これ薩藩の国論いよいよ一変したるの初にして、維新の大業は実にこの一挙に基因すと云うべきなり。」（第二巻、九三―九四頁）

最初の一節の、久光が「勤王党の激昂に迫られて」西郷を召換したという一文は示唆的である。久光が二年前に隆盛を流刑にしたのは、藩主層と藩士層の二重の「合従連衡」に久光が反対したからであった。しかるに、隆盛追放以後の久光の率兵上京（一八六二年）や有力藩主層の参預制（一八六三―六四年）はいずれも華々しい成果を挙げられなかったばかりではなく、「尊攘派」と「佐幕派」の対立激化の中で薩摩藩の影響力はかえって減少していった。そのような中で薩摩藩内の「勤王党の激昂」に迫られて久光が西郷を召喚して重要な地位につけたのである。

西郷はいわば「凱旋将軍」として、沖永良部島から鹿児島に戻り、さらに京都の薩摩藩邸に赴き、薩摩藩の軍事力を掌握したのである。勝田の言うように、「薩藩の国論いよいよ一変」したのであり、「維新の大業は実にこの一挙〔隆盛の復権〕に基因」したのである。ちなみに、ここに名前の挙がっている小松帯刀、伊地知正治、吉井友実、大久保利通らは、これ以後王政復古にいたる四年間、西郷の下に一致団結して乱れることはなかった。明治維新はよく「下級武士の革命」と呼ばれるが、薩摩藩における「下級武士の革命」は、一八六四年初めの西郷隆盛の復権によって始まったのである。

2 公議会

†禁門の変

薩摩藩で「下級武士の革命」を実現した西郷隆盛らの次の目標は、西郷の持論に従えば他藩の下級武士との横断的結合だったはずである。しかし、西郷の流刑中に断行された文久三年八月一八日の政変によって、長州藩の下級武士たちは薩摩藩を敵視していた。高杉晋作、木戸孝允、久坂玄瑞らと横断的結合を計ることは、いくら西郷でも当面は不可能な状況にあったのである。

この点に関して勝田の『西郷隆盛伝』は、次のような挿話を紹介している。長州藩兵が禁門の変（一八六四年七月）に向けて京都郊外に結集していた時のことである。

「聞く、当時久坂通武〔玄瑞〕、真木和泉《まきいずみ》〔尊攘論の鼓吹者〕ら天龍寺にあるや、松田道之〔鳥取藩士〕、真木らに面して隆盛の出京を報ず。真木ら相語りて、隆盛召還せらるるあらば薩藩の国論はまさに一変せざるべからず。然るに薩藩の形勢なお依然として異

なる所なきを見れば隆盛の召喚は信じ難しと主張し、おおいに隆盛の出京を疑えりと云う。」（同前書、一〇四頁）

挿話はあくまでも挿話にすぎないが、勤王の志士たちの横断的結合をめざしてきた西郷は、長州藩の尊攘派にも信頼されていたことを示唆するものである。

しかし、西郷の「横断的結合論」は、有力大名と変革の志士たちの二つのレベルで実現されなければならない。しかるに長州藩の直接行動には第一のレベル、すなわち有力大名間の横断的結合が決定的に欠けていた。長州藩の志士たちの期待だけで薩摩藩論を長州支持に転換させることは、いくら西郷でもできなかったのである。

西郷にできたことは、対立が激化する幕府と長州の間にあって、「勤王」の大義がはっきりするまでは動かないことだけであった。

長州藩兵約一八〇〇人が、伏見、嵯峨、山崎から京都御所に向かった直接の原因は、前月（六月）の池田屋騒動にあった。同年一月から三月にかけての有力大名の朝政、幕政参画（参預制）が成果を挙げずに解散して以降、将軍後見職の一橋慶喜は、会津二八万石と桑名一一万石に近藤勇の新撰組を加えて、幕府だけの力で京都の治安を維持しようとした。その新選組七七名が、京都に潜んで勢力挽回を策していた長州の木戸孝允ら二十余名を京都三条の旅館に襲撃したのが、池田屋騒動である。七月の長州藩兵の上京がこれに対する報復をめざしていた以上、西郷率いる薩摩藩兵にとっては、どちらの事件も「私闘」にすぎなかった。

しかし、勢いを駆って一八〇〇人の長州藩兵が京都御所に向かい、それに対して天皇自らの「追討之令」が下れば、薩摩藩としても長州尊攘派との関係修復は将来の問題として、一旦は長州を討たなければならない。数百名に増強されていた薩摩藩兵は、御所を襲った長州藩兵などを、会津、桑名、その他の在京の諸藩兵と協力して、敗走させたのである。

しかし、これだけならば一年前に西郷流刑中に薩摩藩が行ったことと、本質的には変わらない。近い将来に長州藩尊攘派との和解ができなければ、志士間の横断的結合という西郷の目標は達成されないし、もう一つの有力大名間の横断的結合も実現しない。一八六四(元治元)年七月の禁門の変ののち、西郷と薩摩藩とは、一つの行き詰まりに直面していたのである。

†西郷・勝会談と公議会論

この行き詰まりの打開に一つのきっかけを与えたのが、同年九月一一日の西郷と勝の会談であった。

すでに記したように、三月から七月にかけて西郷は軍賦役として京都藩邸の牛耳をとっていたが、五年間のブランクのため、かつてのような幕府内の開明派との人脈を失っていた。たとえば前海軍奉行の勝海舟とはいまだに一面識もなく、この面では家老の小松帯刀や小納戸頭取の吉井友実に遅れをとっていた。その西郷が吉井に案内されて大坂に勝海舟を訪ねたのは、九月一一日のことである。

この日の初会談で勝の方は西郷に特別の印象は持たなかったようであるが（『勝海舟全集』第一八巻、二二六頁）、西郷の方は違った。彼は大久保利通への手紙で、この会談の印象を次のように記している。

「勝氏へ初めて面会つかまつり候処《ところ》、実に驚き入り候人物にて、最初は打ち叩くつもりにて差し越し候処、頓《とん》と頭を下げ申し候。どれだけか智略のあるやら知れぬ塩梅《あんばい》に見受け申し候。まず英雄肌合の人にて、佐久間〔象山〕より事の出来候義は一層も越え候わん。学問と見識においては佐久間抜群のことに御座候えども、現時に臨み候てはこの勝先生と、ひどくほれ申し候。」（『大久保利通関係文書』第三巻、三一二頁）

西郷がここまで勝に感服した内容は、この西郷の手紙からは十分には伝わってこない。

すなわち西郷は勝から、「明賢の諸侯四、五人も御会盟」して「国是」を定めるという過去数年来の自分の主張（「合従連衡」）を聞かされているだけだからである。ただ一つ注目すべきことは、西郷が勝の意見を恒常的な体制論として理解していた点である。すなわち、「一度この策を用い候上は、いつ迄も共和政治をやり通し申さずては相済み申すまじく候」と（同前書、同頁、傍点著者）。

「いつ迄も」が「共和政治」の制度化を指すことは明らかであるが、「共和政治」が何を意味するのかは定かではない。西郷のそれまでの数年間の主張からすれば、「明賢の諸侯四、五人も御会盟」を「共和政治」などと呼んだとは思えない。そんなものなら彼が以前から使ってきた「合従連衡」で十分なはずだからである。

西郷が「共和政治」と呼んだものの内容は、彼を海舟のところに連れていって同席した吉井友実が同じ日に大久保利通に送った手紙によって明らかになる。この手紙で吉井は次のように記している。

「大久保越州〔一翁、前幕府陸軍奉行〕、横井〔小楠〕、勝〔前海軍奉行〕などの議論、長を征し幕吏罪をならし、天下の人才を挙げて公議会を設け、諸生といえどもその会に出願すべきの者はサッサッと出し、公論を以て国是を定むべしとの議に候由《そうろうよし》、ただ今この外に挽回の道これあるまじく候。右大嶋兄〔西郷隆盛〕よりも委細申上ぐべく候えども、聞見の形行荒々申上げ候。」（同前書、第五巻、三四二頁、傍点著者）

傍点を付した最初の「長を征し幕吏罪をならし」の一文は、第一次長州戦争を喧嘩両成敗の形で終結しようというものであろう。その後で西郷を信頼していた高杉晋作らの長州の志士との再交渉が始まるという見取図である。

次の「公議会」と「諸生」は、西郷の一貫した主張であった大名と志士との二重の「合従連衡」論と合致するものであった。同じく傍点を付した箇所で吉井が、「右大嶋兄よりも委細申上ぐべく候……」と記しているゆえんである。

ちなみに、ここで名前の挙がっている大久保一翁、勝海舟、横井小楠の三人は、幕府内開明派の代表的人物であった。横井は熊本藩士で越前藩の前藩主松平慶永のブレインとして有名であるが、その慶永は単なる越前藩前藩主ではなく、政事総裁職として幕府内に大きな影響力を持つ存在だったことを見落としてはいけない。一八六二（文久二）年から六四（元治元）年までの勝海舟の日記を読んでいくと、幕臣の海舟がいかに慶永を評価していたかがよくわかる。また同じ時期の勝日記からは、慶永に紹介された薩摩藩家老小松帯刀にも、海舟が大きな期待を持っていたこともわかる。

これらのことを総合すると、従来から幕府政事総裁職の慶永と薩藩家老の帯刀と、横井、勝、大久保の三人の幕府内開明派官僚の間にあった信頼関係に、彼らとは違って各藩の下級武士の間に人望のあった西郷が、この一八六四年九月に新たに加わったことになる。

すでに記したように、この日の勝・西郷会談は、幕府と長州の戦争を喧嘩両成敗にすることと、大名会議と家臣会議（上院と下院）を設立することとに両者が基本的に合意したものといえる。そして前者の両成敗論からは、攘夷派の長州に方向転換を迫った上での、薩長同盟（一八六六年旧暦一月）が透けて見えてくる。

†長州藩の「攘夷」放棄

よく知られているように、第一次長州征伐は幕府側の勝利に終わったが、その後薩摩藩は急速に長州藩と接近した。土佐藩脱藩浪士坂本龍馬の仲介で、長州藩が薩摩藩の名義で銃砲を英商人グラバーから購入するのに両藩が同意したのが、この動きの始まりであった。一八六五（慶応元）年八月に鹿児島の大久保利通がイギリス留学中の薩摩藩士に送った手紙には、第二次長州征伐をめざす幕府への有力大名の反発とともに、長州藩の「攘夷」から「開国」への方向転換が記されている。

「長州戦争〔第一次〕以往、いわゆる暴論過激の徒、たいてい眼を豁開《かつかい》し、攘夷の成るべからざるを弁別、大いに国を開くことを唱え候人心に相成り候。もっとも具眼の諸藩〔佐賀、越前、土佐、宇和島など〕は断然商法〔貿易〕など施行の向きに聞かれ候。」(『大久保利通伝』第一巻、六四六頁)

長州藩が「攘夷」を止めれば、薩長は「倒幕」で一致できる。肥前、越前、土佐、宇和島などの大藩が、「開国」をさらに進めて「商法〔貿易〕」に専念すれば、薩摩藩を含めた有力大名は「富国強兵」で一致できる。そのような中で幕府が第二次長州征伐に成功しなければ、その全国支配者としての権威も実力も急速に失墜する。

このような状況は、大名レベルと家臣レベルの「合従連衡」を一貫して唱えてきた西郷にとっては、新体制樹立の好機だったはずである。ましてや西郷も吉井も、すでに引用したとおり、大久保一翁、横井小楠、勝海舟ら幕府開明派から、「合従連衡」を「公議会」に格上げする智恵を学んでいた。一八六六(慶応二)年一月の「薩長同盟」と翌六七(慶応三)年六月の「薩土盟約」とが、西郷にとっての「合従連衡」の完成だったのである。

3　薩長同盟

†同盟の経緯

いくら有力大名とその家臣たちが「合従連衡」しても、「尊王攘夷」を掲げて幕府と正面衝突している長州藩（三六万石）を除外したままでは、幕府を倒すことはできない。幕末に好んで使われた「公武合体」という言葉どおり、幕府と諸藩が協力して朝廷を支えるところまでが、その限度であった。一八六六（慶応二）年一月の「薩長同盟」は、このような限界を突き破った画期的な「同盟」であった。

しかし、この重要な同盟についての薩摩藩側の態度はよくわからない。鹿児島や京都や江戸に分かれて滞在して手紙をやりとりすることが多かった小松帯刀、西郷隆盛、大久保利通の三人が、この時には全員京都藩邸に揃《そろ》って木戸孝允の一行を迎えたから、彼らの間での手紙が残っていないのである。

そこで長州藩側の文献を中心にこの同盟の経緯と結果を見ていくと、大要次のようになる。

一八六五（慶応元）年末、在京都の薩摩藩家老の小松帯刀と軍賦役の西郷隆盛は長州藩の「倒幕派」の指導者に密使（黒田清隆）を送り、木戸孝允の上京（京都）による両藩の関係改善を説いた。折よく下関にいた土佐脱藩浪士で薩摩藩の信頼の厚い坂本龍馬も、黒田とともに木戸の説得に当たった。しかし、木戸はなかなか応諾しなかった。当時の長州藩では、幕府との内戦の中で、高杉晋作の奇兵隊などの「諸隊」（遊撃隊、集義隊、義勇隊など多数の非正規軍）が力を持っており、彼らの間では会津だけではなく薩摩への反感も強かったからである。

しかし、彼らの間で西郷隆盛の評価だけが例外的に高かったためか、高杉ら奇兵隊や遊撃隊は、木戸の西郷訪問には積極的であった。その結果、奇兵隊の三好軍太郎と品川弥二郎、遊撃隊の早川渡らが木戸に同行して上京することになった。

翌一八六六（慶応二）年一月京都の薩摩藩邸（小松宅）に着いた木戸一行を、薩摩藩側は歓待につとめた。同藩重臣の島津久寛、家老の桂右衛門以下、小松、西郷、大久保、吉井友実らが接待につとめ国事を談じ合ったのである。

しかし、「薩長同盟」の話は、双方とも切り出さなかった。当時幕府の第二次長州征伐を間近に控えて苦境に立っていたのは、長州藩の方であった。だから薩摩の側から長州に同盟を求める理由はなかった。しかし、同じ理由から、長州の側が窮状を訴えて同盟を哀訴することは、木戸には屈辱であった。

†木戸孝允の六カ条

両藩の意地の張り合いに決着をつけたのは、いわば両藩の調停役だった坂本龍馬だったらしい。薩摩藩側には遺っていない「長薩両藩提携の協約六ヵ条」に、後に木戸の求めに応じて裏書きしたのが龍馬だからである。二〇一〇年のNHK大河ドラマでも紹介された、木戸孝允の表書きと坂本龍馬の裏書きとは、この有名な「薩長同盟」に関して遺されたただ一つの史料なのである。

周知の史料を引用するのは不要な感じもするが、「尊王倒幕」(「尊王攘夷」ではない)のための志士間の横断的結合という西郷隆盛の長年の夢を追ってきた筆者としては、引用を省くわけにはいかない。

木戸孝允の表書きの六カ条とは、次のようなものである。

「一、〔幕府との〕戦と相成り候ときは、〔薩摩は〕直様《すぐさま》二千余の兵を急速差し登し、ただ今在京の兵と合し、浪華へも千ほどは差置き、京阪両処を相固め候事。

一、戦、自然も我が勝利と相成り候気鋒これあり候とき、その節朝廷へ申上げ、きっと〔薩藩の〕尽力の次第これあり候との事。
一、万一戦〔長州の〕負色にこれあり候とも、〔長州は〕一年や半年に決して潰滅いたし候と申す事はこれなき事につき、その間には〔薩藩は〕必ず尽力の次第、きっとこれあり候との事。
一、これなりにて幕兵東帰せしときは、きっと朝廷へ申し上げ、直様冤罪は朝廷に従って御免に相成り候都合に、きっと尽力との事。
一、兵士をも上国の上、橋、会、桑らもただ今のごとき次第にて、勿体なくも朝廷を擁し奉り、正義を抗（ママ）み、周旋尽力の道を相遮《さえぎ》り候ときは、ついに〔薩摩藩も幕府と〕決戦に及び候外《ほか》これなしとの事。
一、冤罪も御免の上は、双方誠心を以て相合し、皇国の御為めに砕身尽力つかまつり候事は申すに及ばず、いずれの道にしても今日より双方、皇国の御為め、皇威相暉《あいかがや》き御回復に立至り候を目途に、誠心を尽し、きっと尽力仕るべしとの事。」（『松菊木戸公伝』上巻、五九八―五

木戸孝允

九九頁、傍点筆者）

一読して明らかなように、これは「盟約書」というよりは、長州側からする「確認書」のようなものである（佐々木克『幕末政治と薩摩藩』三二四—三二五頁）。薩摩藩の小松帯刀と西郷隆盛は、長州藩の木戸孝允にこの六カ条を間違いなく約束しましたよ、という木戸側の「逆念書」なのである。

一八六八年一月（慶応三年一二月）の「王政復古」の始点として有名なこの「薩長同盟」六カ条を改めて読んでみると、そのほとんどが長州藩の朝敵としての「冤罪」に関係していたことに気がつく。第二条の「その節朝廷へ申上げ、きっと（薩藩の）尽力云々」がそうであり、第三条の「その間には（薩藩は）必ず尽力云々」もそれと関係している。第四条、第六条は直接に「冤罪」を雪《そそ》ぐことを謳った条項である。この四カ条との関連で第五条の「決戦」の内容を考えれば、幕府や会津・桑名両藩などが、長州藩を「朝敵」として扱いつづけた場合には、薩長両藩が実力を行使するという意味であることは明らかであろう（なお「薩長同盟」に関する学説史については、家近良樹『西郷隆盛と幕末維新の政局』一〇七—一〇九頁を参照されたい）。

こうして問題は、朝廷が長州藩の「冤罪」を晴らすことが先か、幕府や会桑両藩を薩長が倒すのが先かという点に集約されていく。もし、一八六七（慶応三）年一〇月の「大政奉還」に長州藩の名誉回復が含まれていれば、およそ二ヵ月後の「王政復古」クー・デターは起こらなかったかも知れない。

書類にはしなかったけれども、西郷隆盛はこの六ヵ条の実現に奔走した。彼はそれまでの自己の変革構想に忠実に、有力大名とその家臣との二重の「合従連衡」によって、長州藩の名誉回復を計ろうと努めたのである。

†有力大名会議

「薩長同盟」は一八六六（慶応二）年の第二次長州征伐では長州側に有利に働いたが、幕府側に壊滅的な打撃を与えるまでにはいたらなかった。第一四代将軍家茂の病死により長州出兵を停止した一橋慶喜は、停戦後も長州を朝敵として扱いつづけたのである。

しかも慶喜は停戦後に、従来は薩摩、越前、土佐、宇和島などの諸藩が唱えてきた有力大名会議の召集を、自ら朝廷に迫った。西郷の持論だった「合従連衡」が逆手にとられた形状を呈したのである。

先手をとられた形の有力大名にできたことは、病気を理由に自らは京都に登らず、名代を送ることぐらいであった。薩摩藩では久光自らは出京せず、小松帯刀と西郷隆盛を名代として出京させている（一八六六年一〇月二八日着京都）。

しかし、一八六七（慶応三）年に入ると、西郷が反撃に出た。二月中旬に自ら土佐に渡って、前土佐藩主山内容堂、宇和島藩主伊達宗城らと対抗措置を協議したのである。この訪問にあたって西郷は、持論どおり藩主層だけではなく、重要家臣との協議も重視した。すなわち土佐藩では、重臣の福岡孝弟《たかちか》とも対応策について意見を交わしたのである。

これらの準備の上に立って、前年一〇月には朝廷と幕府の召命《しょうめい》を病気を名として断わった薩摩の島津久光が、西郷隆盛ら七〇〇〇人以上の兵をひきつれて上京した。三月二五日に鹿児島を出発し、四月二日に大坂に着し、同月一二日に京都に入ったのである。西郷の事前説得を得て、越前、土佐、宇和島の改革諸藩も、今回は出京に応じた。

一八六七（慶応三）年五月の有力大名会議における幕府側と薩摩藩ら四藩側との対立点は、きわめて明確であった。

幕府側は有力大名会議の目的を、欧米列強に対して長く引き延ばしてきた兵庫開港問題に決着をつけることに絞り、この挙国一致体制の下で長州藩を「早々鎮定」することに限ろうとしていた。これに対し四藩側は長州の鎮定ではなく、その名誉回復が第一で、兵庫開港問題は長州を加えた挙国体制の下で決めればいいという立場をとった。なかでも西郷隆盛は一年前の薩長同盟六カ条に忠実で、「長州の冤罪」を解くことが最優先であると主張しつづけた（『西郷隆盛伝』第三巻、一一九頁）。

一八六六（慶応二）年二月以来の一年余りの間、中心的争点が「長州の冤罪」を解くか否かにあったことは、一見不可解に思えるかも知れない。しかし繰り返し使われる言葉が「冤罪」であったことに注目すべきであろう。もし長州の罪が「冤罪」だったことを朝廷と有力大名が認めれば、彼らはその裏返しとして幕府の不法な長州征伐の罪を問わなければならない。

†薩土盟約

一八六七（慶応三）年五月前後の「四侯会議」（薩、越、土、宇）でのこの議論の流れの中に、六月二六日に正式に締結された「薩土盟約」を置いてみると、幕府と長州の力関係が大きく長州側に傾いていた姿がよくわかる。すなわち、その第四条では、「将軍職を以て天下の万機を掌握するの理なし。自今宜《よろし》くその職を辞して諸侯の列に帰順し、政権を朝廷に帰すべきは勿論なり」と宣言しているのである（佐々木克前掲書、三七〇頁）。

薩土盟約のもう一つの核は、言うまでもなく上院と下院の二院制の規定である。すなわち、「議事院上下を分《わか》ち、議事官は上公卿より下陪臣庶民に至る迄《まで》、正義純粋の者を選挙し、尚且《なおか》つ諸侯も自らその職掌に因《よっ》て上院の任に充《あ》つ」と。

土佐藩を代表して同藩重役（参政）の後藤象二郎がこの盟約の原案を作るのに際し、長崎から兵庫に同船した坂本龍馬の「船中八策」を参考にしたことは有名である。しかし、薩摩藩側を代表して会合に出席した、小松帯刀、西郷隆盛、大久保利通の三人は、すでに幕臣大久保一翁（忠寛）の「公議会」論を熟知していた。西郷については一八六四（元治元）年九月の勝海舟との初会見のところで触れたが、家老の小松帯刀も、一八六六（慶応二）年二月に京都の薩摩藩邸において越前藩の重臣中根雪江《ゆきえ》から大久保一翁の「公議会」構想の説明を受けている。

いずれにせよ、一八六七（慶応三）年六月に土佐の坂本龍馬や後藤象二郎から二院制議会論を提案されたとき、薩摩側の小松、西郷、大久保らは、すでにそれへの準備は十分にできていたのである。

よく知られているとおり、六月のこの「薩土盟約」の内容と一〇月初めに土佐藩が幕府に提出した「大政奉還建白書」とは、ほとんど同内容のものであった。それなのに何故に薩摩藩は長州藩と組んで兵を上京させ、「王政復古」のクー・デターを決行したのであろうか。

この疑問は、筆者のように一四四年後にその当時のことを研究する者だけの疑問ではなかった。薩摩藩の軍役奉行として軍賦役の西郷を支えてきた伊地知正治は一〇月の大政奉還の直後に、同様の疑問を大久保利通にぶつけている。一八六七（慶応三）年一一月の意見書がそれである。彼は次のように論じている。

「徳川前日の重罪悔悟、時勢の沿革を観察し、政権を朝廷に還し奉り、将軍職を辞退つかまつり候については、今は難事を御追責候ては御不公平と存じ奉り候間《そうろうあいだ》、朝廷において将軍辞職を御聞済みにて、徳川内大臣諸侯の上席にて召し置かれ候よう御座あるべくや。（中略）その邪心これあるべくかと無形に押しはかりて、我より狭隘《きょうあい》の御取置先《さ》き立て候儀、決して王道の御体裁に相叶うまじき儀と存じ奉り候。（中略）徳川預り知《ち》行高御減少《ぎょうだか》の儀、先ずいかに御座候。（中略）領地等の儀はこれまでの通りにて、治乱の御入費筋ことごとく仰付《おおせつ》けられ候方にも御座これあるべくやと存じ奉り候。何分王政御再興の御基本は人情を察し、公平に従って御勉励これあり、さては厳しく武備膺懲《ようちょう》の典相備えたき儀も御座候。」（『大久保利通関係文書』第一巻、六〇―六一頁）

文中に「王政御再興の御基本」とあるからといって、一二月九日の王政復古後の意見書ではない。「慶応丁卯《ていう》十一月」と末尾にあるように、伊地知にとっては「大政奉還」が「王政復古」だったのである。

そうなると徳川慶喜の内大臣辞任と領地の返上（いわゆる「辞官納地」）の議論は、一二月九日の王政復古クー・デターによって初めて出てきたものではないことになる。一〇月の大政奉還をそのままで了としないで、さらに慶喜を追いつめるために「辞官納地」を迫る強硬派が、薩摩藩内に存在していたのである。これまでの記述から言えば、西郷隆盛と大久保利通がこの強硬派の中心であったことになる。

西郷の片腕だった伊地知にわからなかったこと（どうして大政奉還で満足しないのか）を一四〇年余りのちの筆者にわかるわけはない。しかし、先に見た長州藩の名誉回復の一条が、西郷や大久保を強硬にさせたのではないかという推測は不可能ではない。

大政奉還の上表どおり徳川慶喜が将軍職を辞して一大名の地位に下り、「薩土盟約」に従って慶喜を含めた公卿と大名とその家臣たちが二院制議会を設立したとしても、長州藩の「朝敵」としての立場は変わらない。長州藩を「朝敵」と定めた「朝廷」の現体制が根本的に変わらないかぎり、一八六六（慶応二）年一月の「薩長同盟六カ条」は実現されたことにはならないのである。薩長両藩とそれを支持する朝廷内勢力とが、武力を背景に宮中クー・デターを断行しないかぎり、長州藩の名誉回復は不可能だったのである。

4 「公議会」か「武力倒幕」か

†「官軍」の形成

慶応三年一二月九日（一八六八年一月三日）の王政復古の大号令と翌明治元年一月三日（一八六八年一月二七日）の鳥羽・伏見の戦闘の間には二四日間ある。この間の一二月二七日に御所の建春門前で行われた薩、長、土、芸（広島）四藩の観兵式〔天皇の前での軍事パレード〕の様子は、「大政奉還」から「王政復古」を経て鳥羽・伏見の戦いにいたる込み入った政局の理解を助けてくれる。当日土佐藩兵を率いて行進に参加した谷干城《たてき》の日記は、次のように記している。

「〔一二月〕二十七日に至り、日御門《ひのごもん》〔建春門〕前において薩、長、土、芸四藩の観兵式の天覧あり。流石《さすが》に薩は服装帽も皆一様にて、英式により大太鼓、小太鼓、笛などの楽隊を先頭に立て、正々堂々御前を運動せる様、実に勇壮活発、佐幕者〔幕府支持者〕をして胆を寒からしむ。薩に次ぐ者長〔州〕、長に次ぐは芸、しかして我はただ二小隊のみ。服装また一定せず、兵式は旧来の蘭式なり。我輩軍事に関する者遺憾に堪えざるなり。（中略）各藩歩兵のみなりしが、薩は一隊の砲兵最後を行軍せり。かくのごとき盛大の観兵式は余《よ》いまだかつて見ざるところなり。我が〔土佐藩〕政府は頗《すこぶ》る冷淡にして、戦の眼前に迫るを知るものなし。」（『谷干城遺稿』上巻、五九頁）

土佐藩陸軍の指導者だった谷干城のこの記述は、「大政奉還」路線と「王政復古」路線の相違を示すものとして重要である。

第一に、この天皇による観兵式はいわば「官軍」結成のデモンストレーションであり、大坂城にいる徳川慶喜軍への挑発であった。谷の言葉で言えば、「佐幕者をして胆を寒からし」めたのである。

第二に、一八五七（安政四）年以来西郷隆盛が一貫して唱えてきた「二重の合従連衡」が、一八六七（慶応三）年六月の「薩土盟約」の内容と大きく変わってきたことが示唆されている。有力大名による「上院」構想の方は「王政復古」の小御所会議（一二月九日）でも維持されているが、下級武士の横断的結合の方は、今や「下院」構想としてではなく、倒幕諸藩の藩兵の結合に転換されているのである。そして鳥羽・伏見の戦いを機に始まった官軍と幕府の戊辰戦争の中で、有力大名に対する各藩軍隊の発言力は急速に拡大していったのである。

この観点からするとき、「王政復古の大号令」発布の夜に行われた小御所会議での、徳川慶喜の出席の是非をめぐる土佐藩前藩主の山内容堂と倒幕軍を代表する薩摩の大久保利通の論争が、きわめて重要な意味を持ってくる。

†平和路線か武力路線か

近年の佐々木克氏の研究（『幕末政治と薩摩藩』）が明らかにしたように、一八六七（慶応三）年六月の薩土盟約から一〇月の大政奉還を経て一二月九日（一八六八年一月三日）の王政復古にいたる約半年間の事態の推移は、一筋縄ではゆかない複雑なものであった。朝廷内部も幕府内部も薩摩藩内部も強硬派と穏健派に分かれており、武力倒幕に統一されていた勢力は「朝敵」の汚名を着せられていた長州藩だけであった。

平和路線か武力路線かの対立は、上層保守派と下級急進派の対立とも限らなかった。第3節で紹介した薩摩の伊地知正治の平和路線は、彼が西郷隆盛の側近的地位にあった下級武士だっただけに、路線対立の複雑さを端的に示している。重要な点なので簡単に繰り返しておこう。

薩摩藩急進派の小松帯刀、西郷隆盛、大久保利通の三人は、薩長両藩による武力倒幕の実現のために、一〇月に揃って京都を発ち、長州経由で薩摩に向かった。彼ら三人に代わって京都の薩摩藩邸を預かることになったのは、吉井友実と伊地知正治であった。その伊地知が一一月に、徳川慶喜の大政奉還を全面的に支持する意見書を大久保に送っているのである。先に記したように、その内容は、徳川慶喜が大政を朝廷に返還した以上、内大臣の地位と公称八〇〇万石の領地をそのまま維持させて、公卿と有力大名で構成される「上院」の議長に任命すべきであるというものであった。伊地知にとっての「王政復古」とは、こういうものだったのである。

西郷ら三人が揃って帰藩するにあたって吉井や伊地知に、安芸藩も加えた三藩出兵という目的を伝えていないはずはない。言いかえれば、伊地知にとっての「王政復古」も「三藩出兵」も、徳川慶喜を議長に迎えた上院と、有力藩士たちの「下院」とによって作られる新政治体制の実現のためのものだったのである。

しかも、この新政治体制の内容も、当事者間で具体的に了解されていたわけではなかった。言葉の上では、一八六七（慶応三）年六月の薩土盟約は、はっきりと上下二院制を謳っていたが、上院議員になる藩主層や下院議員になる家臣層の範囲までは定義していなかった。もし、約三〇〇の大名のすべてが上院議員になり、全部の藩の家臣代表が下院議員となるならば、それはほとんど一八九〇（明治二三）年に開設される貴族院と衆議院になるであろう。両者の相違は後者の場合には下院議員に農村地主も含まれ、また、有権者にいたると、むしろ農村地主の方が多かったという点である。

もちろん全国の家臣層だけに限られた「下院」と農村地主も含めた「衆議院」の相違は小さなものではない。しかし、ここで筆者が言いたいのは、全藩主が上院議員になり、その家臣代表が下院議員になることなどは、その提唱者の間でも本気で考えられていたとは思えないという点である。一一月下旬には、薩摩、長州、安芸（広島）の三藩兵が京都と大坂に集結していた。土佐藩と越前藩は、それに先立つ大政奉還の主役であった。この五藩以外の約三〇〇の大名とその家臣代表が、上院と下院の議員となって五藩と対等の発言力を持つなどということは、空想もいいところであったろう。

一八六三（文久三）年末の参預制以後の経緯を見てきたものにとっては、「上院」が有力公卿と有力大名（もしくはその父）に、「下院」が有力藩の家臣たちに限られることは、容易に想像できるところである。王政復古後の小御所会議で定められた総裁、議定《ぎじょう》、参与の三職制のうち、「議定」が「上院」で「参与」が「下院」だったのである。「議定」のうち公卿を除いた藩主層は、尾張、越前、安芸、土佐、薩摩の藩主、前藩主、藩主の父の五人であり（後に長州藩主が加えられる）、参与のうち同じく公卿を除けば、上記の五藩から三人ずつの一五人（後に長州藩士三人が加わる）であった。それは「議会」というよりは

「政府」と呼んだ方がいいものであり、それが幕末の「公議会」論の実態だったのである。

問題は「三職」の最下位に位置づけられた「参与」が、本節の冒頭に紹介した建春門前での観兵式で行進した四藩兵の指揮者たちの同僚だった点にある。今や軍隊を握った薩長土三藩の藩士たちは、政府においては「参与」となったのである。「軍隊」を握った「参与」たちが、三職制の実権を握ることは、当然の結果だったのである。少なくとも一八七三(明治六)年一〇月の「征韓論分裂」までは、「官軍」と「参与→参議」とは一体となって、維新改革を推進していったのである。

†幕府の軍事力

しかし、「軍事力」の点では大坂城を拠点とする徳川家は薩長両軍を圧倒していた。その徳川家が朝廷の命に従って「辞官納地」して「議定」筆頭の地位につけば、薩長側の「参与」が軍事力を背景に政府を牛耳るというシナリオは、完全に狂ってしまう。結局のところ、新政治体制の内容は、幕府側と薩長側が一戦した上でなければ決まらないものだったのである。

本節の冒頭で紹介した建春門前での軍事パレードに明らかなように、薩長土芸の四藩は徳川側との武力衝突に備えていた。しかし、その点では徳川側も同様であった。

武力衝突を回避したい朝廷は、一二月一六日にいたり、九日の小御所会議での決定を緩和した。内大臣の地位を返上すれば（辞官）、領地（納地）の方は他藩と同様に「政府御用途」分を返上するだけでいいと変更したのである。そして「政府御用途」分の具体的な額は、徳川慶喜やその家臣代表を「議定」と「参与」に加えた上で、「公論」によって決定する旨を、勅命を以って慶喜に伝えたのである。

しかし、徳川側はこの妥協案を拒絶した。朝廷の依嘱を受けて越前藩前藩主の名代として大坂城に赴きこの妥協案を示した中根雪江（「参与」）に対し、幕府若年寄の永井尚志《なおゆき》は、次のように峻拒した。鳥羽・伏見の戦いに幕府側が打って出た背景を知る上で大切な史料なので、やや長文ながら引用しておきたい。

「元来この書面なども更に道理これなく、〔内大臣という地位は〕将軍に付きたる御官位にもこれなき処《ところ》、御職〔将軍職〕を辞せられたりとて御辞官と申すも一向に当らず、また、御領地の儀も今さら仰出されずとも〔朝廷の〕御指支《しじ》を御傍観なさるべき様もこれなく、精々御尽しなされ候〔慶喜の〕思召《おぼしめし》は、すなわち政権御帰の節〔大政奉還〕も朝廷より諸侯と共に同心協力皇国維持の詔命万々御奉戴の思召に候えども、此の如く疎外の御取扱にては如何《いかん》ともなされ方これなく、畢竟《ひつきよう》降官削地の儀を品よく書取りたるまでの事にて、有罪の姿は免れ申さず。（中略）先ず第一に伊賀〔老中板倉勝静《かつきよ》〕拙者〔若年寄〕初め不承知にて候。（中略）朝廷過去を悔い〔十二月〕九日以前へ返られ候わば、それよりまた仕方もこれあるべく、箇様《かよう》なる不都合を工み出し候根元は二賊の所為《しょい》に候えば、彼の二賊を除くこと方今の急務、（中略）薩邸へ打込む勢は十分にこれあり、少しにても激し候えば直様《すぐさま》暴発いたすべく（下略）。」（『西郷隆盛伝』第四巻、一四―一五頁）

一二月九日の王政復古に対する幕府首脳の反発がよく表れている史料であるが、ややわかりにくいところもあるので、筆者なりに要約しておこう。

幕府若年寄の永井尚志の主張の第一点は、大政奉還で返上した「将軍職」と朝廷の官位である「内大臣」とは無関係のものであるから、内大臣を辞任する必要は全くない（「辞官」の拒絶）。また、「政府御用途」を他の諸藩と応分に負担することも、大政奉還の時に幕府側から申し出たことであり、いま改めて命令されるいわれはない（「納地」の拒絶）。朝廷側の譲歩のような見せかけを作っているが、その内容は徳川家の「降官削地」にすぎないので、幕府としては到底受け容れがたい、というものであった。

その主張の第二点は、幕府には薩長二賊を征伐する覚悟も兵力もともに備わっているというものである。なかでも、たとえ徳川慶喜が穏和路線を望んでも、老中板倉勝静と自分

（若年寄永井尚志）が承知しないと言い切っていることは重要である。また、「薩邸へ打込む勢は十分にこれあり」という一文も、きわめて具体的な表現である。

この永井の強硬姿勢を本節の冒頭で紹介した薩長土芸四藩による観兵式と突き合わすと、王政復古の平和的な実現などは中間派勢力の幻想にすぎなかったことが明らかになろう。王政復古の時に京都にいた幕府の軍艦頭並の榎本武揚《たけあき》は、幕府側と薩長側の力関係を勝海舟に次のように報じている。

「我が徳川氏方の者は、会・桑は申すまでもこれなく、井伊、紀州、藤堂、大垣、加賀等は皆国力を奮って我を助くると云う。土州、越前は中立不依と云う。因・尾・備は勿論長薩の手間取と相聞く。嗚呼、我が徳川氏の兵は前のたのもしき諸侯の兵を並算する時は、薩・長・土・芸ら（この四藩の兵並《あわ》せて六千ばかり）に大凡《おおよそ》三倍す。」（『勝海舟全集』第一八巻、四四六頁）

幕府若年寄の永井尚志の強気の背景はここにあったのである。

5 革命の終焉

†改革派と保守派

一八六七（慶応三）年六月の薩土盟約、一〇月の大政奉還、一二月（一八六八年一月）の王政復古までの半年間は、改革派も保守派も一つの枠組みの両端で動いていた。権力の頂点に天皇がつき、その下に公卿と、徳川慶喜をも含めた有力大名（もしくはその代行）が上院を構成し、彼らの家臣で改革の実践的部分であった者たちが下院を構成するという新体制構想が、大枠になっていたのである。

この大枠を右の極点に行けば、すでに紹介した一八六三（文久三）年末の「参預制」に似てくる。参預制の時には将軍は将軍のままで有力大名の意見を尊重するので、「大政奉還」以後とは制度としては大きく異なる。しかし、「大政奉還」に続く「王政復古」で打ち出された総裁、議定、参与の「三職制」のナンバー・ツー（たとえば「副総裁」か「議定筆頭」）に徳川慶喜がつくとすれば、それは実質的にはかつての「参預制」とほとんど変わらない。「徳川八百万石」、「旗本八千騎」といわれた徳川家の長として、慶喜が「議定

「筆頭」の地位を新政府内で占めれば、「参与」にしかなれなかった薩長の下級武士には対抗策はありえない。幕末期を通じて「改革派」の有力大名が唱えてきた「公武合体」が完成してしまうのである。

他方、「参与」という中央政府の最下位にしかなれない（あるいは「薩土盟約」段階では「下院」議員にしかなれない）薩長土三藩の下級武士たちにとっては、この大枠を左の極点まで押し進めて、「参与」＝「下院」が実権を握れるようにする必要があった。しかも一八六四（元治元）年に西郷隆盛が島津久光の弾圧をはねのけて五年間の流刑から帰藩して以後は、「下級武士」は有力藩の「軍部」と同義語になってきた。一八六四年に薩摩藩の軍賦役になった西郷隆盛と軍役奉行となった伊地知正治の鳥羽・伏見戦役以後の活躍を見れば、このことはおのずから明らかになる。

同様のことは、一八六六（慶応二）年初頭の薩長同盟以後の長州藩における品川弥二郎や大村益次郎の活躍についても言える。「下院」が「参与」になり、さらには「軍部」になっていったのである。さらに、藩の中心が慶喜の「公武合体」路線の中心的支持者であった土佐藩においても、前藩主の山内容堂や参政の後藤象二郎に対抗して、土佐藩「軍部」の板垣退助や谷干城らが、薩長両藩の「軍部」との提携に努めはじめていた。

「下院」→「参与」→「軍部」の方向を進んでいた薩長土の下級武士たちは、前節の冒頭で紹介した慶応三年一二月二七日の建春門前での天皇による観兵式で、各藩の「軍部」から新政府の「官軍」になった。

　のちに明治元年となる慶応四年一月の明治新政権は、このような「右」と「左」の二大勢力の対立の上に、文字どおり右往左往していたのである。

　慶喜が将軍職を天皇に返還して以後の徳川方の呼び方はいろいろあろうが、ここでは一八六八（明治元）年一月七日の慶喜追討令以前を幕府方、それ以後を旧幕府方というように呼んでおきたい。また、王政復古政権の内部は先の両極端の間を揺れ動いていたのであるから、新政府と薩長両藩とも一応区別しておきたい。

　薩長側の要求は幕府側の「辞官納地」、すなわち慶喜が内大臣の地位を返上して幕府がいわゆる「八百万石」を朝廷に返還することであった。しかし幕府側に言わせれば、「辞官納地」を決めたのは慶喜も会津・桑名の幕府支持藩も出席していない王政復古新政府であって、薩長両藩が武力でその私意を一七歳の新天皇に押しつけたものにすぎず、正当性の全くないものであった。「辞官納地」か「薩長の私意」かをめぐって、新政府の両極は正面から対立したのである。

†倒幕の戦術と戦略

すでに記したように、大坂城に戻った幕府軍は新政府内の薩長土芸軍の約三倍であったから、彼らが「辞官納地」の条件を呑んでまで新政府に参加することはありえなかった。彼らは天皇が慶喜を含めた全国大名会議を開いて、その場で新政府の費用を各藩の禄高に比例して拠出すればいいと言い張った。

この幕府の主張が通って天皇の下に大名会議が開かれれば、薩長軍の新政権下での影響力は著しく低下せざるをえない。それは単に徳川、会津、桑名の幕府勢力が加わるだけではなく、また中間派の越前、土佐らの発言力が増大するだけでもない。新政権の内部での「議定」(上院)の力が「参与」(下院)を圧倒するであろう。一言で言えば「薩長倒幕派」の勢力失墜である。

慶応三年一二月九日(一八六八年一月三日)の王政復古から翌明治元年一月三日(一八六八年一月二七日)の鳥羽・伏見の戦いまでの三週間余の新政府は、外見上では幕府側の強硬姿勢に押され続けであった。幕府側と薩長側の妥協工作に専念していた越前藩重臣の中根雪江に対して、幕府側は事態を王政復古以前の状況に戻すことを主張しつづけ、万一戦争になって一時「朝敵」となったとしても、〝勝てば官軍〟だから問題はない、と言い切っているのである(『戊辰日記』一八頁)。

一二月九日にクー・デターまでやって王政を復古させた薩長両軍は、このような強気の幕府と弱気の越前藩との交渉を、忍耐強く見守っていた。武力倒幕論の中心にあった西郷隆盛ですら、慶喜が「辞官納地」に応じれば、「議定職に任じて大政に参与」させることを承認していたのである（『西郷隆盛伝』第四巻、九頁）。

しかし、西郷らの狙いは、新政府の弱腰の対応に気を良くした幕府軍に、軍事行動を先に起こさせることにあった。一二月二三日に薩摩藩側の挑発に乗った幕府軍が薩摩藩江戸屋敷を焼き払った時、西郷は在京都の土佐藩兵の指導者谷干城に、「はじまりました。至急乾君〔板垣退助〕に御通じなされよ」と伝えている（『谷干城遺稿』上巻、五八頁）。幕府軍が行動を起こした時が、薩長両軍が新政府の牛耳を握る時だったのである。

西郷隆盛や伊地知正治（薩摩の大村益次郎とも称された）の罠に吸い込まれるように、一月二日に大坂城の幕府軍が行動を起こした。天皇に対して「辞官納地」についての慶喜の主張を上奏するために上京するはずが、随行の兵が一万五〇〇〇人を超えてしまったのである。これを鳥羽と伏見で出迎えた薩長軍は合わせて四〇〇〇人というから、兵数では四倍に近い勢力であった（佐々木克『戊辰戦争』二二頁）。それなのに、翌三日に始まる鳥羽・伏見の戦いは、わずか二日で薩長軍の勝利に終わった。

これまでの諸研究が明らかにしてきたように、銃火器の優劣が勝敗を分けたが、兵数で圧倒的に優勢だった幕府軍が、他の街道に兵を分けずに鳥羽・伏見の両街道に全兵力を集中した戦術上のミスを指摘する研究もある（同前書、二八頁）。

この戦いに始まる九ヵ月間の戊辰戦争の全経過から見ると、西郷・伊地知の薩摩軍と大村・品川の長州軍には、満を持した上でいくつかの局面に全力を集中するという戦略的配慮が感じられる。この戦略の背後には、幕府側勢力に壊滅的な打撃を与えることを最優先し、個々の小さな局面はあえて無視するという一貫性すら感じられる。一二月九日の王政復古から一月三日まで三週間余を一見むなしく過ごした上での鳥羽・伏見への全力集中は、このような戦略の第一段階だったのではなかろうか。

†江戸無血開城へ

勝海舟と西郷隆盛の会談による江戸無血開城（三月一四日）においても同様な節が見られる。無血開城と同時に旧幕府軍を一挙に武装解除して会津藩征討に向かうのではなく、幕兵が軍艦、武器、弾薬を持って関東、東北に逃走するのを黙認した形跡があるのである。

中山道を進んで甲府を落とし、府中を経て市ヶ谷の尾張藩邸に陣取った土佐藩軍は、西郷隆盛が率いる東海道鎮撫総督府の寛大で緩慢な処置に不満をつのらせていた。当時大目付として中山道総督府参謀の板垣退助を補佐していた谷干城は、その不満を次のように記している。

「〔東〕海道先鋒御総督、江〔戸〕城御受取のため御入城につき御達しこれあり、外郭の門々諸藩兵隊にてこれを守る。（中略）当日御総督御入城至って簡なる御備なり。御供は参謀西郷吉之助等わずかに三、四十人なり。旧幕の役人にて専ら時務に預る者は勝安房〔海舟〕、大久保一翁、山岡鉄太郎なり。この徒、陽に恭順を唱え、陰に激徒を促し脱走せしめ、事を四方に起こさしむるの策なり。（中略）然〔るに〕東海〔道鎮撫総督府〕さらに心を置かず、勝安房らの云う処を信じ、万事頗《すこぶ》る因循《いんじゅん》なり。賊徒その策略を念熟し、大小銃など城内より取出し、舟を以て深川の如く送り、会〔津〕と連結して東北に起《たた》んとす。（中略）参謀〔西郷隆盛〕らもっとも因循《いんじゅん》万事運ばず、居ながら賊徒をして四方に散走せしむ。」（『谷干城遺稿』上巻、九〇―九一頁）

中山道鎮撫総督府に属する土佐藩の谷干城は、旧幕軍が江戸城の武器弾薬を携帯して関東、東北に転進した責任を、もっぱら東海道総督府、とりわけその参謀西郷隆盛の「因循」のせいにしているのである。その批判は、三月一五日の江戸城総攻撃を中止した西郷の決断に向けられ、その後半年間におよぶ不要な東北戦争の責任が西郷その人にあることを示唆しているのである。すなわち、「期の如く〔三月〕十五日に打入れば、彼の備え未だ立たず且《か》つ議論も多端にして人々死守の心無き故、これを取るも難からず。一時力を以てこの城を取らば、不逞《ふてい》の徒胆落魄奪い、野州、奥州の事も起らず、後の上野戦争の事にも至るまじく、真に遺憾なり」と（同前書、九二頁）。

谷の西郷批判は一見したところでは、きわめて的を射ている。江戸の無血開城の代償が、その後半年にもおよぶ東北戦争、会津戦争だとすれば勘定が合わないからである。

しかし、谷の意見どおりに江戸城総攻撃が行われ、旗本から会津藩までのすべての幕府勢力が降伏したとすれば、どのような事態になったであろうか。武力による抵抗を諦めて「恭順」を誓う関東・東北の幕府支持藩の領地を没収する理由は、西郷隆盛といえども見つけられなかったであろう。江戸落城で形の上では官軍の圧勝に終わったとしても、新政府の関東、東北支配は名ばかりになったのではなかろうか。

西郷の〝無為無策〟に対する批判は上野の山にたてこもる彰義隊への対応にも向けられていた。大総督府参謀が旗本その他の旧幕軍の鎮撫を勝海舟ら旧幕指導者に一任したために、彼らが官軍を侮り、ついには三〇〇〇人もの旧幕軍が上野に結集したというのである。閏四月末に京都の新政権が、長州の軍略家大村益次郎を軍防事務局判事として江戸に派遣したのも、追放時代の三条実美《さねとみ》に重んじられた肥前藩の江藤新平が三条の使いとして江戸の視察にやってきたのも、西郷の優柔不断への批判だったといわれている。

しかし、江戸開城の二ヵ月後の五月一五日に官軍が総攻撃を決定した時には、江戸城下の旧幕勢力は、会津に向かって再挙をめざす者以外は、上野に結集していたのである。敵が結集し終わるまでは〝無為無策〟に過ごし、結集し終わった時点で一挙に打破するというのは、鳥羽・伏見の時と同様の戦略にもとづくものと思われる。事実、薩摩、長州、熊本、備前、久留米、佐土原の諸藩兵よりなる官軍は、一千余の旧幕軍を一日で打ち破ったのである。

†東北戦争

このような西郷の戦略的配慮に筆者がこだわるのは、その根底に幕府支持勢力の一掃という目的意識を感じるからである。旧幕勢力を温存させた上での「王政復古」と、それを内戦で壊滅させた上での「王政復古」との違いは、説明を要さないであろう。

このいわば西郷戦略とでも呼ぶべき方針は、戊辰戦争中の最大の戦闘だった東北戦争においても貫かれている。上野に続いて宇都宮でも敗れた旧幕軍は、今度は旧幕最大の拠点であった会津藩に結集した。

「戦術」のレベルで言えば、ここでも西郷の対応は拙劣そのものであった。彼は宮様一人に薩長の参謀を付けた小規模の「官軍」を東北に派遣し、あとは仙台、米沢、佐竹（秋田）、南部（盛岡）などの東北諸藩に会津征討を命じれば、一件落着だと考えていたのである（『西郷隆盛伝』第四巻、一四二―一四三頁）。

佐々木克氏の『戊辰戦争』が詳細に分析しているように、事態は西郷の楽観を完全に裏切っていった。

第一に、会津征討の中心になるはずの仙台藩が、米沢藩と共同で、朝廷と会津の調停に力を入れた。

第二に、三月の江戸城総攻撃に向けた時の薩長土三藩中心の鎮撫総督府軍とくらべると、会津征討軍の参謀の格も主力の薩長兵の規模も、あまりにも貧弱であった。当初は薩摩藩から黒田清隆、長州藩から品川弥二郎が参謀になるはずであった。この二人は一八六六（慶応二）年の薩長同盟の立役者で、朝廷からも一目置かれていた。しかし、理由は不明ながら、二人は参謀にならず、幕末政局ではあまり知られていない大山綱良《つなよし》（薩）と世良《せら》修蔵《しゅうぞう》（長）がその任についた（『戊辰戦争』七一―七二頁）。しかも薩長軍を主力とする奥羽鎮撫使の総勢は、わずか四〇〇人余であった。先の鳥羽・伏見の戦いで約一万五〇〇〇の幕府軍を迎え打った薩長土芸の官軍約四〇〇〇人の一〇分の一にすぎなかったのである。あとの兵力は、仙台、米沢などから現地調達する方針だった。

これでは東北諸藩は官軍を軽視し、会津に肩入れする。五月三日、仙台、米沢、盛岡、二本松（福島）、秋田をはじめとする東北二五藩、石高にして約一四三万石の同盟が成立したのである（同前書、一二一―一二二頁）。

同盟の表向きの目標は、会津、桑名両藩への寛大で公正な処分を総督府に求めるものであった。しかし、その裏面の目標が、この要求を総督府が拒否した場合には、二五藩が一致して会津藩を守ることにあったのは明らかであった。薩長兵を率いて新庄、秋田、津軽に転戦した薩摩の大山綱良の二百余の将兵のうち、生き残ったのはわずか五〇人余だったという。西郷隆盛の偉業を詳細に記した勝田孫弥の伝記でさえ、彼の戦術的失敗を認めざるを得なかった。

「奥羽列藩同盟し、会、桑、幕の兵を合して官軍に抗するに至るや、北越及び白川口に迫ることもっとも急なりき。この報江戸に達せしは、あたかも徳川氏の処分を終り、上野の兵も鎮定し、関東全く平定に帰したるの日なりき。初め隆盛は奥羽を以て奥羽を鎮定せんと欲し、ただその参謀に人物を特選し、わずかに薩長の兵少数を従えしめたり。故に大山らの危難は、また隆盛の責任もっとも大なりき。」（『西郷隆盛伝』第四巻、一四六―一四七頁）

しかるに、この危機に臨んでの西郷の処置は、自ら京都にある薩摩藩兵を率いて白川、秋田に向かうのではなく、藩主島津忠義とともに大坂から船で鹿児島に戻ることであった(六月)。

†「官軍」か「藩兵」か

この薩摩藩の奇妙な行動を、これまで筆者が描いてきた、敵の集結に時間を与え、集結しきったところを全力で撃つという〝西郷戦略〟だけで説明することはむつかしい。もちろん結果だけから見れば、〝西郷戦略〟論は十分成り立つ。会津擁護に結集した奥羽二五藩に北越諸藩を加えた奥羽越列藩同盟を、新たに増員された薩長土三藩軍が各個に撃破またはは降伏させて九月二二日に会津藩を降伏させた時、三藩を中心とする王政復古政府は名実ともに中央政府となったからである。

しかし、結果ではなく経緯から見る時、東北戦争に関しては〝西郷戦略〟論は成り立たないようである。そしてその経緯に着目する時、三年後の「廃藩置県」の原因も見えてくる。

先に鳥羽・伏見の戦いに先立つ建春門前での薩長土芸四藩の観兵式をもって「官軍」が成立した、と記した。しかしそれはあくまで形式の上での話で、この四藩兵の費用を朝廷が負担したわけではない。四藩兵の費用は四藩が負担していたのである。

この事情は江戸無血開城以後においても変わりはなかった。徳川家処分によって七〇〇万石のうち六三〇万石が新政府のものになっても、それで四藩兵を中心とする「官軍」の費用を全部賄えるわけはなかった。従来の幕府の地位に新政府がついただけであり、全国の約四分の三は、三百弱の封建領主（大名）が握っていたのである。そして各藩が握っていたのは、年貢と将兵（武士）であった。鳥羽・伏見の戦い（一月）から上野彰義隊の鎮圧（五月）までの軍事費の大半は、倒幕諸藩が各々負担していたのである。

六月に西郷が島津忠義とともに、奥羽に赴かずに鹿児島に帰ってしまった理由が、藩財政のやりくりによる藩兵の再動員にあったことを直接に示す史料は未見である。しかし、次に紹介する土佐藩の軍事指導者谷干城の日記は、間接的ながら西郷と薩摩藩主の帰国の動機を示唆している。


「〔六月〕十三日。（中略）この時我が兵を北方に出すべき内命あり。然るに財政の都合によりやむを得ず御断りに成りしよし。余窃《ひそ》かに思う、薩長は奥羽は勿論、越後地方へも兵を出せり。我が藩ただ奥州一方のみ、これ遺憾なり。これを当路に説く。皆同感なれども、ただ軍資の一点頗《すこぶ》る困難なりとす。」（『谷干城遺稿』上巻、一三三頁）

この後、谷は京都に上り岩倉具視《ともみ》から「軍資金御支給」の約を得て土佐に戻り、「北越行の兵隊の編制」を行い、七月初めに土佐藩の五小隊を率いて越後に向かった。

谷干城の日記に記されている土佐藩兵の再編制と、先に記した西郷隆盛の鹿児島行きとは、時期的にほぼ一致している。「官軍」の主力を構成していた薩長土の三藩とも、一月の鳥羽・伏見の戦いから五月の上野彰義隊攻撃にかけての四カ月間に兵力と財力を消耗しており、本格的な東北戦争を行うのには、各藩兵の指導者がそれぞれ帰藩して藩財政をやりくりして、それぞれの「官軍」を再動員する必要があったのである。

再編なった土佐藩兵は七月中旬には江戸を発し、月末には白川に着いた。他方鹿児島に帰っていた西郷も八月初めには再編した薩摩藩兵を率いて秋田と新潟に向かい、八月一一日には到着している。「官軍」の東北越同盟総攻撃の態勢が整ったのである。

以上のことから明らかなように、新政府の東北鎮定の遅れは、「官軍」が名ばかりでその兵力も費用も主として薩長土三藩が負担していたことによるものであった。新政府はまだ独自の「官軍」を持ってはいなかったのである。

6 「官軍」の解散と再編

†「官軍」の帰郷

八月二〇日に会津総攻撃を開始した「官軍」は、薩摩や土佐で再編制されたもので、指揮官の格でも将兵の数でも携帯する火器でも、これまでの「官軍」とはくらべられないものであった。指揮官は長州の大村益次郎と並び称されていた薩摩の軍略家伊地知正治と土佐藩軍部の最高指導者板垣退助であった。のちに自由民権運動で有名になる板垣が、この時点では西郷隆盛や伊地知正治と並ぶ軍事指導者であったことは見落としてはならない。

総攻撃開始当時の薩長土ら六藩の兵数も約二〇〇〇で、鳥羽・伏見の戦いの時にくらべてもそう見劣りはしない。しかも初戦で敗れた会津藩が籠城作戦を採ったので、薩摩藩からアームストロング砲などの重火器を取り寄せる時間もあった。

さらに会津藩側が籠城を続ける間に「官軍」は米沢藩や仙台藩を説得で降伏させ、両藩兵を会津攻撃に加えられたので、その総数は約三万に増えていた（佐々木克『戊辰戦争』一五九頁）。孤立した会津藩は、約一カ月の籠城ののちに、正式に降伏した。北海道を除き、日本全国が新政権の支配に服したのである。

しかし、まさにその瞬間に「官軍」は解散し、それぞれの藩に戻ってしまった。土佐藩兵の中心の一人として九月二三日の会津城受渡しに立ち合った谷干城らが江戸に戻ったのは一カ月後の一〇月二四日であるが、その三日後の二七日の日記には、「英船を借り旧兵皆国に帰る」とある（『谷干城遺稿』上巻、一七二頁）。ここで言う「旧兵」とは三月に江戸へ進軍した土佐藩兵を指すが、残った会津征討の土佐藩兵も一一月二日には船で土佐に帰った。一一月五日に土佐に着いた時の谷日記は、「官軍」の実態を示すものとして重要である。

「〔十一月〕二日、復兵夕顔船にて江戸を発す。同五日国に着す。公、致道館に臨み謁《えつ》を諸隊に賜う。御慰労の御意を蒙れり。これより解隊、諸人雀躍して皆家に帰る。今日余老親に謁し、喜び極って暫《しばら》く辞なし。今夕酒味殊《こと》に美なり。」（同前書、一七二頁）

「官軍」はかくも簡単に解体し、各々の郷里に戻ってしまったのであり、その郷里では従来どおり藩主や前藩主が支配していたのである。事情は薩摩藩兵についても同じであった。戊辰戦争に勝利した明治新政権に武力で反抗しようとする勢力は全国のどこにもなくなった反面、その兵力も財力も、かつての幕府のそれとほとんど変わらなかったのである。「官軍」の財政負担に悩まされていたのは長州藩も同様であった。ただ長州藩の場合は、下級武士や上層農民を集めた半ば自立的な軍団の力で二度にわたる幕府の攻撃を撥ね返してきただけに、同藩の「官軍」は薩摩藩や土佐藩のそれとくらべて、はるかに幅の広いものであった。薩摩や土佐の場合には「官軍」負担が大きいと言っても武士階級の動員であったから、その給与は既存の家禄で賄えた。これに対して半官半民の「諸隊」（奇兵隊、遊撃隊、整武隊、振武隊、鎮武隊、健武隊など）を「官軍」として動員した長州藩では、戊辰戦争勝利後に帰藩したこれらの「官軍」の給与は、藩の新たな財政負担となったのである。

戊辰戦争勝利の一年後に、長州藩はこれらの諸隊を解散して人員整理を行い、四大隊の藩兵に吸収合併する方針を打ち出した（一八六九年一一月）。これに対して諸隊は激しく抵抗し、一八七〇（明治三）年三月の諸隊の完全鎮圧まで、長州藩は一種の内戦状態にあったのである。こうして将兵を正規軍に再編した長州藩にあっても、それはあくまでも長州藩兵であって、明治政府の「官軍」ではなかった点では、薩摩藩や土佐藩の場合と同じであった。

†脆弱な中央集権政府

新政権が名実ともに中央集権政府として確立するためには、まず各藩が個々に握る年貢を中央に集めることが必要であった。しかし、文久年間(一八六一―六三年)以来「公武合体」路線の方に親近感を抱いてきた各藩の藩主や重臣たちが、みずからの租税徴収権を新政権に譲り渡すであろうか。鳥羽・伏見で幕府軍を破り、東北戦争で会津を陥落させた「官軍」がそのまま新政権のものになっていたら、その武力を背景に各藩に年貢徴収権の譲渡を迫れたかもしれない。しかし「官軍」の主力は薩摩藩軍、長州藩軍、土佐藩軍に戻ってしまい、それぞれの藩主の支配に服してしまった。

新政権に残された方途はただ一つであった。かつての「官軍」を藩権力から独立させて正規の「官軍」に再組織しなおし、その力で全国の藩権力に年貢徴収権の譲渡を迫ることである。一八七一(明治四)年旧暦二月に薩長土三藩から献兵された御親兵約六〇〇〇名が前者の実現であり、同年旧暦七月の廃藩置県が後者の断行であった。

「官軍」がそれぞれの郷里に帰り、租税徴収権を依然として各藩が握っているという状況の下では、「王政復古」は形だけのものになる。そのことは、一八六九(明治二)年七月成立の新政府の「八省制」にも反映している。

「八省制」は、右大臣と四人の参議と外務、民部、大蔵、兵部、刑部の五省大臣（卿）とによって構成されていたが、五省大臣は、宮様と公卿と大藩の藩主層に限られ、とても実務を担当できる体制ではなかった。また、一八六九年と七〇年の合計八人の参議のうち、大久保と木戸を除く他の六人は、幕末期にはあまり知られていない人物であった。

「王政復古」から戊辰戦争にかけての時期、薩長土三藩の軍事行動を朝廷内で支えた岩倉具視は、この体制に不満であった。彼は、一八七〇（明治三）年一一月の大久保利通への手紙の中で、「何《い》ツ迄《まで》モ薩長ト云フナカレト公論止ムヲ得ズ今日ニ立至」ったもの、と記している。王政復古から会津征討までの内戦を支えた薩長両藩への他藩の批判に押されて、薩長両藩以外から参議や卿を任命せざるをえなかったのである。戊辰戦争後に成立した八省制は、公卿や有力大名や非薩長の有力者へのバランスを重視した、実力者抜きの中央政府だったのである。

†旧官軍の不満と三藩献兵

このような体制への不満の声は、藩地に帰っていた薩摩軍団の長、西郷隆盛によって発せられた。一八七〇（明治三）年九月末には、土佐藩出身の参議斎藤利行は、「鹿児島の議論やかましく、是非とも方今《ほうこん》朝廷の政事一々不条理につき、止む事を得ず大兵を率い西郷出京にて、政府上を一洗するとの事にて、近日出京の勢」であるとの情報を、同じく土佐藩出身の参議佐佐木高行に伝えている（佐佐木高行『保古飛呂比』第四巻、四三四頁）。この話は一〇月に入ると、木戸孝允、大久保利通、岩倉具視らにも伝わっている。

中央政府の中で薩長両藩の意向を代表していた岩倉具視、大久保利通、木戸孝允らは、この西郷の動きに敏速に反応した。〝第二の戊辰戦争〟になりかねない西郷隆盛の率兵上京は回避しながら、その動きを利用して薩長土三藩による「官軍」を再組織しようとしたのである。一八七一（明治四）年一月の「三藩献兵」がその結果である。

一八七〇年一二月、大納言岩倉具視は天皇の勅使として薩摩藩と長州藩に赴き、朝廷への献兵の説得に当たった。勅使には、薩摩から大久保利通と川村純義《すみよし》（海軍少輔）、長州からは山県有朋《やまがたありとも》（陸軍少輔）が随行した。勅使を迎えた薩摩藩では島津久光は病を理由に西郷を勅使に随従して長州に同行させることとなった。ちなみに、当初は薩長両藩兵のみの献兵を求めていた勅使側に対して、土佐藩兵も加えるよう説いたのは西郷隆盛だったという（『西郷隆盛伝』第五巻、四二頁）。戊辰戦争の時といい三藩献兵の時といい、西郷は土佐の板垣退助を重視しつづけていたのである。

この結果、勅使は長州藩までで使命を終え、土佐藩の説得は西郷、大久保、木戸の三人が代行することとなった。こうして一八七一年一月には、薩長土三藩からの朝廷への献兵

（御親兵の設置）が決定された。

三藩献兵は、財政問題においても廃藩置県につながっていた。三藩から献兵された御親兵の費用を三藩の年貢で賄えれば廃藩の必要はないが、それでは天皇直属の軍隊（御親兵）にはならない。この御親兵を中央政府の歳入で賄わないかぎり、御親兵は名ばかりで実が伴わないのである。名実ともに御親兵を設立するためには、政府財政の飛躍的増加が必要だったのである。

†廃藩置県の断行

基本的には旧幕府の七〇〇万石をもって中央政府の台所を預らなければならなかった大蔵省は、御親兵の設置以前にすでに歳入不足に悩まされていた。このため、大蔵大輔《たいふ》の大隈重信や同少輔の伊藤博文は、既定の歳出以外の一切の支出には大蔵省の同意が必要であるとする大蔵省職制改革を、長州藩トップの木戸孝允に迫っていた。大蔵省独裁体制の構想である。

この大蔵省独裁構想には幕府から引き継いだ直轄地を統治する県知事の反発があった。しかし、大蔵省と県知事の対立も、旧幕府七〇〇万石のコップの中での争いにすぎなかった。諸藩が年貢徴収権を握っている限り、大蔵省独裁であろうと地方の実情重視であろうと、根本的な解決策になるわけはなかったのである。三藩献兵により中央政府は諸藩を威圧するに足る軍事力の掌握に成功した。その勢いを駆って諸藩の年貢徴収権も中央政府に集中することは、論理的な必然だったのである。

中央集権の実現のために廃藩置県の必要を痛感していたのは、大蔵省だけではなかった。戊辰軍団が郷里に帰ってしまった後の新政府の軍務を担当した薩長両藩士のうち、西郷従道《つぐみち》（薩）と山県有朋（長）は、一八六九（明治二）年三月に、ともにロシア、フランス、イギリスの兵制の視察を命じられ、翌七〇年に帰国したばかりであった。

彼らの眼には、七〇〇〇人弱の「御親兵」だけでは、あまりに貧弱であった。「御親兵」が朝廷を守るとしても、日本全国の治安を守るためには要所に「鎮台」を置く必要があった。しかも「御親兵」と「鎮台兵」とで国内の反乱は抑えられるとしても、これだけでは対外的な安全保障の役には立たない。彼らが国防軍の強化のための「徴兵制」の導入を正式に提案したのは廃藩置県後のことであるが、それは一八七〇（明治三）年九月に二人が欧州視察から帰国した時に構想されたものであった。

こうして、木戸孝允の配下にあった大蔵省担当者（大隈重信、井上馨、伊藤博文）らと欧州帰りの兵部省担当者の間に、三藩献兵を廃藩置県に発展させようという主張が強まった。前者は「財権」の中央集権化を、後者は中央政府による「兵権」の掌握をめざしたのである。

一八七一（明治四）年七月の廃藩置県の断行は、一八六四（元治元）年頃に始まった「革命の時代」の終焉を告げるものであった。当初の議会構想のうち、上院を構成するはずだった藩主層の発言力は次第に後退し、ついには藩自体が解体させられたのである。幕府を倒し、藩体制をも倒した時、下級武士を指導者とする幕末・維新革命は完了した。

しかし、革命の完了だけでは新体制はできあがらない。時代は「革命」から「建設」へと大きく変化していく。しかも「革命」期の指導者の資質と「建設」時代のそれとは別ものであった。西郷隆盛の時代もまた終わろうとしていたのである。

第３章

建設 1871－1880

岩倉使節団。右から大久保利通、伊藤博文、岩倉具視、山口尚芳、木戸孝允。
1872年1月サンフランシスコにて（写真提供：共同通信社）

1 「建設」の青写真を求めて――岩倉使節団の欧米視察

†殖産興業の再認識

一八七一（明治四）年一一月一二日、岩倉具視を全権大使、大久保利通、木戸孝允、伊藤博文（工部大輔）、山口尚芳《なおよし》（外務少輔）の四人を全権副使とし、各省の次官級を理事官とする四八名の使節団と六名の男女留学生を加えた大使節団が、サンフランシスコをめざして横浜を出帆した。七月一四日に廃藩置県という日本近代史上最大の変革を断行してから、わずか四カ月後のことである。

「革命」の直後に新政府の中心人物の約半分が一年余にわたって欧米視察に出掛けてしまうというのは、大胆を通り越して無謀にすら思える。彼らは何のためにこの一見無謀に見える行動に出たのであろうか。成り行き次第では帰国後の政府は全く変わっていて、彼らが再び政権に復帰できない可能性も十分に考えられた。一八六八年一月（慶応三年一二月）の王政復古から廃藩置県までの三年以上にわたって、大変革の先頭に立ってきた大久保利通や木戸孝允は、それでも一年余にわたる欧米視察を選択したのである。

年表Ⅲ

年代		出来事
1871	明治 4	廃藩置県。岩倉使節団派遣
1872	5	御親兵を近衛兵に再編。田畑永代売買の解禁。学制公布。新橋・横浜間鉄道開通。太陽暦採用。国立銀行条例
1873	6	徴兵令公布。地租改正条例。征韓論分裂（西郷隆盛ら5参議辞任）。内務省設置
1874	7	民撰議院設立建白。大久保利通、台湾出兵を決定。大阪・神戸間鉄道開通。西郷、鹿児島に私学校設立。日清両国間互換条款
1875	8	大阪会議（大久保・板垣・木戸孝允）。愛国社結成。元老院設置。漸次立憲政体樹立の詔勅。樺太・千島交換条約。江華島事件
1876	9	江華島条約（日朝修好条規）。廃刀令。大久保、国本培養に関する建議書提出。秩禄処分。神風連・秋月・萩の乱。三重県など農民一揆
1877	10	地租軽減（地価の2.5％へ）。西南戦争。立志社建白
1878	11	大久保暗殺。地方三新法制定
1879	12	琉球藩廃止、沖縄県設置。教育令
1880	13	国会期成同盟。集会条例。地価の5年間据え置き決定

彼らの真の意図や決断にいたる諸事情を詮索する前に、彼らが欧米で何を学んできたのかの方から検討しよう。

副使の一人大久保利通が米国のボストンを出て英国のリバプールに着いたのは、一八七二（明治五）年七月一四日である。その大久保が丸三カ月後の一〇月一五日に、本国の西郷隆盛と吉井友実宛に送った手紙によれば、彼の目的がイギリスの近代工場の視察にあったことは明らかである。いわゆる「殖産興業」のための視察だったのである。

「回覧中〔八月二九日〜一〇月九日〕は段々珍らしき見物いたし候。首府ごとに製作場ならざるはなく、そのうち、なかでも盛大なるはリバプール造船所、マンチェスター木綿器械場、グラスゴー製鉄所、グリノック白糖器械、エヂンボロ紙漉《しろく》器械所、ニューカッスル製鉄所（これはアームストロング氏の建つる所、アームストロング小銃大砲発明の人にして今に存在、同人の案内を以て見るを得）、ブラットフォート絹織器械所・毛織物器械所、セッフヒールト製鉄所（これは重《お》もに汽車輪その外一切の道具を製出す）、銀器製作所、バーミンハム麦酒製作所（是の製作所の続き十二里に達すと云う）、玻瓈〔ガラス〕製作所、チェスターの内、イースウィキ塩山等は分《わかち》て巨大にして、器械精工を極めたり。これに次ぐに大小の器械場、枚挙するに遑《いとま》あらず、英国の富強をなす所以《ゆえん》を知るに足るなり。もっとも感ずべきは、いずれの僻遠に至り候ても、道路橋梁に手を尽し、便利を先にする馬車は勿論、汽車の至らざる所なし。」（勝田孫弥『大久保利通伝』下巻、四八―四九頁）

大部分は、大久保が帰国後に自ら設立した内務省による官営事業や公共事業に直接つらなり、最後の部分はすでに一八七〇年に設立済みの工部省事業の再重視となるであろう。官営近代工場設立による欧米からの輸入品に対抗できる国産品の生産（輸入代替工業化）

とインフラストラクチャーの整備とが、イギリスで大久保が実地に見聞してきたものだったのである。

機械制工業と道路・鉄道の重要さは、大久保以前に欧米を視察した者も気がついたところであろう。しかし、大久保の場合は、明治政府の最有力者として、見聞の結果を実行に移せる立場にあった。それだけではなく、近代的工場への大久保の熱中ぶりも、ただごとではなかった。わずか四〇日ばかりのスコットランド方面の視察で、大久保は実に一三の工場を視察しているのである。二一世紀の日本の大臣の海外視察とは、情熱が全く違ったのである。

大久保利通

大野健一氏と筆者が共同で執筆した『明治維新』で明らかにしたように、幕末の開港以降、有力諸藩は軍艦や兵器の輸入の財源づくりのために（「強兵」のために）在来産業の育成につとめてきた。肥前藩の陶器・生蠟《きろう》・茶、越前藩の絹織物・紙、土佐藩の樟脳《しょうのう》・紙・鰹節などがその代表例であった。

このような輸出志向の在来産業の育成と、大久保が帰国後に着手した舶来品の国産化（輸入代替工業化）とのどちらに大久保内務省の軸足があったのかは、日本経済史の専門家の間でも議論のあるところである。ただ、実体経済の問題から離れて、国家目標の再設定という観点から見るとき、大久保がイギリスで近代的工場とインフラストラクチャーとを重視して帰国したことは、間違いない。「殖産興業」（「富国」）が「強兵」や「公議輿論」と同等な国家目標として設定されたのである。

†議会よりも憲法を

旧薩摩藩の大久保と並んで明治新政府の中心にあった旧長州藩の木戸孝允は、欧米視察から何を持ち帰ってきたのであろうか。国家統治の基本法としての「憲法」の重要性の認識がそれである。

すでに第1章と第2章で見たように、日本における議会設立論は意外と早くからあり、一八六三（文久三）年から六四（元治元）年にかけて、多くの改革・革命指導者の共通目標になっていた。それは板垣退助の名で有名な、一八七四（明治七）年一月の「民撰議院設立建白書」で初めて登場したものではなかったのである。

しかし、幕末議会論は中央政権としての幕府の存在を前提にしたものであった。中央政治の決定は幕府だけではなく、諸大名（上院）とその家臣（下院）の意向も反映して決定すべきであるという議論だったのである。

しかし、王政復古で幕府がなくなり、廃藩置県で藩もなくなった。新政府は薩・長・土などの旧有力藩の家臣が握っているが、その根拠は幕末期よりもはるかに弱く、天皇だけにしかなかった。仮に幕末議会論を修正して新しい議会を作ってみても、その議会が「民意」を代表して迫るべき中央政府そのものの正統性根拠が、あまりに薄弱だったのである。

稲田正次氏は日本憲法史の古典中の古典『明治憲法成立史』（一九六〇年刊）の中で、木戸孝允の欧米視察目的について次のように記している。


「木戸参議は副使として岩倉大使一行に加わり、アメリカ次いで欧州諸国を巡歴したが、彼は一行中でも最も憲法問題に熱心であったようである。木戸はワシントンに着いた翌日、すなわち明治五年〔一八七二〕正月二十二日の日記に、『余、兵部、文部の事を主として関係せり。何《が》〔礼之《のりゆき》〕書記官余に附属す。依って、余御一新の歳匆卒《そうそつ》の際建言して五ヶ条の誓約を天下の諸侯、華族、有司になさしめ、稍々《やや》億兆の方向を定む。而《しか》して今日に至り確乎の根本たる律法定《さだま》らずんばあるべからず。故に此の行先、各国の根本という処の律法、かつ政府の組み建などを詮議《せんぎ》せんと欲し、何〔礼之〕にその意味を申達せり。』」（上巻、一九五頁、傍点筆者）

傍点を付した箇所が「憲法」と「内閣制度」を指すことは明らかであろう。長州藩士時代の後輩で当時ドイツ駐在の公使館員であった青木周蔵の勧めもあって、木戸の憲法調査はプロイセン憲法に的を絞って進められた。稲田氏の前掲書はこの点について、次のような注目すべき事実を明らかにしている。

「三月九日、木戸らはベルリンに入り、青木らが出迎えている。(中略) 最も注意すべきは、四月二十三日の日記に、『三字〔時〕より青木の案内にてプルペル・グナイストを訪《おとな》う。その談中益を得る不少』とあることである。(中略) 伊藤〔博文〕が教を受けた明治十五〔一八八二〕年を去る九年前に、すでに木戸が恐らく憲法問題について、同じグナイストから講話をきき感銘していることは、興味あることである。」(同前書、一九六頁)

稲田氏の言うとおり、一般には、プロイセン流の大日本帝国憲法は、一八八二年から八三年にかけての伊藤博文のドイツやオーストリアでの憲法調査にもとづいて制定された、と思われている。もちろんそのこと自体は間違ってはいないが、伊藤が憲法調査の対象国としてドイツを選んだのには、前史があったのである。また、明治日本でドイツ流憲法の導入を唱えたのは太政官大書記官井上毅《こわし》であり、伊藤の渡欧の一年前の一八八一年のことだったのもよく知られている。しかしそれにもまた前史があったのである。

欧米視察中にドイツ型の憲法に感銘した木戸が一八七三（明治六）年七月に帰国してから唱えたのは、議会開設は将来の課題として、まず憲法を制定することであった。この場合の憲法とは、政府の施策が恣意的なものではなく一定のルールに従っていることを国民に保証すると同時に、政府内諸機関相互の権限を明らかにすることであった。木戸はその手記（一八七三年九月）に次のように記している。

「君民同治の憲法に至りては、人民の協議にあらざれば同治の憲法と認めざるは固《もと》よりなり。今我が天皇陛下励精整治、而《しか》して維新の日なおいまだ浅く、智識進昇して人民の会議を設るに至るは自ら多少の歳月を費《ついや》さざるを得ず。（中略）依《よっ》て、天皇陛下の英断を以て民意を迎え、国務を条例し、その裁判を課し、以て有司の随意を抑制し、一国の公事に供するに至らば、今日においては独裁の憲法といえども、他日人民の協議起《おこ》るに至り同治憲法の根源となり、おおいに人民幸福の基《もと》となる必せり。」（同前書、一九八頁、傍点筆者）

幕末の改革・革命期のスローガンであった「富国強兵」と「公議輿論」を、いま仮に前者を「富国」と「強兵」に、後者を「公議」と「輿論」に分けてみれば、近代工場の視察に精力を傾けた大久保は「富国」を、「独裁の憲法」の結論に到達した木戸は「公議」を、一年余にわたる欧米視察から持ち帰ったと言えよう。それでは残る二つ、すなわち「強兵」と「輿論」は、大久保と木戸の欧米土産にどう対応したのであろうか。

2 「強兵」と「輿論」——征韓論分裂と民撰議院設立建白

†「強兵」の意味変化と外征論

先に記したように大久保の「富国」を「強兵」から分離すれば、「強兵」の意味するものも幕末期のそれとは変わってこざるをえない。

すでに前節で指摘したように、幕末の「富国強兵」とは、各藩が特産物を欧米に輸出して軍艦・大砲・鉄砲などを輸入することを意味し、「富国」は「強兵」の手段にすぎなかった。このような位置づけを大きく変えようとしたのが、欧米視察中の大久保利通だったことは、前節で指摘したところである。

しかし、岩倉使節団が一八七二（明治五）年から七三（明治六）年にかけて欧米視察に努めていた頃には、本国における「強兵」の意味も同時に変化していた。軍艦・大砲・鉄砲などの購入に努めた幕末の「富国強兵」は、「富国」にはあまり役に立たなかったが、「強兵」には役立った。しかるに岩倉使節団の欧米視察中の留守を預かった政府の考えていた「強兵」とは、戊辰戦争から廃藩置県までの国内改革を実力で支えた「革命軍」の意向を尊重せよ、というものであった。

日本全体の軍事力は幕末以上に増加はしないとしても、日本国内における「軍隊」の発言力は、幕末とは比較にならないほどに強くなったのである。岩倉使節団の留守を預かったのが、西郷隆盛、板垣退助という戊辰戦争と廃藩置県の「英雄」だったことが、このことを端的に示している。

二人の留守政府の中心人物のうち、板垣は土佐藩出身者として、幕末議会論の中心人物の後藤象二郎とも近しかった。しかも、先に引用した稲田氏の『明治憲法成立史』には、西郷自身も一八七二年頃までは、板垣の議会開設論に同調していたという指摘がある（上巻、一一二頁）。

これを要するに、岩倉使節団の留守を預かった二人の中心人物は、一方では今や近衛兵となったかつての戊辰軍団の意向を体し、他方では幕末以来の議会論を代弁する立場にあったのである。岩倉使節団が「富国」(「殖産興業」)と「憲法」を学んできたのに対し、留守政府は「強兵」と「議会」の方を重視していたのである。

†「外征論」の急浮上

岩倉使節団のうち、大久保は一八七三(明治六)年五月に、木戸は七月に帰国したが、使節団を率いて岩倉が帰国したのは九月一三日であった。この時を境に、留守政府と帰国使節団との国家目標の相違が権力闘争に転化した。

明治初年の「強兵」が軍事力の着実な強化をめざす〝前向き〟のものではなく、一八六八(明治元)年の内戦と七一年の廃藩置県の功労者の意向を尊重せよという〝後向き〟のものだったことは、すでに記した。しかし、その「意向」とは何だったのであろうか。日本国内を完全に平定してしまった「革命軍」が今すぐ日本国の役に立とうとすれば、台湾、朝鮮、樺太への出兵しかなかった。

廃藩置県を軍事力で支えた「御親兵」は、一八七二年三月に「近衛兵」に再編されたが、その最高司令官たる近衛都督に任命されたのは、参議兼陸軍大将の西郷隆盛であった。そして西郷の下で戊辰戦争と廃藩置県に尽力した黒田清隆は北海道開拓使の長官として大国ロシアと対峙し、桐野利秋は熊本鎮台司令長官として琉球・台湾を挟んでアジアの大国清朝中国と向かい合っていた。さらに中央政府の外務省は、韓国に明治新政府との国交を認めさせようとしていた。本書執筆時の二一世紀の初頭においてもいまだに解決していない、日露、日中、日韓の領土問題が、一八七三年に入って維新革命の武力的担い手の要求によって、突然のように浮上してきたのである。

よく知られているように、「尊王攘夷」は「富国強兵」や「公議輿論」と並ぶ、幕末政治の中心的スローガンの一つであった。しかし、その場合の「攘夷」は、あくまでも欧米列強の砲艦外交に対抗するためのものであり、近隣諸国との領土問題を含むものではなかった。

一八七三年に入っての領土問題の急浮上は、戊辰戦争や廃藩置県を武力で支えた旧薩摩藩や旧土佐藩の軍事指導者の手によるものであった。そして、先に記したように、旧薩摩藩の黒田清隆は樺太問題に熱心で、同じ旧薩摩藩の桐野利秋は台湾問題を重視し、旧土佐藩の板垣退助は朝鮮問題に積極的であった。その当時から四〇年近く経った一九一〇（明治四三）年の編纂物ではあるが、板垣自身が監修した『自由党史』はこの間の事情を簡潔に記している。

「征韓論の勃発せる時に際し、黒田清隆は開拓使に長として北門の鎖鑰《さやく》〔門戸〕を司《つかさど》り、桐野利秋は熊本鎮台司令長官として西陲《せいすい》を衛戍《えいじゅ》す。而《しか》して黒田は樺太の我が漁民が露兵のために銃殺せられたるを以《もっ》て国際問題と為さんと欲し、桐野はまた自家の統轄内にある琉球人が台湾生蕃《せいばん》のために虐殺せられたるを以て、これを名として征台の師を興さんと欲し、共に上京して当局者に就《つい》て謀る所あり。然るに二人は東京に来りて始めて征韓の廟議《びょうぎ》あるを知り、自家の主張の貫徹せざるを見て、意はなはだ平ならず。」(『自由党史』岩波文庫版、上巻、六二頁)

後にも記すように、黒田は樺太問題だけではなく、桐野の台湾出兵論にも強く賛同していたが、西郷配下の両人が「征韓論者」ではなかったことは確かである。

†西郷の「征韓論」

しかし西郷自身は、朝鮮への全権使節の派遣の方を重視した。樺太問題での相手は列強の一員であるロシアであり、台湾は清朝中国の属国(宗属関係)ではなく、中国の領土そのものであったから、西郷といえども岩倉使節団の帰国以前に勝手に強硬手段を採るわけにはゆかなかったのであろう。

そうは言っても、何もしないという選択肢は西郷にはなかった。黒田や桐野だけではなく、かつての戊辰軍団、今の近衛兵たちには、日本全国に平定すべき相手はもはやいなかった。御親兵が近衛兵になって東京に駐屯していても、仕事らしいものはなかったのである。彼らの最高指揮官は戊辰戦争の英雄西郷隆盛であったから、不満も期待もすべて西郷に向けられた。西郷自身の言葉で言えば、「名分条理を正し候義、討幕の根元、御一新の基《もとい》に候処《ところ》、ただ今に至り右等の筋を相正されず候わでは、全く物好の討幕に相当り申すべきなどとの説を以て責め懸りまいり候者もこれあり、閉口のほかなき仕合に御座候」という状況だったのである（板垣退助宛書簡、一八七三年八月三日、『自由党史』上巻、六五頁）。

そこで西郷は、ロシアとも清国とも直接には関係しない朝鮮問題を重視した。当時の朝鮮は清国の属国ではあったが、宗属関係における「属国」とは形式的なものであり、同盟国でも植民地でもなかった。日韓の間で紛争が起こっても、清国が介入してくる可能性は小さかったのである。

当時朝鮮では、通商条約の調印を迫る日本に対する反発が、いろいろな形で噴出していた。一八七三（明治六）年五月末には、朝鮮駐在の日本外務省の七等書記官（広津弘信）が、日本商社の密貿易をもって日本国が「無法之国」と公式に掲示されたことを、本国政府に報じてきた。日本国内においても、六月中旬には外務卿代理の上野景範《かげのり》が三条実美太政大臣に対して、朝鮮官民の日本に対する通商妨害が深刻化していることを報じ、対応策の指示を求めていた。このような状況をとらえて、参議兼近衛都督の西郷自身が三条に対して、自分を全権使節として朝鮮に派遣することを迫ったのである（八月三日）。いわゆる「征韓論」が留守政府の意向として固まりかけてきたのである。

西郷の真意がどこにあったのかについては、二つの極論がある。第一の極論は、一八九四（明治二七）年の日清戦争や一九〇四（明治三七）年の日露戦争に連なる〝大陸雄飛〟論の先駆者と位置づけるものである。実はこの種の伝説ができたのは意外に早く、日清戦争の直前にはすでにできあがっていた。一八九三（明治二六）年に朝鮮漢城を視察した国民協会の代議士佐々友房《さつさともふさ》は、清国駐韓公使の袁世凱と会談する機会を得た。二人は両国の大陸雄飛の意気込みを語りあったが、その中で佐々は次のように述べている。

「我国の西郷隆盛は東洋第一流の豪傑なりし。彼《か》れ若《も》し非命に倒れずんば、我日本国は此の朝鮮国を征服し居《お》るのみならず、進んで亜細亜大陸をも侵略し居るならん。」（『克堂佐佐先生遺稿』一二八―一二九頁）

佐々は一八七七（明治一〇）年の西南戦争に熊本の有志を率いて西郷軍に加わって投獄

されているから、その西郷像は簡単には否定できない。

他方、一九七九年に刊行されて話題を呼んだ毛利敏彦氏の『明治六年政変』は、佐々と正反対の西郷像を打ち出した。西郷は「征韓論」者ではなく、アジア侵略論者でもなかったことを、膨大な史料にもとづいて論証したのである。

西郷が、ただちに朝鮮に出兵しようという板垣退助らの主張を抑えて、軍艦を伴わない対韓使節の派遣を唱え、その全権に自らがなることを求めていたのは事実である。また、すでに記したように、西郷配下の黒田清隆や桐野利秋は、朝鮮問題よりは樺太や台湾への出兵を重視していた。それゆえに、西郷の対韓使節派遣論が、これらの出兵論を抑えるためのものだったとする毛利説にも相当な説得力がある。

「征韓論」についての二つの相異なる解釈のどちらにも説得力があるということは、岩倉使節団の帰国を前にして西郷がある意味では自己の意に反して、東アジアでの戦争を求める戊辰軍団の旗印に変化しかけていたことを示唆している。幕末期の西郷は幕府打倒と封建議会論の結合に努めてきたが、攘夷論者ではなかった。しかし、幕府も藩もすでになくなっただけではなく、今や近衛兵の中心となった旧薩摩軍は、もはや議会論に関心をなくしていたのである。

†旧土佐藩の民撰議院論

旧薩摩軍団とともに近衛兵の一翼を担っていた旧土佐藩の板垣退助らは、西郷使節の派遣（いわゆる征韓論）には賛成だったが、それだけでは西郷以下の旧薩摩勢力に対する劣勢の挽回は不可能であった。しかも西郷と旧薩摩勢力を二分していた大久保利通は、すでに記したように「富国」の重視を欧米から学んで、一八七三（明治六）年五月には帰国していた。さらに、王政復古以来の明治政府を旧薩摩藩とともに支えてきた旧長州藩の木戸孝允は、これもすでに見たように、国家の基本法としての「独裁の憲法」の制定を主張していた。「強兵」では西郷に及ばない板垣退助は、「富国」と「憲法」でも薩長に遅れをとっていたのである。

劣勢の旧土佐藩勢力が対抗策として打ち出したのが、一八七四年一月の「民撰議院」の設立建白であった。それは板垣と並ぶ旧土佐藩の後藤象二郎が一貫して唱えてきた「封建議会論」の延長にあったが、今回の特色は「民撰議院」にあった。一八七四年一月一七日に左院（明治政府内の立法機関）に提出された「民撰議院設立建白書」の冒頭部分には、次の一文が明記されていた。

「それ人民、政府に対して租税を払うの義務ある者は、すなわちその政府の事を与知可否するの権理を有す。」（『自由党史』上巻、九〇頁）

この建白書に署名した板垣退助をはじめとする土佐、越前、肥前などの八名の名士たちはすべて士族（旧武士）であったから、「租税を払う義務」をもたないものであった。それゆえに、この一文を彼らがどの程度本気で書いたのかには、疑問の余地はある。戦後の歴史家たちが「士族民権」と呼んで彼らの「民権」を疑いの眼で見てきたことには、一理あるのである。

板垣退助

しかし、一旦発表してしまった宣言は、提唱者の本心を乗り越えて独り歩きする。幕府も藩もなくなり、「士農工商」の身分制も「士族」と「平民」に単純化されていた一八七四年には、この一文のもつ効果は絶大なものであった。「士族」と「平民」の二族のうち「租税を払うの義務ある者」は、「平民」（主として農村地主）だけだったからである。

西郷を全権大臣として朝鮮に派遣するという留守政府の決定が帰国した岩倉使節団によって覆され、西郷、板垣、副島種臣《そえじまたねおみ》（旧肥前藩士）、江藤新平（同上）、後藤象二郎（旧土佐藩士）の五人が参議を辞任したのは、一八七三年一〇月二三日で、このうち西郷を除く四参議らが民撰議院設立建白書を左院に提出したのが、翌七四年一月一七日である。

この間三カ月弱の期間があるから、「征韓論争」に敗れた板垣が突然その正反対の「民撰議院論」に鞍替えしたものとして、日本近代史研究者の間で評判が悪い。いわゆる「国権論」から「民権論」への御都合主義的な転換である。

しかし、正式な建白書を起草するには時間がかかる。しかもイギリス帰りで議会制に詳しい小室信夫《しのぶ》と古沢滋《しげる》を板垣が知ったのは、幕末以来の議会制論者の後藤象二郎の紹介によるものであった。板垣に紹介された小室と古沢が建白書の第一次草案を書き上げ、それを漢学者の副島種臣が書き直した結果が一月一七日の建白書なのである。一〇月二三日に参議を辞任した直後に思い付かなければ、翌年一月一七日には間に合わないであろう。

前章までに明らかにしたように、土佐藩の後藤象二郎は幕末議会論の一貫した首唱者であり、その同僚で留守政府を預かっていた板垣退助も一八七二年頃には議会制論者になっていたという指摘もある（稲田前掲書、上巻、一一一頁）。西郷とともに留守政府の中心参議であった板垣は、「征韓論」と「民撰議院論」の双方に関心を持っていたと言えるであろう。

こうして、一八七三年一〇月の「征韓論分裂」から七四年一月の「民撰議院設立建白」までの約三ヵ月間、欧米帰りの大久保と木戸は「富国」と「憲法」を重視して提携し、留守政府を預かってきた西郷と板垣は、「強兵」と「議会」を掲げて帰国した使節団に抵抗したのである。

3 「富国強兵」と「公議輿論」

†大久保と西郷の和解――台湾出兵へ

しかし、「富国論」の大久保と「強兵論」の西郷の対立は長くは続かなかった。吉井友実、黒田清隆、西郷従道らは、西郷の「征韓論」に反対する大久保の方を支持したが、彼らは幕末以来西郷の下で倒幕に努めてきた者たちであった。しかも彼らは「征韓論」に反対しただけで、台湾問題や樺太問題では西郷以上に強硬であった。西郷が「征韓論争」に敗れ、参議を辞任して帰県した時に行動を共にした篠原国幹《くにもと》・桐野利秋両少将以下数十人の近衛兵も、当然強硬な外征論者であった。殖産興業を重視して内務省を設立した大久保利通は、政府の外だけではなく内でも、同じ薩摩藩出身者の「外征論」に囲まれていたのである。「富国」をかかげて「征韓」を阻止した大久保も、別の形での「強兵」論を拒める状況ではなかったのである。

台湾出兵論の根拠は、一八七一（明治四）年一一月に台湾で五四名の琉球島民が殺害されたことと、一八七三（明治六）年三月に小田県（岡山県）の四人の日本人漁業者が台湾に漂流して強奪にあったことにあった。後者は大軍を派遣する根拠としては弱すぎたから、本当の目的は前者にあった。琉球島民を日本人として、その主権者としての責任を果たすことが台湾出兵論の目的だったのである。

しかし当時の琉球は清国との間にも宗属関係を有しており、清国側は琉球人を日本人とはみなしていなかった。清国政府は、わが領土の台湾でわが属国の琉球人が殺害されたことは承知しているが、日本人が殺害されたという話を聞いたことはない、と突っ撥ねたのである（『日本外交文書』第七巻、八五頁）。

このことから明らかなように、台湾出兵の目的は琉球を日本の主権下に置くことにあり、それを属国とみなすアジアの大国清国との正面衝突の危険性を含んだものであった。東アジアでの軍事紛争を求める日本の「強兵」論者にとっては、それこそが台湾出兵の積極的な目的だったと思われる。

台湾出兵は一八七四（明治七）年五月に、他ならぬ大久保利通の手によって断行された。軍艦六隻に約三六〇〇人の兵隊を乗せた大掛かりの出兵であった。注目すべきことは、この三六〇〇人の中には、征韓論分裂で鹿児島に引き上げていた西郷配下の義勇兵が多数含まれていた点である。『西南記伝』（上巻の一）によれば、この鹿児島義勇兵は谷干城率いる熊本鎮台兵と並んで「征討軍」の主力をなしていたという（六〇〇頁）。約三年後にこの二つの主力同士が、熊本城の攻防で敵味方に分かれることは、彼らの想像外のことであったろう。

以上のような台湾出兵は、三つの点で重要である。

第一に、一八七三年一〇月に一旦は正面衝突した「富国」と「強兵」が、翌七四年には「富国強兵」として再合体したことである。後に記すようにこの合体は「富国」路線の大久保にとっては、強いられた妥協であったが、大久保と西郷の正面衝突は回避されたのである。この「富国」と「強兵」の合体から、多くの研究者が「大久保独裁」と呼んだ強力な体制が一時期だけ出現したのである。

†大久保と木戸の対立

第二に、「征韓論争」では「内治優先」を唱えて一旦は協調した大久保と木戸が、台湾出兵を機に再び袂《たもと》を分かったことである。

台湾出兵に反対する木戸の主張の第一は、帰国使節団として共に征韓論に反対した時、大久保は「征韓の議を止め内務省を興」すと言ったではないか、というものであった。「富国」から「強兵」への大久保の転向を批判したのである（『西南記伝』上巻の一、五九〇頁）。

もう一つの批判は、明治維新後わずか七年の日本の国力、財力は、東アジアの紛争に堪えられないという点である。すなわち、「今もし一度兵を挙げなば、行軍の資、滞陣の費、その計画もとよりあがなわれ難」し、と（同前書、五八七頁）。

琉球の両属をめぐる大久保らの認識不足についても、木戸は批判的であった。木戸は次のように記している。


「それ琉球、我に内附すといえども、その意半ば清国に在り。かつて聞く、その国の人我に対するの言に、日本に父として事《つか》え、清国には母とし事うと云えり。意《おも》うにその清国に対するに及《およん》では、また将に必ず言わんとす、清国に父とし事え、日本に母とし事うと。その両端を持するもの、もとより弱国の常情なりといえども、我のその人を見る、内地の民と自ら緩急の別なき能わず。内国は本なり、外属は末なり。本を後にし末を先

にするは決して策の得たるものにあらざるなり。」（同前書、五八八頁）

このような観点から、明治政府内で旧長州藩勢力を代表する木戸孝允は、一八七四（明治七）年四月に参議を辞任した。帰国使節団の分裂であり、「富国派」と「憲法派」の分裂であり、明治維新を推進した薩摩藩と長州藩の分裂である。

†大久保配下の対清開戦論

台湾出兵の第三の重要性は、強硬派の対清開戦論にあった。実際には二〇年後の一八九四（明治二七）年に勃発する日清戦争を、一八七四（明治七）年に起こそうという意見が、政府内部で強かったのである。しかもその強硬論者は征韓論分裂の後にも政府内に残って大久保を支えた旧薩摩の黒田清隆（開拓長官）や事実上の海軍大臣とも言われた川村純義海軍大輔であった。大久保が台湾問題の解決のため全権大使として北京で交渉中の一八七四年九月に、黒田は次のような対清開戦論を三条実美太政大臣に提出している。

「和戦の議すでに決し大久保大臣の飛報を得ば、直ちに清国政府の非理を彰明にし、おおいにその罪を鳴らし、内外一般にこれを宣知し、且《か》つ万国の公法に基き交戦条規に照らしその処分を定め、速に王師《おうし》を発し猛攻急撃、彼をして防禦の遑《いとま》なからしむ可し。」

（「三条家文書」五〇の一一）

宣戦布告を前提にしての本格的な対清開戦論である。

この対清開戦に備えての国内の戦争指導体制についても、黒田の意見書は用意周到なものであった。彼は次のように論じている。

「天皇陛下親しく軍務の大本を統御せられ〔大元帥〕、速《すみやか》に親征の詔を下し、全国人民の方向を一に帰せしむるを要す。聖旨を奉戴し軍務を統轄するは元帥の任なり。三条太政大臣を以てこれに任ずべし。

元帥を輔翼《ほよく》し、以て全軍を部署し攻撃の方法を画策する、その任最も緊要なり。故に和戦決議の日に至らば速に勅使を差遣し、西郷陸軍大将及び木戸従三位、板垣正四位を召させられ、山県、伊地知両参議、山田〔顕義《あきよし》〕陸軍少将、海軍省四等出仕伊集院兼寛《いじゅういんかねひろ》らと共にこれを任じ、別に一局〔いわゆる参謀局〕を開き、専ら戦略を謀議せしむべし。」（同前史料）

大元帥、元帥の下に薩長土の軍事指導者を網羅した参謀局を設置して対清戦争の作戦本部とするという、きわめて具体的な体制づくりの提案なのである。

なかでも注目すべきは、アジアの大国清国と一戦しようとすれば、征韓論争や民撰議院論や台湾出兵の賛否は全く忘れて、戊辰戦争の英雄たちを総動員しようとしている点である。それぞれの理由で政府を辞していた西郷隆盛、木戸孝允、板垣退助らは、依然として明治政府の重鎮として扱われていたのである。

この三人の他に参謀局の構成員として挙げられている四人のうち、山県有朋と伊地知正治については、先に触れた。その他の山田顕義と伊集院兼寛は、長州と薩摩の軍事指揮官として戊辰戦争で勲功のあったものである。板垣を除けば、七人中の六人が、長州と薩摩の戊辰戦争の功労者であったことは、留意しておいていいであろう。一八七四年の政府は、まさに薩長藩閥政府だったのである。

対清開戦を唱える時、黒田は日本の海軍力の弱体性を十分に認識していた。すでに記したように、幕末期の「強兵」は特産物を輸出して軍艦・大砲・鉄砲を輸入する軍事力の強化であったのに対し、明治初年の「強兵」は既存の軍事力に依存して近隣諸国と戦端を開こうとするものであった。しかし、大国清国と戦おうとする場合、このような明治初年の「強兵」の弱点に、黒田も気づかされたのである。彼は次のように論じている。

「攻戦を始るの要は、先ず海軍の精鋭を尽し、我の艦隊を以て彼の海軍を撃破し、その要港を襲略し、陸軍衝突の便路を開かしむべし。（中略）今や十隻に充《み》たざるの軍艦を以てこの大挙を為す、必ず予備艦隊を設けざるべからず。国内に現在する所の汽船、諸省使〔各省と開拓使〕の所轄及び人民の私有を併せて百余隻あり。その内について最も堅実なるものを選み、五分の一を得べし。」（同前史料）

戊辰戦争の内戦を通じて陸軍の方は実戦経験を積んでいたためか、黒田は別に不安を吐露していない。ただ海軍においては、幕末に各藩が競って軍艦購入に努めていた時よりも、かえって劣っていたぐらいなのである。

黒田と同様に海軍次官（大輔）の川村純義も対清開戦論であったが、彼はもっと西郷崇拝者であった。すなわち、鹿児島に帰県している西郷隆盛を呼び戻し、陸海両軍を統轄する「元帥」に任命するよう、三条太政大臣に具申しているのである。一八七四年秋の段階での川村の西郷崇拝は、二年半後の挙兵に際して西郷の判断を狂わせる一因となる。

このような旧薩摩藩の軍事関係者と違って、旧長州藩の陸軍大臣（卿）山県有朋は、陸軍としてはこのような無謀な戦争に責任を負えないことを、三条太政大臣に明言していた

（『大隈文書』第一巻、七五頁）。台湾出兵をめぐる大久保と木戸の対立は、軍内部における薩長対立をも伴っていたのである。

旧薩摩藩の軍人たちが、鹿児島に引き揚げてしまった西郷らを含めて、本気で清国と一戦しようとしていた一八七四年には、憲法制定論の木戸孝允も民撰議院論の板垣退助も手の出しようはなかった。一言でいえば「公議」も「輿論」も開店休業を強いられたのである。

†木戸と板垣の接近

しかし北京に赴いた大久保が五回にわたる対清交渉の結果、一〇月末に日清両国間互換条款を締結して戦争を回避すると、流れが一変した。「富国」と「強兵」の結びつきにひびが入り、逆に「公議」と「輿論」が接近しはじめたのである。

憲法制定論者の木戸孝允の意向を体して民撰議院論の板垣退助の側近に働きかけたのは、長州派の井上馨であった。幕末のイギリス公使館焼打ちやイギリスへの密航、明治初年の大蔵省の実権者などとして知られる井上が、いつから憲法や議会に関心を持ちはじめたのかは定かではない。しかし、一八七四（明治七）年秋に民撰議院派との提携を策して以後は、漸進的な立憲制論者として終生一貫していた。

その井上が「民撰議院設立建白書」の起草者であった小室信夫、古沢滋の二人と大阪に向かう船の中で懇談したのは、大久保が北京交渉をまとめて横浜に凱旋した翌日（一八七四年一〇月二八日）のことである。「富国」派の大久保の帰国を祝ったその足で、議会派の小室らとの船中会談に臨んだのである。この会談の模様は、井上の木戸宛の書簡に詳しく記されている。

彼はまず木戸に、近隣諸国との紛争は台湾出兵で終わりにするために尽力してくれるよう頼んでいる。すなわち、「御投書下され候て、後来《こうらい》また朝鮮またはその他戦を好み候ようのことこれなく、富強の術、開明の手段、無用の費を除くなどの事を、伊藤・山県など〔に〕も充分注意と存じ奉り候」と（『世外井上公伝』第二巻、六一四―六一五頁）。

当時伊藤は工部卿、山県は陸軍卿であったから、井上は政府部内の長州派を統一して薩摩派の外征論を抑えるよう、木戸に依頼していたのである。

薩摩派を抑えるためのもう一つの手段が、民撰議院論を唱える土佐派との提携であった。幕末期以来、薩摩と長州、薩摩と土佐の提携はあったが（薩長同盟、薩土盟約）、長州派が土佐派と組むのは初めてであった。この提携の政策的根拠は、木戸の「憲法」論と板垣の「議会」論の近似性にあった。井上の表現に従えば、「老台〔木戸〕の論を以て板垣などの論を折衷し、我が国性質に相応《あいおう》ずる議院の方法を以て、充分政府へ権を取り開院せば、

〔板垣らとの〕協和の道も相立ち申すべくやと存じ奉り候」ということになる（同前書、六一八―六一九頁）。

横浜から大阪に向かう船の中で、井上、小室、古沢の三人が話し合ったのは、井上によれば次のような内容であった。

「当節、小室、古沢と同行下阪仕《つかまつ》り候。同人らも芋を一除仕《つかま》つらでは政府の事業挙らざることを吐露仕り候。板垣も遠からず下阪仕り候由《よし》に候。（中略）ついては、小・古両人も、是非至急老台〔木戸〕へ浪花まで御出浮を、生〔井上〕より催促仕り呉《く》れ候わば、板垣も至急呼び寄せ、色々前途御談じ仕りたき志願の由（下略）。」（同前書、六一四―六一五頁、傍点筆者）

「芋を一除」の意味は容易に推測できよう。

†二つの「大阪会議」

三人の船中会談は、一八七五（明治八）年一月二二日の、木戸、板垣、井上、小室、古沢の五者会談に結実した。当日の木戸の日記には次のように記されている。

「十一字〔時〕井上に至り一字過より共に板垣退助を訪《おとな》う。小室、古沢も同居。同氏ら民選議院論につき余らの考按も陳述し、三氏の意見なども承知し、帰途八字頃井上に至りその余談を尽し、十一字帰寓。」(『木戸孝允日記』第三巻、一四四頁)

一月二二日のこの五者会談の結果を踏まえて、木戸は二月九日に大久保と会談し、「定律〔憲法〕の主意、民会等を起し、徐々に国会の基を開」くことに同意させた(同前書、一五一頁)。その上で、二月一一日に大久保が木戸と板垣を招待して会談を開き、のちに同年四月一四日の「漸次ニ国家立憲ノ政体ヲ立」てるという天皇の詔勅になる構想に三者で合意したのである。

日本近代史上でも有名な「大阪会議」とは、この二月一一日の三者会談を指す。当時政府の中枢にいた大久保の同意がなければ、三月の木戸や板垣の参議復帰も四月の天皇の詔勅もありえなかったから、二月の三者会談を「大阪会議」と呼ぶこと自体には、筆者も異論はない。しかしその結果、「富国(殖産興業)」派の大久保利通が主導して、立憲制移行への第一歩が築かれたかのような歴史像ができるとすれば、それは誤りである。

対清開戦をようやく回避して帰国した大久保は、開戦を期待していた薩摩系の陸海軍の支持を失いかけており、木戸と板垣（憲法派と議会派）が孤立した大久保に立憲制への第一歩を同意させたというのが真相である。その意味では、もう一つの「大阪会議」である一月二二日の長州派と土佐派の五者会談の重要性も忘れるべきではないであろう。

4 「公議輿論」派の分裂と「富国」派の全盛

いつの時代でもそうであるが、急進派と漸進派の協調というものは、そう長く続くものではない。一八七五（明治八）年の場合もそうであった。板垣ら急進派は同年八月には、「二月大阪の盟約を履行するが為め、（中略）真成の国会を起立する目的及びその時期を預定すること」を、木戸や井上に迫った（「古沢滋関係文書」三一番）。これに対し木戸は、四月一四日の詔勅には、「漸次ニ国家立憲ノ政体ヲ立」てるとあり、さらに「進ムニ軽ク、為スニ急ナルコト莫《な》ク」とも明記してあるではないか、と反論した（九月一日付井上馨宛書簡、『世外井上公伝』第二巻、六六四頁）。

こうして両者の提携は九月末には決定的な決裂に立ち到った。木戸自身が、「実に浪華の一条（大阪会議を指す）一生の大失策にて、軽々の罪恐入り候次第」と「大阪会議」を全否定してしまったのである（『伊藤博文関係文書』第四巻、二七〇頁）。

†江華島事件

立憲制移行についての急進派と漸進派の提携が壊れようとしていた一八七五年九月に、江華島事件が勃発した。今日ではこの事件の真相は史料的にもほぼ明らかになっている。一八七四年一〇月に台湾問題をめぐる日中対立に終止符を打った明治政府は、日朝関係をも打開しようとして翌七五年二月に一〇名の外務官僚を朝鮮に派遣した。今日風に言えば実務者協議である。しかし交渉は難航し、五月には代表団の副代表だった広津弘信〔外務省六等出仕〕は本国政府に軍事的示威を求めて、次のように打電してきた。

「我が軍艦一、二隻を発遣し、対州〔対馬〕と彼国との間に往還隠見して海路を測量し、彼をして我が意の所在を測り得ざらしめ〔たし〕。」(『日本外交文書』第八巻、七二頁)

七月に日朝交渉が行き詰まり、日本代表団の大半が帰国すると、日本海軍はこの広津提案を実行に移した。井上良馨《よしか》を艦長とする測量艦雲揚の派遣である。九月二〇日に江華島近くに投錨した雲揚から艦長自らボートに乗って草芝鎮に向かったとき、砲台から攻撃を受け、一旦は艦に戻った井上の指揮で、翌二一日に同島を攻撃して上陸し、翌二二日には永宗城を占領した。

南北朝鮮の国民にとっては、この江華島事件は、その三五年後の韓国併合に直接連なる日本の朝鮮侵略の第一歩として、今日も記憶されている（『日本と朝鮮半島2000年』下巻、第一〇章）。後の歴史を知っている日本人にとっても、この連続性は否定しようがない。また江華島砲台による雲揚艦砲撃が日本側の完全な挑発であったことも、今日では日本側の史料によって具体的に明らかになっている。

しかし、すでに記したように、大阪会議の結果政権に復帰した木戸孝允は、一八七三年の征韓論にも翌七四年の台湾出兵にも反対してきた。また、木戸の政権復帰に努めた井上馨の動機の一つは、「後来また朝鮮またはその他戦を好み候ようのことこれなく」することにあった。木戸や井上馨らも含めた明治政府が一体となって江華島事件を仕掛けたものとは、考えにくいのである。

それにもかかわらず、事件勃発後の木戸は、対韓強硬論に転換した。この転換を木戸は次のように説明している。

「〔一八七三年に〕征韓の論起るに至りて、臣深く内治のいまだ洽《あまね》からざるを憂い、内を先にして外を後にするの論を主張せり。且《か》つ〔当時は〕朝鮮いまだ明に征すべきの罪あらざるなり。今すなわち暴撃を我が軍艦に加え、明に我に敵せり。ここにおいてか、我内治において未だ洽き能わずといえども、また徒《いたず》らにその内を顧みその外を棄ること能わざるものあり。臣の思想もまたここにおいて一変せざることを得ざるなり。」(『日本外交文書』第八巻、一二五頁)

このような木戸の転換には、すでに記した民撰議院派との決裂による木戸の権力基盤の弱体化が一因となっていた。さらに、前年(一八七四年)の台湾出兵が対清開戦にいたらず、いわば肩すかしを喰った形の鹿児島の西郷派や中央政府の軍部の不満が、江華島事件で再燃したことも、木戸の転換の一因となっていた。

しかも今回は西郷隆盛率いる旧近衛兵だけではなく、前藩主とも言うべき左大臣の島津久光も征韓論を支持していた。中央政府の要職を占める大久保利通ら一握りの薩摩出身者を除き、旧薩摩藩の上級・下級の大半の士族が、征韓論に加担したのである。

†江華島条約

旧薩摩藩から孤立気味の大久保と、民撰議院派の支持を失った旧長州藩の木戸には、選択の余地はあまりなかった。正規軍を鹿児島や各地の不平士族から切り離すために、対韓強硬政策を実施し、その上で対韓戦争を回避するというのが、大久保と木戸が選んだ道であった。一年前の台湾出兵で大久保が採った瀬戸際外交を、今回は木戸が全面的に支持したのである。

具体的に言えば、朝鮮政府との条約交渉に、タカ派として薩摩軍人に信望の厚い黒田清隆を全権、長州のハト派として木戸を支えてきた井上馨を全権副使とする硬軟両様の使節団を送り込み、そこに陸軍士官が半数近くを占める随員を付けたのである。

このことは筆者の憶測ではない。次の一文を読めば、それが大久保自身のシナリオだったことは、明らかになろう。一八七五〔明治八〕年一二月の伊藤博文宛の手紙の中で、大久保は次のように記している。

「井上〔馨〕氏の一条如何と関心仕りおり候。（中略）今般政府使節を派遣せられ候旨趣、到底平和を主とする義は余言これなき事と存じ候につき、（中略）是非同氏憤発輔翼《ほよく》相成り候様、この上ながらご尽力下されたく千万祈望するところに候。（中略）黒田にも厚く示談致しおき候につき、疎暴の挙動を以て大事を誤り候様の辺りは一点疑惑するところはこれ無く候えども、人の長不長は各々免れざるところにこれあり候えば、是非これを補い候にその人を以てするは、政府においてご注意なくんばあるべからず。」（『伊

藤博文関係文書』第三巻、二三三頁）

この文脈の中で「人の長不長は各々免れざるところ」の一文を読めば、黒田の長ずるところが「疎暴」にあり、通商条約交渉を戦争に変えてしまいかねないから、井上馨を副使として同行させたいというのが、大久保の意向だったことは明らかであろう。

こうして、黒田を全権、井上馨を副全権とした総勢三〇名の使節団が、六隻の軍艦に分乗した二六〇名の兵士に護られて江華島に向かったのである。

強大な軍事力を伴った通商条約締結交渉であるから、それが典型的な「砲艦外交」であったことには疑問の余地がない。また、その結果締結された江華島条約（日朝修好条規）の内容は、主要な港の開港とそこでの日本人の居住の自由を認めさせるなど、幕末に欧米列強に強いられたことを、今度は日本が韓国に強要したものであった。駐日アメリカ公使がこの「砲艦外交」に抗議した時、寺島宗則外務卿は、「たとえば貴国コモドール・ペルリが下田に来たるが如きの処置なり。右は平和の主意にて条約を結ぶが為なり」と答えている（『日本外交文書』第八巻、一五三頁）。

ただ、江華島条約には、単なる「砲艦外交」にはとどまらない条款が一つあった。第一款の「朝鮮国ハ自主ノ邦ニシテ日本国ト平等ノ権ヲ保有」するという一文がそれである。

もとより日本側の意図は、「朝鮮国ハ（中略）日本国ト平等」という箇所にではなく、「朝鮮国ハ自主ノ邦」という部分にあった。長い間清朝中国と宗属関係にあった朝鮮を条約で「自主ノ邦」と謳ったことは、朝鮮をめぐる日中間の対立の芽を遺すものだったのである。

一八七六（明治九）年三月に締結された江華島条約は近い将来における日清韓三国関係に新たな火種を遺すものであったが、日本国内においては、一八七三年以来二年余にわたって「旧革命軍」によって主張されてきた「外征論」に終止符を打ったものでもあった。一八七四年の日清両国間互換条款によって当面は清国との紛争の種はなくなった。いままた、一八七六年の江華島条約によって日韓両国間の紛争点も、当面の間は存在しなくなった。

西郷隆盛を中心とする「旧革命軍」には、国内の「敵」に続いて近隣諸国にも、「鎮圧」すべき「敵」が存在しなくなったのである。西郷の片腕であった桐野利秋が一八七七（明治一〇）年初めに、「大先生ノ外患アルノ機会ヲ待ツトノ事、其説古シ」と西郷を批判したのは、この点を鋭くついたものであった（『大久保利通文書』第七巻、四九六―四九七頁）。

†「外征派」と「憲法派」の挫折

板垣退助ら民撰議院派と訣別《けつべつ》して大久保利通らと提携した長州の木戸孝允らにとっても、

江華島条約の締結はその存在意義を失わせるものであった。木戸の期待どおり、江華島事件は「征韓論」にはならなかった。一八七三（明治六）年に西郷らの「征韓論」に反対し、翌七四年には大久保らの台湾出兵に反対した木戸としては、確かに筋は通したのである。

しかし、すでに「議会派」と袂を分かってしまった以上、木戸らの「憲法」制定論には一八七五年の大阪会議前後のような迫力はなくなっていた。西郷隆盛の片腕の桐野利秋が「大先生」批判を抱き始めたように、木戸を支えて大阪会議を成功させた井上馨も、江華島条約締結後には、深い挫折感を抱いていた。

条約締結後の四月二日付の木戸への手紙で井上は、「真に以って平和を克く保持し候方第一と目的相付け候故、朝鮮行きも心中安からず黒田の副官と相成り、己の名誉も打捨て、ただただ平均論より心を曲げ候次第」と、その複雑な心境を吐露している（『世外井上公伝』第二巻、七一八頁）。手紙というものは受取り手との間の共通了解を前提にしているので、第三者たる筆者の解釈は完全ではない。それを前提とした上で、筆者はこの一文を、井上が「己の名誉も打捨て」て、黒田ごときの「副官」となったのは、好戦論と平和論の「平均」をとるためであった、と言っているものと解釈したい。

木戸と板垣の、あるいは「憲法論」と「議会論」の提携の中心にありながら江華島事件の勃発でその提携が壊れた上での全権副使就任は、井上にとってはいわば最後のご奉公だったのである。江華島条約を締結して三月に帰国した井上は、翌四月には欧州各国の財政金融事情調査のため三年間の洋行を命じられた。もちろん井上が強く望んだ結果である。

この洋行が、「己の名誉も打捨て」て黒田の副使となった井上への代償だったことは、明らかである。しかし、彼が三年間もの洋行を望んだ最大の理由は、「大阪会議」前後の「憲法派」と「議会派」の全盛時代が終わったことからくる挫折感にあったように思われる。一八七六年の江華島条約の締結によって「外征派」の桐野利秋が自派の行き詰まりを痛感した時、「憲法派」の井上馨も、当面の勢力挽回をあきらめて欧米視察の途についたのである。

†大久保利通の時代

板垣退助らの民撰議院派は江華島事件の勃発前に政権から離脱していたから、今や政府の中心は大久保利通率いる「富国派」が握ることになった。「憲法派」の井上が三年間の洋行の命を受けた一八七六（明治九）年四月に、参議兼内務卿の大久保は、「富国派」の綱領とも言うべき建議を太政大臣に提出した。有名な「国本培養に関する建議書」がそれである。

この建議書の中で大久保は、当時の世界で「独立の権を有し自主の体を備え宇内に駢立《へんりつ》して帝国と称するもの」に共通しているのは、「実力」であると強調する。そしてその「実力」の本質は、「政令、法律、軍備、教育」にあるのではなく、「中外輸出入の統計」にあると断言する。産業力・経済力が、「独立」の「帝国」の基礎だとするのである。

しかし、近代化に着手したばかりの日本では、産業の発達を民間企業の自由に委《まか》せておくことはできない。政府の手による産業育成は「政理の正則」ではないことは承知しながらも、明治の日本では「時勢の変法」を用いる必要がある、と大久保は説いたのである（佐藤誠三郎『「死の跳躍」を越えて』一八四頁）。先に紹介した一八七二（明治五）年のイギリスでの工場視察と対をなす意見なので、彼自身の言葉を引用しておこう。

「国務の形状、実力の如何を察するに、維新以来積衰の後を承《う》け改革の秋に際し、民智いまだ開けず、民業いまだ進まず。故に物力いまだ殷盛に至らずして貿易の権衡《けんこう》年にその平均を失し、利源いまだ開通を得ずして生産の計量月に減耗を致す。（中略）宜しく民業を開誘し貿易を奨導するの事務において、深く理財の根基を養い、広く販売の利益を通ずる活機妙用に及ばざるを得ず。もしこれを政府の務にあらずとし、措《お》いて人民の長進に任せ、荏苒《じんせん》数歳を経過せば、その衰状の底止するところ、あに窮極あるべけんや。」（『大久保利通文書』第七巻、七九―八〇頁）

第二次世界大戦後のアジア諸国に多く見られる「開発独裁」ときわめて類似した構想である。

しかし、一八七三年から七六年初めまでの約二年半、大久保は欧米から持ち帰ったこのような構想に着手できなかった。征韓論争、台湾出兵、江華島事件と連続する対外紛争において、西郷隆盛ら「旧革命軍」の「外征論」を抑えられなかったからである。大久保らが「開発」を最重視したのは事実であっても、その権力基盤は「独裁」と呼ぶにはあまりに貧弱だったのである。

そのような大久保にとって、一八七六年三月の江華島条約の締結は、絶好の機会であった。「外征派」や「憲法派」の失意の中で「富国派」だけが輝いたのである。

†西南戦争

しかし、「富国派」の全盛も長くは続かなかった。西郷隆盛らの「外征派」が、「外征」ではなく、日本政府に対する「内戦」に打って出たからである。

本書では西郷隆盛らのグループを、「戊辰軍団」「旧近衛兵」「旧革命軍」「強兵派」「外征派」など、さまざまな名称で呼んできた。単一の名称で通した方が読者にはわかりやすいことは承知していても、その時々の状況の下での彼らの特徴を表現したいという気持ちに、筆者が振りまわされたのである。

しかし、筆者の表現の不統一は、多方面における西郷人気の説明にもなる。戊辰戦争の経験者、御親兵＝近衛兵の構成員、征韓論に同調した「不平士族」、台湾出兵への参加者、江華島事件の支持者、さらには一八七四（明治七）年の「民撰議院設立建白書」に共鳴した者までも含めて、時の明治政府に不満を抱く者たちの多くは、西郷隆盛の蹶起《けっき》に期待していたのである。「民撰議院派」の最左翼であった『評論新聞』は、一八七六（明治九）年一月に次のような論説を掲げている。

「今や全国の間において、その政府と方向を異にし、社を結び党を立て、あるいは封建を唱い、あるいは民権を主張し、陰然政府に抗争するもの幾千百万なるを知らず。然れども、その力弱くしてその勢微なるを以て、常に鹿児島党に連結してその事を為さんとす。いわく、麑城《げいじょう》の模様は如何、いわく西郷の近状は如何と。その持論全然相背違するといえども、その政府の勢力に抵抗する能わざるにより、自ら西郷公に依頼するの心情なき能わず。故に今日天下の政府に満たざるものは、自ら結合して鹿児島党と為らざるを得ざるの形勢を現出せり。」（第六七号）

すでに記したように、対韓、対清外交での政府の弱腰を責めての反乱は、一八七六年には不可能になっていた。それにもかかわらず全国に散在する不満分子は、西郷の決起に期待しつづけていたのである。

しかも西郷は、征韓論争に敗れて帰県して以後、強力な私兵を組織していた。一八七四年六月創設の私学校がそれである。「学校」といっても、銃隊学校と砲隊学校であり、前者は前近衛局長官の篠原国幹が、後者は旧薩摩藩の砲兵隊責任者だった村田新八が統率していた。その他に、西郷が戊辰戦争の勲功でもらった賞典禄を拠出して士官学校（幼年学校）も設立された。一八七七年の西南戦争に際しての動員力を比較すれば（政府軍四万六〇〇〇、西郷軍三万）西郷軍の劣勢は明らかであったが、それでも鹿児島一県の兵力としては相当なものだったのである。

しかも西郷には、政府軍内の呼応者の当てもあった。島津久光の側にあって鹿児島で西郷軍の「出征」を目撃していた市来四郎《いちきしろう》は、その「丁丑擾乱記」に次のように記している。

「十年二月十一日（西郷軍出立の四日前）日照後雨、寒冷。（中略）西郷曰《いわ》く、川村（純義）は十に四五は我がものなり。熊本には樺山資紀《すけのり》（鎮台参謀長）あり。肥境（熊本県境〕に我が軍進まば、一、二大隊の〔鎮〕台兵は我に帰すべし、と云う。
淵辺〔群平〕曰く、右外に熊本士族にも三、四千の見込あり。佐賀、福岡、秋月、久留米その外、土、長、因、江の四州〔土佐、長州、鳥取、近江〕、あるいは庄内、若松、石川県など続々蜂起すべし。（中略）
大山〔綱良、鹿児島県令〕また曰く、熊本にては五ツ組の料理にて待つ位いならむ。馬関〔下関〕にては川村らが迎の汽船あるべし。面白く花を詠めて上着すべし、と。」（『鹿児島県史料　西南戦争』第一巻、八九五頁）

この楽観的見通しの中には、根拠のあるものとないものがある。滑稽なぐらい甘い見通しは「庄内、若松」の士族の呼応であろう。戊辰戦争の仇として両藩士族が憎んでいたのは、政府内の大久保や木戸ではなく、他ならぬ西郷と薩摩軍団だったからである。

しかし、すでに台湾出兵のところで見てきたように、海軍大輔（次官）川村純義は、わずか二年少し前には、熱烈な西郷崇拝者であった。その台湾出兵の時に大久保全権の随員として北京に赴いた樺山資紀は、交渉を決裂に持ち込んで日清戦争の起爆剤となることを、西郷らに期待されていた。樺山が谷干城司令官を見捨てて西郷軍に寝返り、熊本城を占領した西郷軍が一挙に関門海峡に到り、そこに川村海軍大輔が軍艦を率いて待っているというシナリオは、わずか二年少し以前ならば十分にありうるものだったのである。

しかし、すでに繰り返し記してきたように、日清、日韓の条約締結で、正規の陸海軍には反乱軍に加担する名分がなくなっていた。樺山も川村も、政府軍を裏切れなかったのである。

†反乱の結末

西郷軍の熊本城攻撃は時間との勝負であった。政府側は当初は各地の鎮台兵を福岡に送るのに手間取っていた。西郷の挙兵の一週間のちに神戸港から博多についたのは、九旅団中の二旅団、約四〇〇〇名にすぎなかったのである。

しかし熊本城側が四〇日余の籠城に堪え切った四月初めには、政府軍は次々と増強されていった。将兵には一日粟飯二回、粥一回を食させても、文官その他は粟飯一回、粥一回に堪えた熊本城側の籠城作戦が、功を奏したのである。四月一五日に、八代口から熊本城をめざしていた背面軍が熊本城入城に成功すると、博多から熊本城をめざす正面軍を四十余日にわたって阻止してきた西郷軍は一斉に熊本東方の木山に退却したのである。

勝利の可能性のあった反乱は、この時点で終わった。しかし、西郷軍の完全鎮圧には、さらに五カ月余の時間が必要であった。西郷軍が自決もしくは投降したのは九月二四日で、彼らが鹿児島から出陣してから七カ月以上後のことだったのである。

勝敗が決まってから五カ月余もその鎮圧にかかった最大の原因は、五人に一人は戊辰戦争経験者だった西郷軍の「慓悍《ひょうかん》」さにあった。

そもそも政府首脳部自体が、一八七三（明治六）年一月に発足した徴兵制の成果に全く自信を持っていなかった。三年間で約三万人の農民兵を徴集して訓練するという計画自体は着々と実現されていたが、制度発足後四年弱で、かつて一〇カ月以上の内戦に従事した薩摩軍団と交戦することは、想定外の事態だったのである。熊本城の攻防戦が続いている三月一三日に、右大臣岩倉具視自身が、その不安を次のように記していた。

「小生には西陲の賊は慓悍奮進、ただ死あるを知るのみに、当るやいわゆる丸と柵とにて、われは器械を以て当るを上策とす。昨今戦争の模様、彼れ果して散兵、狙撃、抜刀、接戦、彼の長所なり。わが将校士官もとより力ら彼に十倍すといえども、徴募兵の力、彼の長所に当るに難しとす。」（『大久保利通文書』第八巻、一六―一七頁、傍点筆者）

徴兵制で徴集されてきた農民兵は熊本城を出ての戦いでは西郷軍団には敵わないから、城内の柵から弾丸を打っているしかない、というのである。

この彼我の戦闘能力の差から、西郷軍掃討作戦に五カ月もかかり、最後の城山攻撃においては三七二名の西郷軍を政府軍は四旅団、約一万二〇〇〇名で包囲したのである。こうして七カ月に及ぶ西南戦争の政府側の戦費は約四一〇〇万円に上り、それを捻出するために、政府は四二〇〇万円余の不換紙幣を発行したのである。

†「富国派」の勝利

西南戦争での勝利により、大久保利通を中心とする政府は、「議会派」「憲法派」に続いて「強兵派」の鎮圧にも成功した。「富国派」全盛の時代、「殖産興業」中心の時代が到来したのである。前もって記しておけば、今記した四二〇〇万円の不換紙幣の発行が政府財政の悪化をもたらした。また工業品を輸入に頼っていた当時の日本では、赤字公債の発行に当たる不換紙幣の発行は、国際収支を悪化させた。そのメカニズムについては後述するが、ここでは「富国派」の全盛もいわば期間限定のものだったことに留意しておきたい。

それでも内政外交両面における「強兵派」の敗北は、一八七〇年代後半（明治一〇年代前半）に「富国派」の全盛をもたらした。このことを端的に示すものとして、陸軍省の一八七八（明治一一）年度予算要求書内の次の一文を挙げておこう。

「そもそも、内務、工部二省等において農工商業を勧め、または電信鉄道等を起すがごとき事業は、創立の際一時許多《あまた》の費額を要するも、必ず数年ののちを期して償却するの道あるのみならず、官民の間につき得るところの利益、また果して僅少ならざるべし。独り陸軍の費用に至りては全くこれに反し、あたかも水火の中に投ずると一般にして、たとえ幾多の年月を経過するも、ついに糸毫《しごう》の償却を得るの理あることなし。故に偏《ひとえ》に計算上のみを以てこれを論ぜば、いわゆる無用の長物に属し、あるいは軍隊解散の議に渉らんとする者あり。」(『大隈文書』第三巻、三二六頁)

もちろんこの一文は、時流に合わせた導入部であって、その後には「邦内やや寧静に復するも、東洋近日の形勢を察するに、以て真に太平無事なりとして経過すべきの時にあらざる」ことが主張されている。しかしそれにしても、これほどに腰の引けた軍部の予算要求書には滅多にお目にかかれるものではない。日清、日韓の紛争が一応解決され、鹿児島の西郷軍団が鎮圧された一八七七年末には、陸軍といえども「殖産興業」が最優先課題であることを認めざるをえなかったのである。

「殖産興業」の第一着手は、一八七八年五月の実収一〇〇〇万円(額面一二五〇万円)の起業公債の発行であった。

この一〇〇〇万円の大半は、工部省管轄の鉄道と内務省所管の道路・港湾の修築に当てられた。東海道線すら、新橋・横浜間と神戸・大阪間しか開通しておらず、東京と大阪の二大都市を結ぶのは船しかなかった当時にあっては、流通網の拡充は「殖産興業」の大前提だったからである。

内務省は通常の予算を使って、イギリスから近代的な紡績機械二基を購入し、さらに在来産業の育成にもつとめた。前者は綿糸の輸入の減少を、後者は国産品の輸出の増大をめざしたものであった。

†双子の赤字

しかし、大久保のこの「殖産興業」は、それらの成否とは直接関係のない税収減から、彼の死の二年後には完全に行き詰まった。一八八七（明治二〇）年までの日本の直接税は、土地所有者に掛けられる「地租」だけであり、しかも金納固定税であった。土地所有者は一八七三（明治六）年から八〇（明治一三）年にかけて行われた地租改正によって、所有地の税額を明記した地券を渡された。この制度の下では税金に物価スライド性が全くないから、不景気の時には財政が豊かになり、好景気の下では租税の実収は減少する。極端な言い方をすれば、財政の健全化を計ろうとすれば、デフレ政策を採用するしかないシステムだったのである。

しかるに、西南戦争中からの政府の財政方針は、不換紙幣や起業公債の発行などに見られるように、インフレを志向するものであった。地租納入者の大半は米作地主であったから、米価が上がれば政府は損をし地主は得をする。その米価が、西南戦争の前年（一八七六年）に一石五円一三銭であったものが、一八八〇年には一〇円五七銭になった。わずか四年間で二倍以上に騰貴したのである。地租の税額は全く変わらないので、地主は約五〇パーセントの収入増（実質減税）、政府の税収は約五〇パーセントの実質減少になったのである。

政府税収の激減は対外的には円の信用低下となってあらわれるから、輸入品の価格も当然暴騰する。二一世紀の輸出頼りの日本では「円安」は好景気をもたらすが、兵器や紡績機械や綿糸布を輸入に頼っていた明治一〇年代の日本では、「円安」は輸入の増加による対外収支の悪化をもたらした。一八八〇年の日本は、財政と国際収支の「双子の赤字」に悩まされていたのである。

一八七八（明治一一）年五月に「富国派」の中心人物だった大久保利通が暗殺された後の「殖産興業」政策は、大蔵卿の大隈重信と（北海道）開拓長官の黒田清隆、および薩摩出身で大阪財界の中心人物だった五代友厚《ごだいともあつ》のトリオによって担われていた。

†地租改正の問題点

この三人の中で、政府にとっての地租制度の弱点をもっとも痛感していたのは、五代友厚であった。一八八〇（明治一三）年八月に黒田の求めによって五代が起草した「米納論」と題する意見書において、五代は政府財政の危機の最大の原因は、一八七三年に政府が定めた地租改正条例による地租の金納固定税化にあると断言した。彼は次のように論じている。

「地租改正金納の変革は、今を以てこれを見れば、明治政府が財政上の大失錯《だいしっさく》と云わざるを得ず。何となれば、改正金納の変に付て、独り農民のみ非常の幸福を得、実に驚くべきの富を進めたり。今その実況を調査するに、（中略）目下の米価によって起算すれば、農民は僅かに旧税額のおよそ十分の一を納むるものにして、その余裕は全く望外の所徳となり、農民の富を為すことますます著明なるべし。」（『五代友厚伝記資料』第四巻、一五九頁）

地租改正前にくらべると納税額が「十分の一」に減ったというのは、やや大袈裟にすぎるかも知れない。

しかし、西南戦争と地租改正反対一揆の連動、いいかえれば士族反乱と農民反乱の同時勃発を恐れた政府は、西郷反乱の直前の一八七七年一月に、地租率を地価の三パーセントから二・五パーセントに引き下げている。地租はこの時従来の六分の五になったのである。それにすでに記した米価が二倍になったことによる五〇パーセント（二分の一）の実質減税を加算すれば、一八八〇年の地租は、地租改正時の一二分の五、すなわち四二パーセントに低下している。さらに国税地租の軽減は地方税中の地租割の軽減をもたらすから、「十分の一」は大袈裟でも、農民の租税負担は地租改正前の「十分の三」ぐらいに低減していたのは、事実である。

そして豊かになった国民がそれまで手にできなかった外国製品の購入に走るのは時代や国を問わないから、一八七九、八〇年の農民も欧米製の上質の衣料品を購入しはじめた、と五代は主張する。すなわち、「農民はこの幸福を得るや、自ら衣食の奢侈《しゃし》を生じ、余裕の財貨は概して輸入品の競買に散ずるもの甚だし。（中略）しかしてこの影響は忽《たちま》ち輸出入の不権衡《ふけんこう》」としてあらわれている、と（同前書、同頁）。

一八八〇年前後の貿易赤字（輸出入の不均衡）の主な原因が、実質上の減税で豊かになった農村地主の外国製品の購入にあるとする黒田（五代）の意見には、当時においても反論があった。西南戦争における武器弾薬の輸入、殖産興業における機械の輸入など、政府の手による外国品の購入の方が、はるかに額が多いという主張である。財政緊縮論者の参議兼工部卿の井上馨が、その代表であった。

しかし、両論の是非はここでの問題ではない。問題は、明治政府の税制上の大改革であった地租改正が、実際に「運用」してみたら政府財政を行き詰まらせる一因となってきた、という点にある。時代の課題が「建設」から「運用」に移ってきていたことを、五代の意見書は示唆しているのである。

†「富国派」の挫折

西南戦争の戦費調達と、物価騰貴による地租収入の半減とを原因とする財政危機の打開策で、一番簡単で有効なのは、地租の増徴だったであろう。しかし、明治政府は独裁国家ではなかった。「強兵」を唱える者、「富国」を重視する者、「憲法」が必要だとする者、「議会」こそ重要だとする者たちが、時と状況によって「連合」を組んで政府を運営する「柔構造」の政府だったのである（坂野潤治・大野健一『明治維新』参照）。

しかし、比較経済史の斎藤修氏との手紙による意見交換の結果、仮に「独裁国家」だったとしても地租の増徴は困難だったのではないか、と筆者は思いはじめた。それは、地租がただ一つの直接税であり、その増税は北海道から沖縄までのすべての土地所有農民に一律に影響するからである。納税者の間に利害対立が全く存在しなかったのである。そのような増税は、普通の「独裁国家」では断行しきれないであろう。

増税が全くできない租税制度を作ってしまったのは、為政者の立場に立てば、五代の言うとおり「明治政府が財政上の大失錯《だいしっさく》」だったのかも知れない。

巨額の不換紙幣を抱えた政府が、物価騰貴による税収減に直面し、しかも増税が不可能だったとすれば、「富国派」の存続はもはや不可能だった。一八八〇（明治一三）年一一月に同時に公布された太政官布告四八号（港湾、道路、治水費の削減）と工場払下条例（セメント、鉱山、紡績、造船などの官営事業の民間払下げ）とは、「富国派」の挫折を象徴するものであった。

「富国派」「強兵派」「憲法派」「議会派」の四者の路線対立を軸に描いてきた「建設の時代」は、一八八〇年をもって終焉したのである。

第4章

運用 1880－1893

1889年2月、大日本帝国憲法発布。東京・桜田門に奉祝門が建ち、
雪中を市民が集まった（写真提供：毎日新聞社）

1　農民の政治参加

†「士族民権」の不振

前章までに検討してきた「改革」→「革命」→「建設」の三つの時代において、主役は一貫して武士（士族）であって、農民の声は一揆などにおいて時おり表明されるにすぎなかった。

しかるに、一八八〇（明治一三）年頃から、農民の声を無視しては安定した統治は不可能になってきた。

その原因の一つは、前章で紹介した一八七四（明治七）年の「民撰議院設立建白書」の、いわば不用意な次の一文にあった。すなわち、「それ人民、政府に対して租税を払うの義務ある者は、すなわちその政府の事を与知可否するの権理を有す」と。すでに前章で記したように、当時の直接国税は地租だけであったから、ここに言う「租税を払うの義務ある者」とは、主として自作農と農村地主であって、士族は含まれていなかった。幕末以来「武士議会」の提唱者であった土佐派の指導者が、自己の特権を否認する「農民議会」を

年表Ⅳ

年代		出来事
1874	明治 7	立志社結成
1875	8	立志社を中心に愛国社結成
1877	10	立志社建白
1878	11	立志社、愛国社再興のため全国遊説。愛国社第1回大会
1879	12	愛国社第2回大会。河野広中、土佐訪問。愛国社第3回大会
1880	13	交詢社発会式。国会期成同盟第1回大会。片岡健吉・河野広中ら、国会開設請願書提出。国会期成同盟第2回大会
1881	14	大隈重信、憲法制定・国会開設を奏議。交詢社「私擬憲法」。井上毅「憲法意見」。開拓使官有物払下げ問題。植木枝盛「日本国憲法草案」。明治十四年の政変（大隈下野）。国会開設の勅諭。自由党結成。松方財政開始（～86）

唱えてしまったのである。

一八七四年の段階ではまだ言葉の上だけのことであった「農民議会」論は、前章の最後のところで記した八〇年前後の農村地主の富裕化に伴って、にわかに現実味を帯びてきた。豊かになった農民は、日用品に外国製品を買うばかりではなく、「納税者」としての自分たちの声を政治に反映させたくなったのである。

一八七四年一月の民撰議院設立建白の後、板垣退助ら土佐派士族は民権結社立志社を郷里の高知県に設立した。彼らは同様の民権結社が全国各地にできることを期待し、翌七五年にその指導部として愛国社を結成したが、その創立大会に集まったものは、少数の士族結社だけであった。板垣監修の

『自由党史』は、この創立大会について次のように記している。

「当時会合の志士、総員僅かに数十名を出でず。（中略）盟に会する者、絶えて富豪縉《しん》紳《しん》の徒なく、一剣単身、ただ赤誠を国に許す士族の徒ありしのみ。愛国社創立の景況かくのごとく甚だ好結果を得る能わず。本社を東京に置きしも維持の資遂につづかず、これがために爾後《じご》数年解散の運命に陥りしも、またやむを得ざるの状勢に出でたり。」（上巻、一六〇頁）

このような「士族民権」の不振は、一八七八年九月に大阪で開かれた愛国社再興大会の時にも続いていた。集まったのは士族だけで、その結社の所在地も、愛知県以西に限られていたのである（高知、佐賀、和歌山、久留米、岡山、松山、鳥取、愛知、熊本、高松）。関東以北からの参加は全くなく、農民結社からの出席も皆無だったのである。

愛国社の性格に変化があらわれはじめたのは、一八七九年一一月の第三回大会からである。この大会には、福島県と福井県の上層農民の結社代表が出席し、運動の方向にも影響を与えている。

†河野広中の土佐訪問

福島県の農民結社石陽社《せきようしゃ》（一八七五年結成、会員約二〇〇名）と三師社《さんししゃ》（一八七七年結成、会員約八〇名）の代表としてこの大会に出席した河野広中《ひろなか》の事例は、「農民民権」が「士族民権」に対して自己主張をしはじめたものとして重要である。

石陽社が河野広中を高知県に派遣し、民権運動の魁である土佐立志社との連携を計画したのは、一八七八（明治一一）年七月であるが、この計画が実施されたのは丸一年後の七九年八月であった（庄司吉之助『日本政社政党発達史』五一―五二頁）。同年六月の石陽社社員総代から河野に与えられた「委任之証」には、「明治十一年七月廿四日の決議を履行する為め、今回河野広中をして上坂せしむるにつき、左の権限を附与す。一、愛国立志両社へ協議し、明治十一年七月廿四日の決議を修整専行するの全権を有せしむる事」とある（同前書、五二頁）。

一年間の延期の理由は不明であるが、一八七九年八月の河野の高知訪問の時には、三師社から約

河野広中

一〇〇〇円の派遣費が送られている。米価騰貴の趨勢から見て、前年決定の時には石陽・三師両社にこれだけの費用が捻出できなかったのかもしれない。

今から一三〇年以上前の一八七九年の「一〇〇〇円」が今日でいくらぐらいに当たるのかは、正確にはわからない。ただ、その二年後の一八八一年のもりそば・かけそばが一銭二厘だったことはわかる（加藤秀俊ほか『明治・大正・昭和世相史』八四頁）。今日のかけそば・もりそばを五五〇円とすると、約四万六〇〇〇倍であり、河野の出張費一〇〇〇円は約四六〇〇万円に相当する。この数字はとても信じられないから、河野が日記に記した「金五十鎰」（一鎰は二〇両、両は円と同じ意味で使われた）の「鎰」が誤記だったのかも知れない（庄司前掲書、一一七頁）。

これ以上の詮索は諦めるとしても、河野の出張費が相当な金額だったことは推測できよう。前章の終わりに紹介した五代友厚の地租改正反省論の中の、「改正金納の変に付て、独り農民のみ非常の幸福を得、実に驚くべきの富を進めたり」という一文が、説得力をもって思い出される。

旅費と滞在費が潤沢だったことは事実であるが、鉄道が使えるのは新橋・横浜間と神戸・大阪間だけだった一八七九年に、福島から高知まで行くのは、今日の私たちには想像できないほどの難事だった。

河野が石川を出発したのは八月二一日であるが、本格的な旅が始まったのは二四日からである。

この日彼は朝の六時半に白坂を出発して、夜八時半に鬼怒川河畔の阿久津に着いた。三〇歳の誕生日に、雨中一四時間の徒歩の旅である。翌日は朝五時発の舟で鬼怒川を下り午後三時に久保田で舟を降り、「直に車を雇」って午後八時に今度は江戸川河畔の境に到着し、そのまま九時の舟に乗る。舟中一泊して翌二六日の正午に日本橋小網町で舟を降りた。二五日の朝五時から二六日の正午まで、丸三一時間の舟と「車」と舟の旅であるが、それで目的地の高知に着いたわけではなく、中継地の東京に着いたにすぎない。東京以北の交通の便がいかに悪かったかを示すものであるが、同時に、「民撰議院」設立運動に加わろうとする農村青年の情熱を示すものでもある。農民の富裕化と政治参加への情熱とがセットになっていたのである。

交通の便でいえば、東京から大阪を経て土佐立志社のある高知に行くのは、はるかに簡単であった。河野は東京の品川に近い田町に宿泊していたから、品川から横浜へは鉄道が使え、横浜から神戸には汽船が利用でき、神戸から大阪にはまた鉄道が使えた。大阪に三日滞在した後は、鉄道で神戸に戻り、神戸からはまた汽船で高知に行けたのである。福島・東京間の徒歩と「車」と川舟の旅とは、雲泥の差があったのである。ちなみに河野が

「車を雇い」と記している「車」が何を指すのかは、その分野の専門家の教えを待ちたい。本節の主題は「農民の政治参加」であるが、東北・北陸が米どころであることを考えると、それは同時に、交通網未整備の関東・東北地方住民の政治参加という一面もあったようである。

ところで主題にもどろう。九月下旬に高知に着いた河野は、板垣退助をはじめとする立志社の要人と会談を続けた。河野の目的は、福島の二つの農民結社（石陽社と三師社）を東北、北陸地方の中心的指導部として立志社に認めてもらうことと、一一月に開催予定の愛国社第三回大会で、全国の結社の統一的な意見として国会の開設を天皇に請願することに、立志社を同意させることにあった。立志社は後者には積極的で、前者には消極的であった。

立志社が後者に積極的だったことは、容易に理解できる。これまで東京以北に全く地盤を持っていなかった士族結社の立志社とその全国組織である愛国社（在大阪）に福島からはるばる農民結社の代表が訪れて、国会開設運動への協力を申し出たのを歓迎しないはずはなかったのである。

しかし、前者については、二つの理由から立志社は消極的であった。理由の一つは、立志社は国会開設運動の中央指導部としての地位を弱めたくなかったからである。福島の河野らの結社を東北・北陸の諸結社の中核として承認すれば、それは愛国社を東西に二分する勢力になりかねなかったのである。

もう一つの理由は、農村地主の富裕化にともなう政治参加欲求の増大という現象は、何も福島に限らなかったことにあった。立志社副社長の西山志澄《ゆきずみ》は河野に、すでに茨城や青森の農民結社からも愛国社加入の申し出がある旨を伝えている。関東・東北地方で盛んになりはじめた農民結社を立志社自身が直接統御するつもりだったのである。

九月の河野の高知訪問の際にすでに萌芽的に表れていた、新規加入の農民結社と民権本家の立志社・愛国社との勢力争いは、一一月六日の愛国社第三回大会において顕在化した。

士族民権と農民民権

この大会の最重要課題は「我ガ帝国ニ国会ヲ創設アラン事ヲ陛下ニ願望」するために、翌一八八〇（明治一三）年三月により多くの結社を集めた大会を開くことにあった。しかし、この大会を愛国社の第四回大会として、愛国社の名前で天皇に請願するか、愛国社とは切り離して、国会開設請願だけを目的とする別の大会を開くかをめぐって、意見が二分したのである。

注目すべきは、福島の石陽社と並ぶ農民結社の代表格であった福井の自郷社《じきょうしゃ》（代表杉田定一《ていいち》）が、「願望の事、愛国社のみに限るは偏頗《へんぱ》なり。単身独歩の有志者のごときはおおいに失望せん」と発言していることである（庄司前掲書、一〇三頁）。やや単純化して言えば、新たに加わった農民結社の代表が、士族結社中心の愛国社とは切り離して、国会開設請願だけを目的として広く有志を集めた大会を翌年三月に開くよう主張したのである。

詳細は省くが、この三月の大会は、愛国社大会とは別の国会期成同盟の大会として開催され、この大会に集まった全国七二の結社代表が「国会を開設するの允可を上願する書」に連署した。この七二名の代表のうち二九名が「平民」と明記している。旧武士を意味する「士族」の肩書きを士族自身が遠慮することは考えられないから、どちらとも明記していない六名も「平民」に加えれば、「平民」の数は約半数に当たる三五名になる。一八八〇年三月の国会期成同盟大会を機に、「士族民権」と「農民民権」が運動を二分するにいたったのである。

「農民民権」の台頭は、幕末以来の「議会論」や一八七二（明治五）年以来の「憲法論」の性格に根本的な修正を迫るものであった。

日本が近代国家の模範としてきた欧米先進国でも、普通選挙制が導入されるのは二〇世紀に入ってからであり、日本で国会期成同盟が結成されてからかなり先のことである。ましてや近代国家の仲間入りをめざしたばかりの明治日本では、有権者の資格は厳しく制限されざるをえない。幕末以来の議会論は、暗黙のうちにこの資格を「武士＝士族」に限ってきた。しかし、「それ人民、政府に対して租税を払うの義務ある者は、すなわちその政府の事を与知可否するの権理を有す」という一八七四（明治七）年一月の「民撰議院設立建白書」の有名な一文が、それに署名した八名の士族の予想を超えた速さで、現実のものとなってきたのである。

有権者を「士族」という身分に限定できないとすれば、納税額で制限する以外にはない。そうなれば有権者は相当程度の「地租」を納める者になる。当時「地租」以外には直接国税はなかったのだから、有権者の多数が農村地主になることは、論理的な必然であった。

このことを自覚した瞬間に、明治政府内部の憲法制定論者や議会開設論者は大転換を迫られた。議会を開設したら農村地主が主な有権者になるのだから、議会の第一要求は自分たちだけが負担する「地租」の軽減になるであろう。議会が全く無責任でなければ、地租の軽減の前に政府歳出の削減を要求するであろう。明治政府内で立憲制への移行（上からの民主化）を唱えてきた者たちには、地租の軽減（歳入の削減）と歳出の削減を議会に許さないようなシステム作りが必要になってきたのである。

江戸時代から明治初年にかけて、時々の一揆以外には政治参加の途を持たなかった農村地主の国会開設運動は、一見したところでは「運用の時代」ではなく、「建設の時代」に含まれてもよさそうである。しかし、「建設」の時代に考えられていたのは「士族議会」までで、「農民議会」は想定外の事態であった。明治政府は、まだ創られてもいない「憲法」と「議会」の性格を「運用」の観点から再構成することを迫られたのである。西南戦争以後の物価騰貴が、「殖産興業」を挫折させ政府財政を攻めから守りに転換させたように、「農民の政治参加」は明治政府の「憲法」と「議会」に対する態度を、「運用」を重視した保守的なものに転換させたのである。

2 「富国」路線の挫折と立憲政体構想の分化

†財政論と憲法論の関係

富裕化した農村地主が国会開設運動で盛り上がっている時に、地租の増徴を断行することは、明治政府の命取りになりかねない。参議兼大蔵卿の大隈重信がその代案として一八八〇（明治一三）年五月に提出した五〇〇〇万円外債論によっても、物価が上がれば税収が目減りするという地租制度の下では、政府歳入は右肩下りに減少しつづけ、外債償還の目途が立たない。同年八月に天皇側近がこの案に反対した時に彼らが地租と景気と政府財政の相関に気がついていたわけではないが、結果的には正解であった。

好景気を維持する限り税収が目減りするという地租制度の下で財政を健全化する唯一の方法は、政府の手で不景気を造り出すことであった。一八八二（明治一五）年に始まり、八六（明治一九）年まで四年以上にわたって続いた松方デフレがそれである。

大久保利通の暗殺後にその「殖産興業」路線を継承した大隈重信と、松方デフレの名で知られる松方正義の緊縮財政との間にも、詳しく調べれば共通性が全くないとはいえない。たとえば西南戦争中に発行した四〇〇〇万円余の不換紙幣の消却だけをとりあげれば、大隈財政下においてもその四分の一以上の消却が行われており、松方財政期の消却額と大きな相違はない。

しかし財政学者室山義正氏の『松方財政研究』によれば、両者の根本的な違いは、不換紙幣を消却して得た財源を、殖産興業に再投入するか、再投入しないで歳出を固定化し、剰余分を金貨や銀貨で政府に蓄積するかにあったようである。同氏によれば、大隈財政の下では紙幣の流通量は減らず、物価騰貴は止まっても、その下落が起こらなかったのは、このためである。

反対に三年間政府歳出を固定した松方財政の下では、紙幣流通量は減少し、その結果物価は下落した（同前書、一八八―一八九頁）。政府の実質歳入にも農村地主の収入にも直接的な影響を与える米の価格で見ると、松方財政以前の一八八〇年の東京卸売価格が一石一〇円五九銭だったのに、同財政発足三年後の一八八四年には一石五円二九銭に低下している。実に米価は三年間で半減したのである。

その結果、中小地主が自作農に、自作農が自作と小作を兼ねる自小作農に転落した。中層の自作農を例にとると、その約三〇パーセントに当たる約二八万戸が、自小作農に転落したのである。

†上からの国会開設

大隈財政から松方財政への転換は、まさに激的な変化を政府財政と農民生活に与えるものであったが、この転換には一年以上の年月が必要であった。一八八〇（明治一三）年八月に天皇によって五〇〇〇万円外債募集案が退けられた後も、翌八一（明治一四）年一〇月の政変で参議を罷免されるまでの一年五カ月間、大隈が明治政府の中心的指導者として存続していたからである。

外債募集を禁じられた大隈財政の下では、これ以上のインフレは起こらないが、物価は高止まりする。そして豊かさを維持した農民は、一八八〇年三月から八一年一〇月までの一年半にわたって国会開設を要求しつづけたのである。

インフレ状態の存続と農村地主の国会開設要求の存続を両立させるために大隈が提案したのは、「上からの国会開設」であった。松方のようなデフレ政策を採用した上で国会を開設すれば、農村地主は米価下落による実質増税分を地租の軽減で埋め合わせようとし、開設した国会で、その軽減を要求しつづけるであろう。税制をめぐって、政府と国会は毎年対立しつづけ、立憲制への移行は内政の混乱を制度化してしまう。松方デフレと国会開設とは、両立しえないのである。

これに対して、地租が実質で半減している大隈財政の下では、農村地主もそれ以上の減税は要求しない。板垣退助らの「士族民権」が地租問題に関心がなかったのはもちろん、「農民民権」も松方デフレ以前には地租の軽減などは求めていなかったのである。一例を河野広中で有名な福島県の農民結社(三師社)の国会開設建白書(一八八〇年)に見てみよう。そこには次のような一文がある。

「今は人民おおむね休養滋息、これを列藩収斂《れっぱんしゅうれん》の日に比すれば綽々《しゃくしゃく》余力あり。(中略)既に富というべく、貧というべからず。故に政法その宜しきを得ば、すなわち租税幾多を加うるも、また欣々然としてこれに応ぜん。けだしその宜しきを得るとは何ぞ。国会

を設立し広く人民に大政を諮議する是なり。」(『明治建白書集成』第六巻、三四一頁)

前章で紹介した明治政府側の五代友厚の農民富裕化論を、同じ一八八〇年に農民民権側も認めていたのである。

国会さえ開いてくれれば地租増徴に応じてもいいというこの三師社の主張に、他の農民結社が同意していたという史料まではない。しかし、農民結社の要求は地租の減税ではなく、自らの政治参加にあるという主張ならば、いくらでも例を挙げられる。

そうだとすれば、インフレ状態を維持しながら殖産興業を進める代償として国会を早期に開設するという「上からの国会開設」路線は、明治政府の一つの選択肢でありえた。一八八一年三月の参議大隈重信の左大臣経由の天皇への奏議がそれである。

大隈奏議の骨格は、その冒頭に記された箇条書だけで明らかである。すなわち、

「第一、国議院開立の年月を公布せらるべき事。
第二、国人の輿望《よぼう》を察して政府の顕官を任用せらるべき事。
第三、政党官と永久官とを分別する事。
第四、〔天皇の〕宸裁《しんさい》を以て憲法を制定せらるべき事。

第五、明治十五年末に議員を撰挙せしめ、十六年首《はじめ》を以て国議院を開かるべき事。
第六、施政の主義を定めらるべき事。」（『明治前期の憲法構想』一三〇—一三一頁）

改めて要約するまでもなく、大隈の主張は、一、二年で天皇の名で憲法を制定し（欽定憲法）、二、三年で議会を開設するというものであり、同時に内閣はその議会で多数を占めた政党が握るという議院内閣構想を打ち出したものである。

†大隈重信の憲法意見

そうは言っても当時の明治政府は政党を持っていないから、この提唱にしたがえば、政府自体が与党を作らなければならない。この点から重要になるのは、第六条の「施政の主義を定めらるべき事」である。その説明の中で大隈は次のように論じている。

「前述るがごとく立憲の治体を定立せられ国人の輿望を察して政府の顕官を任用せらるるに至るときは、すなわち政党を成立せざるべからず。政党を成立せんと欲する時は、すなわちその持張する施政の主義を定めざるべからず。故に現在内閣をして一派の政党を形《かたちづ》くる者たらしめんと欲せば、その成立に最も緊要なるは、すなわち施政主義を定《さだむ》る

大隈重信

の一事なり。然るが故に、国議院設立の年月を公布せらるるの後において、直ちに現内閣の施政主義を定められん事を切望す。施政主義については、重信所見の在るあり。」（同前書、一三五頁）

「政党を成立せんと欲する時は、（中略）施政の主義を定めざるべからず」という議論は、この時から一三〇年以上も経った二〇一二年の今日においても、いまだに言論界を賑わしている。「政治」というものの進歩は、きわめて遅いのである。

しかし、ここでの問題はその点にあるのではない。大隈重信が天皇に、まず議会開設の年月を明示し、次に欽定憲法を制定することを求めたとき、彼は同時に「現在内閣をして一派の政党」を組織するつもりだったのである。

大隈は慶應義塾の創立者である福沢諭吉と親交が深く、この大隈奏議自体も、起草者は福沢の高弟で太政官権大書記官の矢野文雄であった。さらに福沢や矢野は、慶應義塾を卒業して官界、財界、言論界で活躍する一六〇〇人余のエリート層で構成される交詢社《こうじゅんしゃ》の中心人物であった。その交詢社が大隈奏議に呼応して『交詢雑誌』に発表した「私擬憲法案」は、大隈がめざす「欽定憲法」の内容を一般に公開したものであった。

しかし、政府内部や財界・言論界に影響力を持ち、制定されるべき憲法草案を持っていても、それだけでは政府党は作れない。大隈や福沢は、「農民民権」派の支持を期待していたと思われる。

すでに記したように、一八八〇（明治一三）年三月の民権派の大会は、「士族民権」派の愛国社の第四回大会としてではなく、「国会期成同盟」の第一回大会として開催され、大会で採択された国会開設請願書の署名者の約半数は、「平民」すなわち農村地主であった。彼らは経済的にはすでに十分に満足しており、国会を開いても地租の軽減を政府に迫るつもりは全くなかった。その国会期成同盟は、一八八〇年一一月に開かれた第二回大会で、一年後の第三回大会までに各結社の憲法草案を起草して持参することを決定していた。

第二回大会に集った全国の結社代表がいくら熱心に国会開設を求めていても、憲法草案というものは誰にでも書けるものではない。そこへ福沢諭吉系の憲法草案が『交詢雑誌』や『郵便報知新聞』（五月）で公開されたのである。それを丸写しするわけにはいかないとしても、参考にしないわけにもいかなかったろう。第一章「皇権」、第二章「内閣」、第三章「元老院」（上院）、第四章「国会院」（下院）、第五章「裁判」（司法権の独立）、第六章

「民権」（信教・言論の自由）、第七章「憲法改正」まで全七九条にわたって整然と規定された憲法草案だったからである。八年後の一八八九（明治二二）年二月に発布される「大日本帝国憲法（全七六条）」とは内容的には正反対のものであったが、体裁においてはその原型と言っていいほど、精緻なものだったのである。

†大隈路線の批判

「士族民権」から自立しはじめていた「農民民権」と福沢らの「交詢社私擬憲法」との結びつきに、強い警戒感を抱いていたのは、保守派の法制官僚井上毅（太政官大書記官）であった。一八八一（明治一四）年七月の参議伊藤博文宛の書簡の中で井上は、この点について次のように記している。

「昨年国会請願の徒（国会期成同盟）今日音を入れ候は、決して静粛に帰し候にこれなく、すなわち各地方の報告に拠るに、みな憲法考究と一変いたし候にこれあり、その憲法考究はすなわち福沢の私擬憲法を根にいたし候ほかこれなく、故に福沢の交詢社は、すなわち今日全国の多数を牢絡《ろうらく》し、政党を約束する最大の器械にこれあり、その勢力は無形の間に行われ、冥々の中に人の脳漿《のうしょう》を泡醸せしむ。その主唱者は十万の精兵を引て

無人の野に行くに均《ひと》し。」（『井上毅伝　史料篇第四』四七頁）

参議大隈重信の国会開設論は、一六〇〇名余の交詢社員だけではなく、国会期成同盟に結集した全国の「農民民権」結社の動向とも結びつく可能性を持っていたのである。

井上毅のこの書簡が一八八一年七月付のものであることは、重要な意味を持っている。すでに記したように、同じ頃大隈はその財政政策においても、松方正義の挑戦を受けていた。松方と井上毅が相互に意見を交換しながら財政論と憲法論で大隈を挟み撃ちにしたとまでは言えない。しかし、すでにたびたび指摘してきたように、松方のデフレ政策と「農民民権」とは両立できない。農民の租税負担を実質で二倍にするような松方財政を政府が採用するならば、国会論や憲法論においてもそれに対応する方策が必要になる。大隈と並ぶ明治政府の中心指導者の伊藤博文は、財政政策では松方正義に、憲法論では井上毅に、大隈路線からの訣別を迫られていたのである。

太政官大書記官の井上毅が、大隈重信や福沢諭吉の議院内閣制論を批判してその対案を起草しはじめたのは、一八八一年六月のことである。先に紹介した三月の大隈奏議が左大臣有栖川宮熾仁《ありすがわのみやたるひと》宛のものだったので、太政大臣の三条実美以外には、右大臣の岩倉具視すらその内容を六月初めまで知らなかったようである。大隈の同僚参議だった伊藤博文がその内容を知ったのは六月二七日のことで、それを自ら写した書面の末尾に、「明治十四年六月二十七日三条太政大臣に乞《こう》て陛下の御手元より内借、一読の上これを自写す」の一文がある（『伊藤博文伝』中巻、九九四頁）。大隈の憲法奏議は左大臣を経て天皇の手元まで届いていたが、右大臣の岩倉も参議の伊藤も、同年六月に初めてその内容を知ったのである。

岩倉自身が大隈奏議を知った正確な日付まではわからないが、六月一四日付の岩倉宛の書簡の中で井上毅が、「先日秘書内見賜われ候後、潜心熟考致候」と記しているから、六月初めには岩倉がそれを入手し、井上毅に見せてその意見を求めていたことは明らかである。

いずれにせよ、一八八一年六月初めから、大隈の憲法・国会論への対案作りが岩倉らの手で始められた。その際に井上が、二年前に刊行された福沢諭吉の『民情一新』を岩倉に送り、大隈の背後に福沢諭吉がいることに岩倉の注意を喚起していたことも、重要である。

†井上毅の憲法意見

以上の経緯は日本近代史研究者ならば誰でも知っていることである。それを改めて記したのは、日本近代史が「建設の時代」から「運用の時代」に転換したのが一八八一（明治一四）年の半ばであり、その中心人物が、財政論では松方正義、憲法論では井上毅であったことを強調するためである。

政府内では大隈系官僚、政府外では福沢諭吉の交詢社とそれと結びつく「農民民権」に対抗する井上毅の憲法・議会論は、一方では内閣を政党の外に置き、他方では内閣を議会の上に置くものであった。それが松方のデフレ政策と一対一の対応関係にあったことは、多言を要さないであろう。

一八八一年六月に、井上は右大臣の岩倉に三部作の「憲法意見」を提出しているが、そこには八年後の一八八九（明治二二）年に公布される大日本帝国憲法の骨子がすでに明示されていた。

井上毅

「憲法意見（第一）」では、大隈・福沢の唱えるイギリス型の議院内閣制ではなく、皇帝と行政府の権限が議会より強いドイツ型の立憲君主制を採用することが提唱されている。すでに紹介した一八七二―七三（明治五―六）年の岩倉使節団の訪欧の際に木戸孝允が構想したものの延長線にあることは確かであるが、それよりははるかに精度の高いものである。彼はまず大隈・福沢の唱えるイギリス型の立憲君主制は、実は「君主」抜きの議院内閣制にすぎないと批判して、次のように論じている。

「国王は一に議院多数の為に制せられ、政党の勝敗に任じ式に依り成説を宣下するに過ぎずして、一左一右宛《あた》かも風中の旗の如きのみ。故に名は行政権専ら国王に属すと称すといえども、その実は行政長官はすなわち議院中政党の首領なるを以《もっ》て、行政の実権は実に議院の政党の把握の中に在り。名は国王と議院と主権を分《わか》つと称すといえども、その実は主権は専ら議院に在りて、国王は徒に虚器を擁するのみ。」(『井上毅伝 史料篇第一』二二六頁)

次に井上はドイツ型の立憲制では、君主と議会の関係はその正反対であるとして、次のように記している。

「これに反し普魯西〔プロシア〕の如きは、国王は国民を統《す》ぶるのみならず、且つ国政を理し、立法の権は議院とこれを分つといえども、行政の権は専ら国王の手中に在りてあえて他に譲予せず。国王は議院政党の多少に拘らずしてその宰相執政を選任するものの

とす。」(同前書、二二六頁)

わかりやすく〝ドイツ型の立憲君主制〟と表現してきたが、模範としているのはドイツ最大の州プロイセンのそれであることは、井上の言うとおりである。

「国王は議院政党の多少に拘らずしてその宰相執政を選任する」ために必要な憲法条項を記したのが、井上の「憲法意見(第二)」である。それは次の三点に絞られている。

「第一、憲法に於《お》いて『天子ハ大臣以下勅任諸官ヲ選任シ、及之ヲ進退ス』との明文を掲ぐべし。」(同前書、二二八頁)

八年後に公布された大日本帝国憲法(以下では明治憲法と略記)の第一〇条ではこの井上の主張がそのまま生かされ、「天皇ハ行政各部ノ官制及文武官ノ俸給ヲ定メ文武官ヲ任免ス」と明記されている。この場合の「文武官」には総理大臣以下の閣僚も含まれていることは、伊藤博文名で刊行された(実は井上自身が執筆)『大日本帝国憲法義解』によって明らかである(『憲法義解』岩波文庫版、三七頁)。

「第二、憲法に於て宰相の責任を定め、その連帯の場合と各個分担の場合を分つべし。」（『井上毅伝　史料篇第一』二二九頁）

井上のこの主張も明治憲法にそのまま生かされ、国務大臣単独責任制（無責任体制）として悪名高い第五五条の、「国務各大臣ハ天皇ヲ輔弼《ほひつ》シ其ノ責ニ任ス」になる（『憲法義解』八四頁）。

†現行税制維持論

第三点は井上自身の草稿に原案と修正案とがあり、しかもそのどちらを採るかによって意味が全く違うという点である。まずは修正された正文の方を引用しよう。

「第三、憲法に於て普国の左の一条あるに倣《なら》わざるべからず。
普国憲法第百九条に、現行の租税は将来にその効を有すべし。」（『井上毅伝　史料篇第一』二二九頁）

この条文は明治憲法にはない。憲法を制定し議会を開いても、「現行の租税」は変更できないと明記した憲法を制定できるほど、明治政府の権力基盤は強くなく、反対に一八八〇—八一（明治一三—一四）年の国会期成同盟に結集した租税納入者（「農民民権」）の力は弱くなかったからである。

しかし、松方デフレに呼応するような形で登場してきた憲法学者井上毅にとっては、これがホンネだったと思われる。米価下落に悩む農村地主が来るべき議会において主張するのは、「地租の軽減」すなわち「現行の租税」の軽減だったからである。

八年後の明治憲法は、たしかに井上のこの露骨な主張を明文化してはいない。しかし、井上の主張は別の形で明治憲法に生かされている。

第三三条の「帝国議会ハ貴族院衆議院ノ両院ヲ以テ成立ス」という条文と第三七条の「凡《すべ》テ法律ハ帝国議会ノ協賛ヲ経ルヲ要ス」という条文とをセットにすれば、国民代表（納税制限はあるが）の衆議院が何度地租軽減法案を通過させても、貴族院が否決すれば、「法律」とはならないのである。そして貴族院は、幕末以来の公卿と大大名と小大名と維新の元勲（大久保家や木戸家）と退職官吏（勅選議員）によって構成されているから、政府の意を汲んで立法府の段階で地租軽減は否決してくれる。一八八一年段階での井上のあからさまな強権的な現行税制維持論は、八年後には同じ井上自身の手で、はるかに巧妙なシステムに改変されるのである。

他方、修正前の井上の草稿は、租税（歳入）ではなく歳出面での議会権限を制限しようとしたものであった。すなわち、「若《も》し歳計予算に付《つい》て政府の国会と叶同《きょうどう》せざるときは、前年の予算」による、と。この点は、明治憲法第七一条の、なぜか歴史学者の間では攻撃の的となってきた、「前年度予算施行権」として条文化された。それについては後節で改めて検討するが、四三年も前にアメリカの日本史研究者ジョージ・アキタ教授が明らかにしたように、前年度の予算を続行できるというこの条文は、政府関係者にとってはほとんど有難味のない規定であった（ジョージ・アキタ著、荒井孝太郎・坂野潤治訳『明治立憲政と伊藤博文』）。二一世紀初頭の今日でも、歳出予算が前年度を下回ることは稀であろう。

†植木枝盛の議会主権論

こうして、大隈重信・福沢諭吉のイギリス型議院内閣制に対して岩倉具視、伊藤博文、井上毅らのドイツ型専制憲法が対抗馬として登場してきたとき、国会期成同盟の中でも、「士族民権」が「農民民権」に対抗して理論武装をはじめていた。植木枝盛《えもり》を中心とする雑誌『愛国志林』『愛国新誌』のグループがそれである。

このグループの最大の特徴は、大隈・福沢らと違って、政権参加をめざさない点にあった。拒否権型議会主義とも呼ぶべき、万年野党主義だったのである。ただ、戦後の日本社会党の万年野党主義と違って、植木らのそれは衆議院の過半数を握った上での野党主義をめざすものであった。言いかえれば、行政府は政党の外の存在でいいから、議会は政党が掌握する、というものだったのである。植木らの『愛国新誌』は、この点を次のように表現していた。

「要するに治者と被治者との分界を画別し、人民に治者交りの気取りを帯ぶることなく、吾々人民と云うの気象を保ち、精神の主部に己れ人民と云う者を置くに至る。これ、人民の国家に対する第三段階の精神なり。」(明治一三年一一月一二日号)

『愛国新誌』に代表される「士族民権」派は、政党を結成し議会の多数を握ろうとする点で代表制民主主義の立場に立つものであった。この点では、中江兆民の邦訳を通じて彼らに影響を与えたフランスのジャン＝ジャック・ルソーの直接民主主義とは、はっきりと一線を画するものであった。

しかし、いま引用した部分だけを読めば、ルソーの言う「全人民集会」が想起される。ルソーの『社会契約論』においても、全人民は主権者であっても「政府」はそれとは別に存在し、主権者人民は年一回の定期集会で現存の政府形態と政府構成員の是非を決定するにすぎない（岩波文庫版、一四二頁）。行政権は今の政府が握り、人民の代表（ここがルソーとは異なる）が議会を握るという『愛国新誌』の主張は、たしかにルソーの影響を受けていたのである。大隈・福沢らをイギリス派、岩倉・伊藤・井上毅をドイツ派と呼ぶように、『愛国新誌』のような国会期成同盟の左派を一般にフランス派と呼んできた理由はここにある。

『愛国新誌』は板垣退助の立志社や愛国社の機関誌であったから、国会期成同盟の中でも依然として影響力を保っていた。これまでは簡便さを重視して、「士族民権」と「農民民権」と対比して呼んできたが、より正確に言えば、両者の対立は「自由民権運動」と総称される運動の中での、指導部と支持者の対立であった。さらに言えば、交詢社という福沢諭吉率いる都市知識人と、板垣退助率いる元祖民権結社とが、新たに台頭してきた「農民民権」の支持獲得を争ったのが、一八八一（明治一四）年の政治状況であった。そして、この二つの国会開設論者の競合の中に新たに割り込んできたのが、井上毅らの保守的立憲制論者だったのである。

†保守派と急進派の奇妙な棲み分け

この三つ巴の立憲制論の競合を想定してみると、「明治一四年の政変」と呼ばれる同年一〇月の大隈・福沢派の敗北の理由が透けて見えてくる。保守派の井上毅と急進派の板垣退助や植木枝盛の間には、憲法による行政権の制限を求めないという共通性があったからである。

井上毅が行政府の立法府に対する優位を保障する憲法構想に腐心したことは、すでに詳述した。他方、行政府は明治政府が、立法府は自分たちが掌握するという植木枝盛構想にあっては、「政党内閣制」も憲法草案づくりもそれほど重視されていなかった。衆議院の過半数を握るための中央政党（のちの自由党）とそれを支える各地方の結社（のちの自由党支部）の結成が最優先課題だったのである。このことを示唆する二つの事例をあげておこう。

第一の事例は、一八八〇（明治一三）年一一月に開かれた国会期成同盟の第二回大会である。この大会に提出された第五号議案は、次のようなものであった。

「本会に於て国憲〔憲法〕見込書を審査議定すべし。前条見込書起草委員五名を公選すべし。別に審査委員十名を公選すべし。」（『明治文化全集　雑史篇』一八一頁）

しかるに、この大会で委員を選んで憲法草案の雛型を作成しようというこの提案は、否決されてしまったのである。反対論の口火を切ったのは、四九番議員（福井の杉田定一）で、その理由は、「今日の急務は地方の団結を鞏固《きょうこ》にして実力を養成するを以て要点と為せば、十数人を公選して憲法草案に時日を費さしむるは大に取らざる所なり」というものであった。「地方の団結」すなわち政党の基盤づくりの方が、「憲法草案」の起草よりも重要だと明言しているのである。

国会期成同盟の大会の合間を利用して、板垣らの愛国社の会合も開かれ、その席で杉田定一は、「愛国社を解き、別に自由主義一大政党を組織」することを提案している（同前書、一八六頁）。

先に紹介したように、一八八一（明治一四）年七月に保守派の理論家井上毅は、国会期成同盟の運動は憲法私案の起草に熱中し、そのため福沢諭吉の交詢社は板垣退助の愛国社に代わって運動の指導部となっていると認識していた。しかし、期成同盟中の愛国社グループは、第二回大会以降は「一大自由主義政党」の結成に取り掛かっており、福沢系の運動支配は井上毅の予想ほどには浸透していなかったのである。

そのことを示すのが第二の事例である。第二回大会は次の大会を翌一八八一年一〇月一日に東京で開くことを決定していたから、その動向が憲法草案の決定に向かうか、自由主義政党の結成に向かうかは、保守派、中道派、急進派の明暗にかかわるものであった。

大会が憲法草案の採択に向かえば、政府内では憲法の早期制定と議会の早期開設を唱えていた参議大隈重信が勢力を増大し、運動の内部では福沢諭吉の交詢社が指導権を握るであろう。反対に大会が自由主義政党の結成に向かえば、政府内では保守派の岩倉具視右大臣、参議伊藤博文、太政官大書記官井上毅らが優勢となり、運動内部では板垣退助ら旧愛国社系が指導権を回復するであろう。この両者はいわば右と左の対極に位置していながら、行政権の強化と立法権の強化で棲み分けができたことは、すでに指摘したとおりである。

†明治一四年の政変と自由党結党

この右と左の奇妙な棲み分けが、大隈・福沢路線の敗北をもたらした。政府の側では大隈とその系列の中堅官吏が罷免され、運動の側では憲法ではなく議会掌握を重視する板垣退助が勝利したのである。「明治一四年の政変」(一〇月一二日)と自由党の結党(一〇月一八日)がそれである。

この両者のうち、前者についてはすでによく知られているが、後者の自由党の結党が大隈派敗北の一因であったことは、あまり知られていない。先に記した第二の事例としてごく簡単に紹介しておこう。

一八八一(明治一四)年八月末に、土佐立志社の板垣退助は高知を出発して神戸に赴き、九月一〇日には同地で「五千有余」の聴衆を集めた大演説会を開いた。次いで板垣は神戸から横浜へ再び船に乗り、九月一五日に横浜に着き、翌一六日には横浜から汽車で新橋に着いた。先に見た福島の民権家河野広中が高知に赴いた時と同じコースを反対向きにたどったのである。当時にあっても、高知↓神戸↓横浜↓新橋のコースは、例外的に便利であった。

新橋駅には、一〇月一日の第三回大会（実際には未開催）のためにすでに上京していた国会期成同盟傘下の地方結社の代表が迎えに出た。そればかりではなく、「上から」の憲法制定と議会開設をめざしていた大隈・福沢系の結社代表も、それよりは左に位置していた都市型知識人（東京の言論界を代表する人物たち）も、新橋駅で板垣を出迎えたのである。有名な人物と結社名だけを挙げても、沼間守一《ぬまもりかず》の嚶鳴社、馬場辰猪《たつい》、大石正巳《まさみ》、末廣重恭《しげやす》の国友会、田口卯吉《うきち》の東京経済雑誌、福沢直系の交詢社の代表たちが、新橋駅に集まったのである。自由民権運動の元祖ともいうべき板垣退助は、依然として名声を保っていたのである。

これらの都市型知識人たちは、政府内部の国会開設論者の大隈重信と在野の板垣退助を結合させて、伊藤博文や井上毅に代表される保守的な政府指導者を一掃することをめざしていた。しかるに板垣は彼らの要望を一蹴して、政党結成の地盤作りのための東北地方遊説に向かったのである。

大隈派の要請を板垣退助が拒絶したのが九月二六日、政府内の保守派が大隈重信とその配下の官吏を罷免したのが一〇月一二日、板垣退助らが自由党創立大会を開催したのが一〇月一八日である。保守派と急進派が生き残り、その中間に位置したリベラル派が、政府内と運動内での勢力を一挙に喪失したのである。有名な「明治一四年政変」である。

3 「強兵」の復権と日中対立

†韓国内の親日派育成

一八八〇―八一（明治一三―一四）年を境として、財政と憲法の二分野で「建設」から「運用」への時代の転換が起こった時、「強兵」の分野でも「運用」の時代が始まっていた。

すでに記したように、「革命の時代」の「強兵」は、特産物を輸出して軍艦や兵器を輸入するものであった。これに対して前章で検討した「建設の時代」の「強兵」は、軍事力そのものの強化ではなく、明治維新を支えた革命軍の声を尊重せよというものであった。

一八七七（明治一〇）年の西南戦争で、この革命軍が反乱に失敗した時、「強兵」は明治政府のスローガンから一旦は姿を消した。「富国強兵」のうち、「富国」だけが突出したのである。

しかるにその「富国」も松方財政の登場とともに、退場を強いられた。歳出を削って不換紙幣を消却していく健全財政の下では、政府の手による殖産興業にまわす予算がなくなったからである。

そのような時に、今度は「富国」に代わって「強兵」が、「運用の時代」に相応しく衣替えした上で、再登場してきた。

衣替えをした「強兵」は当面の仮想敵を定めて、それと同程度の陸海軍を時間をかけて準備するというものであった。「仮想敵」という表現は強すぎるかもしれないが、第5章で分析する一九〇五年の日露戦争後の「仮想敵」よりは、はるかに現実味を帯びたものであった。

言うまでもなく、この時の日本の「仮想敵」はアジア最大最強の清朝中国であった。一八七六年の日韓江華島条約が実施に移された一八八〇年頃から、朝鮮をめぐる両国の利害対立が鮮明になってきたのである。

江華島条約の定めによって元山津が開港された一八八〇年五月頃から、韓国政府の内部にも日本の近代化の成果に関心を持つ者があらわれてきた。駐韓日本公使の花房義質《よしもと》は、

年表V

年代		総理	出来事
1880	明治13		山県有朋の清国脅威論（「隣邦兵備略」）、陸海軍の軍拡始まる
1882	15		軍人勅諭。松方デフレ始まる。伊藤博文、憲法調査のため欧州へ。立憲改新党結成。壬午事変。日銀開業。福島事件
1884	17		改正地租条例。華族令制定。加波山事件。自由党解散。秩父事件。甲申事変
1885	18	伊藤	天津条約（日清両国、朝鮮半島から撤兵）。大阪事件。内閣制度発足
1886	19		帝国大学令。学校令。第1回条約改正会議。海軍公債発行
1887	20		徳富蘇峰、『国民之友』創刊。井上「憲法草案」を伊藤首相に提出。三大事件建白運動。後藤象二郎ら、大同団結運動。保安条例
1888	21	黒田	市制・町村制公布。枢密院設置
1889	22	山県	大日本帝国憲法発布。皇室典範。東海道線全通（新橋・神戸間）。大隈外相、玄洋社社員に襲われ負傷。年末より恐慌始まる
1890	23		大井憲太郎・中江兆民ら自由党結党。府県制・郡制公布。第1回総選挙。立憲自由党結党。元老院廃止。教育勅語発布。帝国議会開設
1891	24	松方	立憲自由党、自由党と改称（総理板垣退助）。大津事件。足尾鉱毒事件問題化。樺山海相、蛮勇演説
1892	25	伊藤	第2回総選挙（品川内相指揮による選挙干渉）
1893	26		和協の詔勅（和衷協同の詔）。文官任用令公布
1894	27		日清戦争

一八八一年二月の外務卿（井上馨）への上申書の中で、韓国政府内の反日派は「大官高爵を得て同族外何事あるを知らざる」保守派であるのに対し、親日派は「学識あり才力ありてその位を得ず、多少海外の形勢をも察し、（中略）内政を改革せんことを欲」している者たちである、と記している（『日本外交文書』第一四巻、三三二頁）。

このような韓国内政の認識から、日本外務省の出先機関は、一八八一年六月の韓国からの非公式視察団（約六〇名）を厚遇して親日派の基盤とすることを、本省に具申した。釜山領事の近藤真鋤《ますき》は井上馨外務卿に次のように依頼している。

「この一行はゆくゆく朝鮮国開化の基本とも相成るべきものにこれあり候については、成るだけ善遇、彼らをして開眼せしむるの御手段これありたく候。」（同前書、三〇五頁）

こうして日本の駐韓外交官や福沢諭吉の慶應義塾などが、韓国の若手官僚や青年との関係を深めていったのであるが、それは同時に韓国の宗主国をもって任じる清朝中国や、韓国内の保守的指導者たちの対日警戒心を喚《よ》びさました。韓国内の保守派が清国派となり、改革派が親日派となったのである。

†山県有朋の清国脅威論

　こうして韓国への影響力をめぐって清国との競合関係が明らかになってくると、日本国内でも改めて清国の強大さに気づく者があらわれてきた。幕末以来、欧米列強の脅威だけを問題にしてきた日本の在朝在野の指導者の中に、清国脅威論が高まってきたのである。

　清国の脅威を明治政府内部で最初に説いたのは、おそらく時の参謀本部長山県有朋だったと思われる。彼は一八八〇（明治一三）年一一月に参謀本部がまとめた「隣邦兵備略」を天皇に奉呈するに際して、自ら上奏文を書いているが、その核心は、清国が強いという点と、隣国が強いのは歓ばしいとばかりは言えず、日本も改めて「強兵」につとめなければならない、という二点にあった。

山県有朋

　第一の点について山県は、一八七四（明治七）年の台湾出兵の時と、そのわずか六年後の今の清国とは、「強兵」の点で全く違う国であることを強調して、次のように論じている。

「今清国版図の大なる、その十八省の幅員は大略本邦の十倍なりとし、四億の人口はまた本邦の十倍余なりとす。(中略)兵制の改革と辺海の防禦《ぼうぎょ》とを以て今日の急務となし(中略)福州には大造船所を設け大小船艦を製し、広州、福州、杭州、上海、南京、済南、天津等の各地に造兵局を建設し盛に銃砲弾薬を製造し、大沽、北塘、芝罘、呉淞江、陰鎮江、烏竜山、南京、九江、漢口、寧波、廈門、福州、広州等の要衝には悉《ことごと》く砲台を建築し、また李鴻章の郷勇二万は英式の精兵たり。(中略)明治七年には、大沽、北塘、福州等のほか、砲台の較着《こうちゃく》なるものを見ざりしに、爾後《じご》年々その数を増加し、(中略)これに備うるにクルップまたアルムストロング等の巨砲を以てせり。」(『山県有朋意見書』九六―九七頁)

合理主義的な軍事指導者であった山県にとっては、このような清国の「強国化」は、歓迎すべきことではなかった。欧米列強のアジア進出に対して、強国化した清国と日本が手を携えて対抗するという夢物語よりも、朝鮮支配をめぐる日清両国の競合という現実の方が重要だったのである。この点について山県は、次のように論じている。

「それ隣邦兵備の強きは、一は以て喜ぶべく、一は以て懼《おそ》るべし。これを以て亜細亜東方の後援とすれば固《もと》より以て喜ぶに足り、これと釁隙《きんげき》〔仲たがい〕を開くに至りては、また以て懼れ慎まざるべからず。」（同前書、九七頁）

このような状況認識に立った山県は、「富国」中心の「富国強兵」を、「強兵」中心の「富国強兵」に転換する必要を次のように説いた。

「富国と強兵とは古今互いに本末を相成す。これ形勢の自然にして、欧州各国の兵備に汲々たる、また怪《あやし》むに足らざるなり。今もし富厚《（ママ）》は本なり強兵は末なりと言わば、民心日に私利に趨《はし》り、公利の在るところを知らず、偸薄《とうはく》の風、月に長じ、萎靡《いび》の弊、歳に成り、利口もって俗を成し、虚飾もって習を為さん。」（同前書、九一頁）

†「強兵」論の現実主義化

当時は陸海両軍を統轄していた参謀本部長が対清警戒感にもとづいて「富国強兵」論の再構築を唱えているのである。

すでに記したように、この山県意見書の翌年から、日本政府は韓国内の親日改革派の育成に力を注ぎ始める。この両者を合わせれば、韓国の支配権をめぐる日清両国間の軍拡競争が激化するのは、理の当然であった。実際に日清戦争が勃発するのは十数年のちの一八九四（明治二七）年であるが、その第一歩は、一八八〇―八一（明治一三―一四）年に踏み出されたのである。

日清戦争への第一歩を「運用の時代」の始まりとするのには、理由がある。

第一に、それは幕末の長州藩や薩摩藩が突発的に起こした攘夷戦争とも、一八七四（明治七）年に維新革命軍が突然に提唱した対清開戦論とも違って、中期計画を伴ったものであった。十数年かけて強大国清国に匹敵する陸海軍を作るまで、途中の突発的な日清紛争の拡大を回避したのである。

一八九四年の日清戦争が韓国への侵略の開始であったことには疑問の余地がない。日本が獲らなければ清国が取ったという議論は、日清間の議論であって、日韓の間では成り立つ余地がないのである。しかし、一八九四年の日清戦争までの十数年間の日清・日韓関係は、「運用の時代」と呼ぶのに相応しく、目的があり、準備があり、抑制が効いたものでもあったのである。

一八八〇年以降の陸海軍の対清軍拡を「運用の時代」に含める第二の理由は、それが「富国」路線を放棄した松方正義の健全財政主義と整合的なものだったことにある。

もっとも、三年間の歳出予算を固定した松方財政と陸海軍備の拡大とは、当初は両立が困難であった。しかし、大蔵省と陸海軍は、歳出の凍結と軍備拡張費の捻出とを、酒と煙草の間接税の増税で賄うことで妥協した。紙幣整理は三年間継続し、不十分ながら陸海軍の拡張も実現したのである。

しかし、一八八二年の壬午事変から二年後の一八八四年一二月の甲申事変は、親日派の金玉均らのクー・デターを援助した日本公使館とその守備隊が、袁世凱率いる清国軍に攻撃され、本国に敗走するという日本にとってはまことに不面目なもので、この事変以後の陸海軍の対清軍拡要求は、間接税の増税では賄えない規模に達した。

幸いなことに、三年間にわたる紙幣整理の結果、円の国際的評価は回復しており、低利の海軍公債を発行できるようになっていた。一八八六(明治一九)年から八九(明治二二)年までに四回発行された海軍公債の実収高は、一七〇〇万円にのぼったのである。間接税の増税分の七五〇万円だった陸海軍費は、大幅に増加されたのである。壬午事変の時には対立関係にあった松方財政と陸海軍拡との関係は、甲申事変の時には、両立可能になっていたのである。この陸海軍拡の延長線上に、一八九四―九五年の日清戦争を見ることは容易であろう(室山前掲書、一九一―二〇九頁)。

第三に、一八八〇年の参謀本部の「隣邦兵備略」から八六年の海軍公債発行にいたる陸海軍の要求は、井上毅を中心に進められていた、保守的な憲法の制定とも整合的であった。

もし大隈重信に従って議院内閣制を一八八三年に発足させていたら、壬午事変が起ころうと甲申事変が勃発しようと、議会は軍拡予算を否決しつづけたであろう。日本国民は対外的な危機の下では一致団結するというのは、本当の危機が起こった時の話である。日本の駐韓公使館が韓国民衆の焼打ちにあっただけでは（壬午事変）、また日本の駐韓公使とその守備隊とが勝手に親日派のクー・デターを支援して失敗しただけでは（甲申事変）、日本の議会は簡単には陸海軍予算の増加を容認しはしなかったであろう。このことは次節で検討する議会開設（一八九〇年）後の政治を見れば明らかになる。一八九四年の日清戦争勃発の直前まで、衆議院は軍拡予算を否決しつづけたのである。

そのような事態を想定すれば、すでに見た井上毅の「憲法意見」の中の「前年度予算施行権」も重要になってくる。一八九〇（明治二三）年に議会が開設されるまでの間に陸海軍軍拡を完了しておけば、それは制定されるはずの井上型の憲法によって、議会の削減から守られるのである。

このように、一八八〇年に始まり、一八八九年にほぼ完了する陸海軍拡張計画は、財政面での「運用の時代」（松方財政）とも、憲法面での「運用の時代」（井上毅の「憲法意見」）とも整合性をもったものだったのである。

4 憲法発布と議会開設

†官僚の時代

「運用の時代」は「官僚の時代」である。一八八九（明治二二）年に国家の基本法たる大日本帝国憲法が制定された以上、在野の知識人たちの大議論は不要となり、代わって憲法や諸法規の細かい規定にもとづいて個々の政策を立案し実施する、官僚の役割が増大したのである。すぐ後に検討するような、行政府優位の明治憲法の下では、この傾向は一層顕著になる。今日の言葉でいえば、政治主導から官僚主導への転換である。憲法発布の三年後に、時の内務官僚都筑馨六《つづきけいろく》が執筆した「超然主義」と「民政論」の二つの論文からは、「運用の時代」に胸を張る官僚の姿が浮かび上がってくる。

「超然主義」とは憲法発布の直後に黒田清隆首相が、政府は議会や政党の意向に拘束されず、「超然として」己の信ずる施策を行っていくと宣言したところから、一種の流行語になった表現である。都筑の論文は、この主義をより正確に説明するために書かれたものである。その中で都筑は、次のように論じている。

「立憲国の大臣は、その内治においては、毎《つね》に国是を以て施政の目的となし、（中略）自ら国是と信ずるところを貫徹する事を勉め、いやしくも自己の信ずるところにして変更する事なき向きは、いかほど議会もしくは輿論《よろん》がこれに違反する事あるも、不屈不撓《ふとう》してその意旨のあるところを〔天皇に〕奏請し、（中略）自己の意見に同意するの議会を得るまでは何回にてもその解散を〔天皇に〕奏請せざるべからざるなり。

政党の希望するところをも奏請せず、議会の意旨をも奏請せず、人民の輿論をも奏請せず、自ら国家の目的に関して確乎《かっこ》たる考案を立て、その百官有司に命じて万般事業をいかに専門的に研究せしめて、以て国家をしてその目的を達せしむ〔べきなり〕。」（「超然主義」一八―一九頁、傍点筆者）

四〇年以上前に都筑馨六のご子息のご好意で鎌倉のお宅を訪問し、その物置きの中からこの論文を発見したときには、その内容のあまりに専制的なのに驚いた。しかし、政党政治の優柔不断ぶりを見せつけられつづけた今日読み返すと、反民主主義的ながら一本筋が通っているように感じる。

都筑の言う大臣がここまで議会無視、世論無視でありうるのは、その国家目的への確信と、その施策が「百官有司」の「専門的」研究に裏付けられているという自負があるためである。専門官僚の調査立案にもとづく政策は、浅薄な知識にもとづく議会や世論の要求に優越するのである。この点について都筑は、さらに次のように論じ直している。

「民主政体の国においては、輿論は万能にして、いかなる道理も輿論の無理には敵し難く、そのいわゆる輿論というものも時々刻々事物に触れて変更するものなるが故に、いかなる論を目して以て輿論となすべきかは、実に民主国の政治家が朝夕心を労して孜々《しし》としてこれを識別することを努めずんばあらず。

かくのごとき国の政治家は、下の人望を得れば上に立ち、下の人望を失えば一日もその地位を保つこと能わず。一国の政治問題を決するに専門的の研究を以てせず、輿論の命ずるところは、ただ命に是れ従う。」(「民政論」一八―一九頁)

世論政治の下での議員の「専門的の研究」の欠如に対する批判は、ジャーナリストにも向けられる。

「世の新聞記者を見るに、その大半は若年にして、他に生計の途なきか、然らざれば新聞に自己の名を顕して以て名声を博し、よりて以て当世に勢力を得むと欲するものなるが如し。その説くところはおおむね浅近にして解し易き論のみ。専門的深奥なる議論は、これを紙上に見ること甚だ稀なり。」（同前、二二一―二二三頁）

新聞記事と記者への批判は、その読者にまで及ぶ。すなわち、

「多数は政治の事に関して専門的の教育と経験とを有するものに非ず。加うるに時々の問題は各自が業務の余暇を以てこれを攻究するものなり。甚だしきに至りては、朝飯後に講読するところの新聞紙の論説を以て、その六韜《りくとう》三略（中国太古の兵書）となすものなり。専門的緻密なる論は、かくのごとき商工輩の決して解すること能わざるものなり。これらの人物の思想を左右せんと欲せば、必ずや浅近にして解し易き論に依らざることを得ず。新聞、演説の所論、平凡に流るるもまた宜ならずや。」（同前、二二三頁）

都筑の官僚独善主義に反発する読者も、政治家の演説、新聞記者やテレビの解説者の主張の平凡さと、その平凡さを歓迎する聴衆や読者への彼の批判には、耳を傾けるのではなかろうか。

ちなみに、ここまで政治家や新聞記者を蔑視する都筑は、一八八二（明治一五）年一月にベルリン大学に留学し、結核にかかりながらも丸四年間勉学を続け、帰国後外務官僚になったが一八八八年から再びフランスに留学している。一八八九年に内務大臣山県有朋が、フランス、イタリア、イギリス、ドイツ、ロシア、アメリカ、カナダを視察した際の通訳は、フランス公使館書記官に就任していた都筑が担当したというから、その語学力は相当なものだった。「運用の時代」が「官僚の時代」だったことを象徴する人物だったのである。

†「田舎紳士」の時代

一八八二（明治一五）年に松方デフレが始まった時、農民は寄生地主、手作地主、自作農、小作農に分かれていた。寄生地主とは、自分では農作物を作らないで土地を小作人に貸し、高率の小作料を取っていた大地主のことである。手作地主とは、農民である以上、自らも田畑を耕すが、余った土地は小作人に貸して小作料を取っていた中小地主を指す。自作農や小作農については、説明不要であろう。

実は、この地主‐小作関係は、実質的な変化はあっても、制度としては一九四五（昭和二〇）年の敗戦まで存続していた。明治維新は藩主や武士の特権は廃止したが、農民の間における一種の身分制度には手をつけず、時代とともにこの身分制はさらに拡大したのである。

この農民間の四身分は、松方デフレの下で、大きく変化した。デフレで米価が半減したのに地租は固定税で変わらなかったから、自作農が土地を手放さなければならなくなったのである。土地を手放した農民は小作人に転落し、手放された土地は大地主が買い上げた。日本近代史研究の上で「農民層の分解」と呼ばれてきた現象である。詳細を省いて結果だけを記せば、一八八二年から八九年までの七年間に、自作農の戸数は約九三万戸から約六五万戸に減少したのである。約三〇パーセントの減少である（詳しくは拙著『近代日本の出発』新人物文庫、一二〇―一二四頁を参照されたい）。

一八八九年の大日本帝国憲法（明治憲法）の発布の後に定められた衆議院議員の選挙法では、有権者は地租一五円以上の納入者に限られた。地租は地券に記された地価の二・五パーセントであったから、地租一五円以上の有権者は地価六〇〇円以上の土地を所有する地主であった。

この地主は、松方デフレの下ではほとんど減少しなかった。自作農の戸数が三〇パーセントも減少したのに大地主の戸数はほとんど同じ（約八八万戸から八一・五万戸）だったのだから、地租一五円以上を納入する地主の所有地は、松方デフレの下で増大したことになる。この大地主（中地主の一部も含む）が、一八九〇年七月の最初の衆議院議員総選挙における有権者であり、その数約五〇万人であった。正確には約四五万人から四七万人であるが、その後の選挙法改正のたびに増加する有権者数と比較するには、約五〇万人と記憶した方が便利である。

ちなみに、一九〇〇年には約一〇〇万人、一九〇五年には日露戦争中の地租増徴で約一五〇万人、一九年の選挙法改正で約三〇〇万人、二五年の男子普通選挙制の成立で約一二〇〇万人、とおおよその数字でつかんだ方が、変化を知りやすい。

†議院内閣制論の復活

一八九〇（明治二三）年に開催される衆議院の動向は、これら大中地主有権者の意向によって左右される。彼らが松方デフレ中の実質増税に報復しようとすれば、都筑型の政府と地主議会とは、出口の見えない正面衝突を繰り返すであろう。反対に松方デフレ中に自作農の土地を吸い上げて所有地を増加させた大地主が、拒否権型議会ではなく参画型議会を求めれば、減税要求ではなく「政党内閣」の要求が高まるであろう。第2節で見た一八八〇―八一（明治一三―一四）年の国会開設運動期の板垣退助らの愛国社と福沢諭吉らの交詢社の対立が、憲法発布を前にした国民的盛り上がりの中で再現したのである。

結果は、一八八〇―八一年の場合と同じく、イギリス型の議院内閣論の敗北であり、板垣型（板垣自身は態度を変えつつあったが）の「拒否権型議会」の勝利であった。しかし、運動の発端は、イギリス型議院内閣制論者がつくった。明治二〇年前後に登場してきた新世代の知識人が、一八八〇―八一年の「士族民権」は時代遅れであると唱えて登場してきたのである。その代表者は、雑誌『国民之友』を発刊した二五歳の青年、徳富蘇峰《そほう》であった。彼はかつての「士族民権」を次のように批判する。

「かの輩が天下のために奔走するは、身に直接の利害無くして多くは他人のために代言するに過ぎず。自らは一升の酒も造らずして酒税軽減の建白に奔走し、自らは掌大の田園も有せずして地租軽減の請願に従事し、自らは国会議員の資格なきに国会の事を喋々し、かくのごとく吾が身に切ならざる事に尽力するは、誠に他人のために身を致し、同胞を愛し、天下を愛する者なれば、敬服するの外なしといえども、これがために平和の運動もややもすれば粗暴となり、秩序の事業もややもすれば不都合となり、（中略）人をして自由論の価値を減ぜしむるの憂いを懐かしめたる事も、また少からずとす。」（『国民之友』一八八八年二月三日号、四八頁）

このようにかつての「士族民権」を批判した徳富蘇峰は、かつて福沢諭吉らが「農民民権」にかけた期待を「田舎紳士」にかける。

蘇峰は「田舎紳士」を次のように描写する。

「他人よりもいまだ有力なりと認められず、自家においてもいまだ有力と認めずして、その勢力の漸々《ぜんぜん》と政治上に膨張しきたるものは、それただ田舎紳士なるかな。田舎紳士とは何ぞ、英国にていわゆるコンツリー・ゼンツルメンにして、すなわち地方に土着したる紳士なり。彼らは多少の土地を有し、土地を有するが故に、土地を耕作するの農夫、農夫によりて成り立ちたる村落においては、最も大切なる位置を有せり。（中略）今日において地方の県会議員となる者は、いかなる人々なるや。もしその身元を調査する者あらば、必ず知るべし、彼らは多くは、これ此の田舎紳士の仲間より出で来たりたる者なるを。（中略）一村より一郡に及び、一郡より一県に及び、一県よりして一国に

徳富蘇峰

及ぶ。彼らが県会開設の今日において有するところの勢力を以てこれを推せば、彼らが国会開設の他日において有するところの勢力も、また察するに余りあるべし。」（同前誌、一八八八年二月一七日号、八七―九〇頁）

徳富蘇峰のこの二つの論説が『国民之友』に掲載された一八八八（明治二一）年二月という年月に注目したい。そのわずか一ヵ月半前の一八八七年一二月に、明治政府は保安条例を公布して、蘇峰が批判した「士族民権」派の四五一名を、首都の治安維持のために東京から追放しているからである。政府の手による急進派の弾圧に、運動内部の急進派批判が呼応したのである。

後藤象二郎の大同団結運動

このため、一八八八（明治二一）年は漸進派の全盛時代となった。それを象徴するのが、同年七月から八月にかけての後藤象二郎の北陸・東北遊説である。

すでに第2章の幕末期の分析の中で、後藤象二郎は封建二院制の中心人物としてたびたび登場した。第3章の明治初年史の中でも、一八七四（明治七）年の「民撰議院設立建白書」の署名者の一人として顔を出している。しかし、一八八〇年代前半（明治一〇年代）

の国会開設運動の全盛期は板垣退助の時代であって、後藤の名前は探せば出てくる程度のものであった。その後藤が、急進派の弾圧でそれに代わる中心的指導者が必要となってきたとき、議会制民主主義運動の指導者として返り咲いたのである。

当時から「大同団結運動」と呼ばれた後藤らの運動の特徴は、二点に絞って理解できる。

その第一は、運動の対象を蘇峰の言う「田舎紳士」に置いた点である。彼らの機関誌『政論』は、後藤の東北・北陸遊説に呼応した地方人士の多くは、「巨万の資産を有する豪農富商にして、その学問知識もまた自ら常人に超出する者」だった、と記している（一八八八年九月二一日号、一二頁）。

後藤象二郎

特徴の第二は、後藤らが、かつての大隈重信や福沢諭吉と同じように、政権奪取をめざしていた点である。植木枝盛のように「拒否権型議会」をめざしたのではなく、福沢のように二大政党制を求めたのである。

七、八月の遊説で後藤自身もたびたび、「責任内閣、すなわち議院政治」について語っている。内閣が議会に対して責任を負う、福沢以来のイギリス型の議院内閣制論である。そのことをもっとも明確に意識していたのは、言論界における後藤支援者の徳富蘇峰であった。

先に紹介した士族民権批判に明らかなように、蘇峰は一八八四年九月の加波山事件（福島自由党ら一六名の急進派が爆裂弾や刀剣で武装して茨城県の加波山に結集し、檄文を起草して山を降り、警察分署を襲撃した事件）から一八八七年末の三大事件建白運動（条約改正反対、言論の自由の獲得、地租の軽減の三要求を携えて、全国から旧自由党の急進派が東京に集結した事件。前述の保安条例はこの運動の鎮圧のためのもの）のような、いわば政府転覆運動に反対していた。その対案として蘇峰が提唱したのが、イギリス型の二大政党制であった。彼は次のように論じている。

「吾人《ごじん》は現今の在野党中において、いわゆる秩序的の進歩党あるを見る。（中略）彼らは、いやしくも国民多数の賛成を得ば、もとより政府の上に立ちて、その平生負抱するところの経綸を実行せんと欲する者なり。（中略）すべて彼らの目的とするところは、いわゆる英国流儀の政治を我国に適用し、在朝の諸公を以て一つの党派と見做《みな》し、自家の位置を以てまた他の党派となし、在朝在野の関係を以て英国政党間の関係と見做し、（中略）正々堂々あい対立せんと欲するものなり。故に心ある農工商の人民は、皆多く

は彼らと共に運動せんと欲せざるはなし。」（『国民之友』一八八八年一月二〇日号、三―四頁、傍点筆者）

注目すべきは、蘇峰がこのイギリス型の二大政党の支持者として、「心ある農工商の人民」を想定している点である。「士農工商」から、過激な運動をめざす「士」を落とし、彼の言う「田舎紳士」が、政権交代を伴った二大政党制を支持するというのが、蘇峰のシナリオだったのである。

†拒否権型議会の勝利

しかし、福沢の時代と同様に、蘇峰の「田舎紳士」への期待も、裏切られた。「田舎紳士」は、突然のごとく現れた穏健派の大同団結運動よりも、一八七九（明治一二）年頃から続く、愛国社・旧自由党の指導者の方を尊敬していたのである。簡単に言えば、後藤象二郎にくらべて、板垣退助の知名度の方が抜群に高かったのである。

一時的な国民運動の高揚は、時流にうまく乗れば組織可能である。しかし、長期的に全国の支持を得る必要のある「政党」運動にあっては、長年地道に築かれてきた〝地盤〟が必要である。このことは第6章の「危機の時代」における社会主義政党の場合にも同様であった。一九二五（大正一四）年に普通選挙制が成立したといっても、その翌日から地盤のない社会主義政党が衆議院で多数の議席を得られたわけではない。社会主義政党がある程度の議席を取れるようになったのは、普通選挙法成立の一二年後の一九三七（昭和一二）年のことであった。

同じように、蘇峰が期待した後藤象二郎らの大同団結運動は、一八八〇年来九年近く地方に地盤を作ってきた旧自由党にとって代わることはできなかった。

このことは、一八八九（明治二二）年二月の大日本帝国憲法（明治憲法）の発布と同時に、獄中にあった高名な旧自由党員たちが大赦令で出獄してきたときに明らかになった。既決、未決の四五八名の政治犯が、一斉に牢から出てきて活動を再開したのである。同時に保安条例で東京を追放されていた四五一名も、自由に行動できるようになった。

イギリス型の二大政党制を唱えて、旧自由党型の拒否権型議会論を批判してきた徳富蘇峰は、この大赦令による自派の敗北を自覚していた。彼は次のように論じている。

「これまで、福島事件により〔一八八二年の県令三島通庸《みちつね》による福島自由党弾圧事件〕、もしくば大阪事件により〔一八八五年の自由党員による韓国要人テロ未遂事件〕、その他の事件によりて幽囚せられたる旧自由党の諸名士の出獄するに際し、従来躊躇《ちゆうちよ》してその麾下《きか》に赴かざりし旧自由党の諸氏は、みな相率いて大同団結に赴き、これが為めに大同団結派の水力をして一種の猛勢を加えしめたり。

さなきだに大同団結の多数は旧自由党員の占むるところとなりしに、加うるにこの猛烈なる新勢力を以てす。ここにおいてか、本流の水勢〔後藤らの「田舎紳士」工作〕は支流の水勢〔旧自由党系勢力〕の為めに圧せられ、（中略）従来大同団結派の君子が昨年来辛苦経営したるところのものも、要するに旧自由党の諸士が技倆を演ずる舞台を造りたるにすぎざるが如き趣あるは、世人の窃《ひそ》かに心配したるところのものにてありき。」

（『国民之友』一八八九年五月一一日号、一四頁）

一八八九年に憲法が発布され、翌九〇年に議会が開設されて以後数年間の政治は、蘇峰の予言どおりに展開していった。イギリス流の二大政党制をめざした勢力（立憲改進党）は、皮肉なことにその大前提である衆議院の過半数を握るどころではなく、三〇〇議席中の四〇議席前後しか取れなかったのである。反対に、蘇峰が一貫して批判してきた旧自由党は、改めて自由党を結成し、三〇〇議席中の一三〇議席前後を維持しつづけたのである。日本で初めて開設された議会は、その日から「拒否権型議会」となったのである。

すでに記したように、大日本帝国憲法の発布前後から、政府は衆議院の多数の動向を無視する「超然主義」を、はっきりと打ち出していた。他方、日本で最初の総選挙で有権者の大半を占めた「田舎紳士」は、政府との正面衝突を主張する自由党を支持した。二一世紀初頭の今日にわれわれが毎日のように眼にする「ねじれ国会」程度の事態ではなかったのである。政府提出の予算案は毎年議会に拒絶され、反対に自由党などの「民党」が衆議院を通過させた地租軽減案は、旧大名と官僚の天下りによって構成される貴族院により廃案に追い込まれた。政府は歳出予算を増やすことができず、反対に自由党などは減税法案を成立させられなかったのである。

このような膠着状態をもたらした一因は、大日本帝国憲法そのものにあった。

明治憲法の中で一番悪名高いのは、第一一条の統帥権の独立と第五五条の国務大臣単独責任制である。前者は一九三一（昭和六）年の満州事変以後の現地軍の暴走の原因となり、後者は一九四一（昭和一六）年の対英米開戦やその終戦に際しての、首相以下各大臣の責任の譲り合い（無責任体制）の原因として知られている。

しかし、それらは本書第6章以後の問題であり、議会開設後十数年間の問題は、主として予算にかかわる憲法条項にあった。

政府側に有利な条項は、第六七条と第三九条であった。一般に重要視されてきた第七一条の前年度予算施行権が政府の武器にはならなかったことは、すでに記したとおりである。毎年前年度予算を施行していたのでは、政府の存在意義が問われるからである。

それに対し、第六七条は政府にとって大切な条項であった。「憲法上ノ大権ニ基ツケル既定ノ歳出（中略）ハ政府ノ同意ナクシテ帝国議会之ヲ廃除シ又ハ削減スルコトヲ得ス」というのが、その条文である。

「憲法上ノ大権ニ基ツケル既定ノ歳出」とは、現在の行政費と軍事費である。この条文がある限り、議会は予算審議で行政費の削減を行えない。農村地主の支持を得て地租の軽減をめざす衆議院の多数党は、ムダを省いて減税財源を捻出することができないのである。

もう一つの政府側の武器となった第三九条とは、次のような条文である。


「両議院ノ一ニ於テ否決シタル法律案ハ同会期中ニ於テ再ヒ提出スルコトヲ得ス」

ここに言う「両議院ノ一」つは、先にも記した貴族院であり、その構成員は旧大名と明治維新の元勲と天下り官僚である。そして「法律案」には地租軽減法案も含まれる。言い換えれば、農村地主が要求する地租の軽減は、衆議院を通過しても貴族院が否決すれば、実現しないのである。

しかし、物事にはたいてい両面がある。もし政府の側が行政費や軍事費や公共事業費を増加したいと思っても、六七条は「既定ノ歳出」しか守ってくれない。また、政府の側がその主要な財源であった地租の増徴を必要とした場合には、三九条は政府を助けてくれない。地租の軽減の場合と正反対に、貴族院は地租の増徴に賛成するであろうが、今度は「両議院ノ一」つを構成する衆議院が増税案を否決するであろう。政府と衆議院とが正面衝突している限り、歳出と歳入はともに減らないかわりに、ともに増えないのである。

一八九〇（明治二三）年に発足した日本の立憲制は、一九〇〇（明治三三）年に維新の元勲伊藤博文と、板垣退助率いる自由党（憲政党）とが大連合を組んで立憲政友会を結成するまでの一〇年間、この憲法体制の着地点を探って模索を続けた。いわば作文にすぎなかった憲法条項を、「運用」の観点から、政府と衆議院の双方が試行錯誤を繰り返したのである。

†議会の抵抗と妥協

ひと昔前までは、この一〇年間は、自由党の堕落の歴史として描かれてきた。その際に必ず引用されてきたのは、明治社会主義を代表する幸徳秋水が、自由民権運動と立憲政友会とを対比した、「当時誰か思わん、(中略)彼らの熱涙鮮血が他日その仇敵たる専制主義者の唯一の装飾に供せられんとは」、という一文である(『幸徳秋水全集』第二巻、四二四頁)。

しかし、一八九四(明治二七)年に日清戦争が勃発するまでの四年間、「政費節減・民力休養」を掲げる自由党や改進党は、衆議院で相当頑張った。第一議会でこそ、日本で最初の議会での予算案否決・衆議院解散を避けて妥協した自由党も(「土佐派の裏切り」)、第二議会では政府の予算案を削減して、衆議院の解散を受けて立った。

解散後の総選挙(一八九二年二月)に際して、政府側は内務大臣品川弥二郎の指揮の下で、全国の警察官と保守派の壮士を動員して選挙干渉を断行したが、自由党も改進党も善戦した。両党を合わせても過半数には及ばなかったが、独立倶楽部や無所属の間には「民党」支持者もおり、「民党」全体としては過半数は何とか維持できたのである。

政府と衆議院の対立は、妥協をめざす自由党指導部の意に反して一八九三年度予算案を審議する第四議会で頂点に達した。この正面衝突の背後には、先に紹介した六七条の二面性があった。

たしかに六七条は、先に記したように、「政府ノ同意」しない歳出削減を議会に禁じていた。しかし、衆議院が勝手にそれを削減してしまった場合に、予算案の原案を執行できるとまでは書いてはなかった。その場合に政府にできることは衆議院の憲法違反を理由に同院を解散することだけであった。解散後の総選挙でどういう結果が出るかは、前年（一八九二年）の総選挙で明らかだった。衆議院の六七条費目（現行の行政費と軍事費）の削減が憲法違反なことは明らかだったが、憲法にはその場合に政府に何ができるかは記されていなかったのである。

このため、政府内の保守派は衆議院の違憲性にこだわり、自由党や改進党内の原則主義者は六七条費目の削減の是非は解散・総選挙で民意を問えばいいという立場に固執したのである。

†自由党の方向転換

しかし、議会開設から三度目の予算審議に臨む頃には、最大多数党の自由党の指導者の中にも、出口の見えない政府との正面衝突の繰り返しからの脱却をめざす者も出てきていた。選挙干渉の責任をとって第一次松方正義内閣が退陣し、藩閥政府内部ではハト派として知られていた伊藤博文がその後を担おうとしていた時、自由党内の現実主義派は、次のような政務調査会の方針を発表している。

「我が党は消極の改革を以て自ら足れりと為す者にあらず。兼て積極の事業を経営するを以て自ら任ずる者なり。我が党は自ら進んで我が国農工商業の為にその改良発達を謀り、以て民力を養成し、したがって国力を富実にするの政略を断行せんと欲する者なり。」（『（自由党）党報』一八九二年七月二五日号、三頁）

この主張には、第3章の「建設の時代」で検討した大久保利通の「富国」路線を想起させるものがある。

ただ、ここで唱えられているのは、自由党の一大方向転換である。「消極の改革」と「積極の事業」とを両立させようとすれば、省いたムダは減税には向かわないからである。自由党の支持者たる農村地主が、一朝にしてこの方向転換を受け容れるとは思えない。

しかも、真意はともかく文言上では、「消極の改革」すなわち行政整理の要求は生きている。当時の自由党の二大スローガンであった「政費節減・民力休養」のうち、前者の「政費節減」の旗は降ろされていないのである。そして、この「政費節減」すなわち行政費のムダの削減を法的に禁じたのが憲法第六七条であり、政府は一八九一（明治二四）年度予算でも九二年度予算でも、六七条費目の削減に「不同意」を表明しつづけてきた。自由党内の方向転換の動きを歓迎していた伊藤博文首相としても、それまでの政府の面子を失わせてまで、衆議院に譲歩するわけにはゆかなかったのである。

自由党内で方向転換をめざしていた星亨《とおる》らの現実主義的指導部にとっても、事情は同じであった。「地租軽減」すなわち「民力休養」はあきらめて公共事業の拡充を意味する「民力養成」に切り換えることには有権者（農村地主）の理解を得られるかもしれない。議会開設時には「松方デフレ」は終わって、米価は回復傾向にあり、地主の実質地租負担も軽減に向かっていたからである。しかし、行政のムダを省くと言ってきた「政費節減」のスローガンを一朝にして降ろすことには、党員も有権者もそう簡単に同意してくれないであろう。

†和協の詔勅

政府内のタカ派の面子を立てなければならない伊藤博文と、人気の的であった「政費節減」の公約を降ろすことに支持者の理解を得がたい星亨らの自由党指導部とは、示し合わせたかのように天皇の仲介を嘆願した。

戦前日本の天皇については、専制君主と単なる虚器の二つの像がある。筆者は明治天皇が実権者だったとは思わないが、その権威は象徴天皇をはるかに超えるものであったと考える。この観点からすると、行政府を握る伊藤博文首相と立法府を代表する星亨衆議院議長とが、ともに天皇に上奏した結果出された、一八九三（明治二六）年二月の「和協の詔勅」は、重要な意味を持ってくる。

上奏はまず衆議院議長星亨の側から行われた。その中で星は、第一に議会開設以後の衆議院の「政費節減・民力休養」の立場を天皇に説明し、第二に、憲法第六七条を楯に衆議院の要求にただ「不同意」を繰り返すだけの政府に対して、説明責任を果たさせることを求め、第三に、対抗措置として衆議院が海軍軍拡費を削減したことの合法性を説いている。その上で星は、「立法行政各部」の「和衷協同」のための天皇の介入を求めたのである。

ここで注目しておきたいことは、明治憲法下での議会の地位である。明治憲法が議会に対する政府の地位を高くした、相当に非民主的なものであったことは、すでに記した。しかしそれでも、議会は国家機関の一つだったことも、また事実であった。それゆえに衆議院が内閣弾劾上奏案を可決し、議長の星亨が上奏文を携えて参内した時には、天皇は拝謁を許してそれを受領したのである。『明治天皇紀』（第八巻、一九九頁）は、二月八日の星の拝謁を次のように記している。

「衆議院議長星亨参内し、前日衆議院の決議に係る上奏文を奉呈せんとす。天皇、鳳凰の間において亨に謁を賜い、その上るところの上奏文を領し、熟読致し置くべき旨を告げたまう。」

これに対して翌九日、今度は行政府の長として伊藤博文首相が参内し、衆議院を批判する上奏文を奉呈した。その内容は省略するが、立法府の長と行政府の長の上奏を受けて一八九三年二月一〇日に天皇が下した「和協の詔勅」は、日本における立憲制の定着にとって、重要な意味を持つものであった。それは次のようなものであった。

「憲法第六十七条ニ掲ゲタル費目ハ、既ニ〔憲法の〕正文ノ保障スル所ニ属シ、今ニ於《おい》テ紛議ノ因タルベカラズ。但《ただ》シ朕《ちん》ハ特ニ閣臣ニ命ジ、行政各般ノ整理ハ其ノ必要ニ従ヒ徐《おもむ》ロニ審議熟計シテ遺算ナキヲ期シ、朕ガ裁定ヲ仰ガシム。

国家軍防ノ事ニ至テハ、苟《いやしく》モ一日ヲ緩クスルトキハ、或ハ百年ノ悔ヲ遺サム。朕茲《ここに》内廷ノ費ヲ省キ、六年ノ間毎歳三十万円ヲ下付シ、又文武ノ官僚ニ命ジ、特別ノ情実アル者ヲ除ク外、同年月間〔六年間〕其ノ俸給十分一ヲ納レ、以テ製艦費ノ補足ニ充テシム。

朕ハ閣臣ト議会トニ倚《よ》リ立憲ノ機関トシ、其ノ各々権域ヲ慎ミ和協ノ道ニ由リ、以テ

朕ガ大事ヲ輔翼《ほよく》シ、有終ノ美ヲ成サムコトヲ望ム。」（『明治天皇紀』第八巻、二〇六頁）

†詔勅の意義

この詔勅は三つの点で重要である。

第一に、先に見た都筑馨六の「超然主義」とは異なり、議会を政府と並ぶ「立憲ノ機関」として天皇が認めた点である。一八八九（明治二二）年に発布された憲法と、翌九〇年に開設された議会とは、第四回目の議会を機に、「運用」上の着地点を見つけ出したのである。ちなみに、この詔勅で使われた「有終ノ美ヲ成」すという言葉は、この二三年後の一九一六（大正五）年に、「大正デモクラシー」を代表する吉野作造の「憲政の本義を説いて其有終の美を済すの途を論ず」という論文に引き継がれている。

第二に、この詔勅が憲法第六七条の棚上げ論だった点である。条文上は政府の解釈は正しいが、政策のレベルでは天皇の命で「行政各般ノ整理」は実行させる、と約束しているのである。この次の議会からは、政府も六七条を振りまわして議会の意向を無視するわけには、ゆかなくなったのである。

第三に、憲法上は新たな軍拡費に対する議会の削減権を承認しないわけにはゆかないので、この点では宮廷費と文武官の給料を一〇パーセント削減するから、議会の方もその権限だけにこだわらないでくれ、と訴えている点である。先の第二点と合わせると、行政費の節減では政府に名を守って実を譲ることを勧め、海軍軍拡費に関しては議会の方に同じことを求めていることになる。

これを要するに、議会開設後の四回目を迎えて（第三議会は議会解散による特別議会のため通常予算の審議は三回目）、政府も議会もようやく明治憲法の条文と実際の議会運営との矛盾を克服する途を見つけ出したのである。明治立憲制は「運用」の結果、定着の方向に向かったのである。

†「官民調和」の二つの途

この「定着」段階での障壁は二つあったが、克服不能なものではなかった。

第一は、詔勅の言う「和協」、すなわち行政府と立法府の「和協」を、政治的にどう実現するかの問題である。論理的には、両者の提携による「大連立」か、両者を縦に二分する二大政党制以外の選択肢はなかった。

前者の「大連立」方式を採れば、戦後のわれわれが長く経験してきた、官僚と与党との恒常的提携、すなわち「五五年体制」とか「自民党の一党優位制」のようなものになる。逆に後者の途を採れば、伊藤博文系官僚と自由党（憲政党）が結んだ一九〇〇（明治三三）

年の立憲政友会と、保守系の山県有朋系の官僚と（名称はたびたび変わるが）改進党の後身とが結んだ立憲同志会との間の二大政党制になる。

面倒なのは、保守系の山県系から出た桂太郎が結成した立憲同志会（一九一三年）が、伊藤博文や西園寺公望の後を継いだ原敬の立憲政友会にくらべて、より自由主義的だったことである。軍部と官僚閥の牛耳をとってきた山県閥が、より自由主義的だった伊藤、西園寺、原の率いる政友会よりも、自由主義的な政党（立憲同志会→憲政会→立憲民政党）を結成してしまったのである。

このため今日においても、「大正デモクラシー」という言葉を聴いて、立憲政友会の「平民宰相」原敬を想起するか、それにとって代わってロンドン海軍軍縮を実現した、立憲民政党の浜口雄幸《おさち》を思い出すかは、人それぞれという状況が続いている。この千差万別の歴史認識は二一世紀の日本をリードする政界や言論界においても、継承されている。

今日の政治家、あるいはそれを批評する言論人の間で、自分が原敬の政友会を尊敬するのか、その反対党であった浜口雄幸の民政党を継承するのかが、全く自覚されていないのである。戦前の政友会に相当する自民党の政権を倒した民主党の指導者が、尊敬する人物として政友会の原敬の名前を挙げているのは、その一例である。

このような歴史認識の混乱は、本章で検討した「運用の時代」にくらべて、それに続く長い「再編の時代」の全体像が、歴史家によってよく整理されてこなかったことにも原因している。第5章では、この問題に著者なりの挑戦をしてみたい。

第５章

再編 1894－1924

日露戦争。1904年、旅順港のロシア軍を砲撃する日本軍（写真提供：共同通信社）

†「再編の時代」の二つの課題

「運用の時代」が官僚と農村地主の時代だった以上、「再編の時代」の課題は明白であった。政権のレベルでは官僚内閣を倒して政党内閣を樹立すること、今日の言葉でいえば「政治主導」の確立である。他方、政治を底辺で支える有権者のレベルで言えば、農村地主の特権を廃して、都市商工業者や労働者、さらには農村の小作農にも選挙権を与えること、これが「再編の時代」のもうひとつの課題であった。一言で言えば、政党内閣慣行と普通選挙制の樹立が「再編の時代」の二大課題だったのである。

言うまでもなく、政党内閣制と普通選挙制は、日本近代史上では「大正デモクラシー」と呼ばれる一九一二―二五年の二大課題であったから、「再編の時代」とは「大正デモクラシー期」のことであると言うこともできる。しかし、政党内閣制を二大政党制と言いかえれば、それが実現したのは大正の最末年（一九二五年）のことであり、普通選挙制の実現と同じ年のことである。

「大正デモクラシー」という表現には、大正時代にデモクラシーが存在していたような語感があるが、それはあくまでも「運動」のレベルのことであり、慣行や制度として二大政党制と普通選挙制が実現したのは、むしろ昭和に入ってからのことであった。本章でこの時代を「再編の時代」と呼ぶのは、このことを明らかにするためである。

「再編の時代」の課題を単なる政党内閣の成立に求めずに、「二大政党制」の慣行化（「制度」の「慣行化」とは奇妙な表現であるが、その意味は行論の中で明らかにしていく）に求めるのには、日本独得の理由がある。ごく最近まで（二〇〇九年九月まで）戦後日本を支配してきた自由民主党と官僚との癒着体制と酷似した政治体制が、官僚と農村地主の二大勢力によって作り上げられていったのである。

この二大勢力の間での協調体制が揺るがないかぎり、野党には政権担当の機会はなく、また民主化運動の側にも普通選挙制の立法化の目途《もくと》は立たなかったのである。

†「再編」を阻む「官民調和」

戦前日本の官僚と農村地主の結合の中心になったのは、一九〇〇（明治三三）年に藩閥政治家の伊藤博文を総裁に戴いて、かつての自由民権家たちが結成した立憲政友会であった。そして、自由党（憲政党）を率いてこの立憲政友会を結成させた中心的指導者が星亨であり、星が創った政友会を安定的な大政党に築き上げたのが、今日もなお「大正デモクラシー」を代表する政党人と誤解されつづけている、平民宰相原敬である。以下において漸次に明らかにしていくように、原敬は一九二一（大正一〇）年に非業の死を遂げるまで、二大政党制と普通選挙制に反対しつづけて「再編の時代」を阻みつづけた、保守的な政党人だったのである。

筆者はやや結論を急ぎすぎた。次節においては、原敬の政界支配の基を作った、かつての自由民権家で、自由党の中心指導者だった星亨を中心に、一九〇〇年の立憲政友会の結成までの経緯を検討していきたい。

1 積極主義と立憲政友会の結党

†政官癒着体制のはじまり

戦前戦後を通じて長く日本政治を支配してきた保守政党と官僚との癒着体制が成立したのは、一八九四―九五（明治二七―二八）年の日清戦争の終了以後のことであった。一八九〇（明治二三）年の議会開設以後数年間にわたって藩閥政府と対立しつづけてきた自由党が、その方向転換を明確に打ち出したのである。

日清戦争終了の翌年（一八九六年）三月、自由党総理の板垣退助は同党の懇親会で次のような演説を行った。

「東洋の大勢上より我国の形勢を鑑みれば、軍備拡張は万已《や》むを得ざるなり。したがって国庫の支出を要する事も、また万已むを得ざるなり。果して然らば、為めに国庫の収入を計るも、また万已むを得ざるなり。ここに於《おい》てか、増税新税もまたこれ万々已むを得ざる次第なり。されば民力休養も前日に於けるが如き消極的の休養策を去りて、積極的の暢養《ちょうよう》策を採りて諸般の実業を盛ならしめ、したがって善く富み善く散ずる国民と為らしめざるべからざる〔なり〕。」(『(自由党)党報』一八九六年四月一一日号、一頁)

すでに前章で見たように、自由党の指導部は日清戦争以前から、藩閥政府と衆議院の出口のない正面衝突を終わりにしたいと思っていた。

†日清戦争へ——東学党の乱

しかし、一〇年近く唱えつづけてきた、行政費を減らして地租を軽減せよという基本政策を捨てて、減税はいいから地方に鉄道を普及させよ、という「積極政策」に転換するには、よほど大きな状況の変化が必要であった。日清戦争の勃発によるナショナリズムの高揚と、戦勝による清国からの賠償金(約三億三〇〇〇万円。戦争前の年間国家歳出は約八〇〇

年表Ⅵ

年代		総理	出来事
1894	明治27	伊藤	東学党の乱。日清戦争
1895	28		下関講和会議。下関条約調印。露独仏、三国干渉。台湾平定
1896	29	松方	立憲改進党、立憲革新党などと合同して進歩党結成（大隈重信）。戦後の第1次増税
1897	30		金本位制の確立。労働組合期成会結成
1898	31	伊藤	自由・進歩両党提携、地租増徴案を否決。自由・進歩両党合同、憲政党を結成、第1
		大隈	次大隈（隈板）内閣成立。憲政党（旧自由党）・憲政本党（旧進歩党）に分裂。地租
		山県	条例改正（地価の3.3%に増加）
1899	32		文官任用令改正。横山源之助『日本之下層社会』刊。改正条約実施（法権回復）
1900	33	伊藤	治安警察法。選挙法改正（直接国税10円以上）。軍部大臣現役武官制。北清事変（義和団事件により出兵）。立憲政友会結成（総裁伊藤博文）
1901	34	桂	八幡製鉄所操業開始。愛国婦人会創立。社会民主党結成、即日禁止。星亨、刺殺される。田中正造、足尾鉱毒事件で天皇に直訴

〇万円）の獲得とが、「民力休養」から「積極政策」への自由党の方向転換を可能にさせたのである。

第4章で見たように、一八八二（明治一五）年の壬午事変と翌々八四（明治一七）年の甲申事変とにより、朝鮮半島の支配権をめぐる日清両国の正面衝突は時間の問題となっていた。一八八五年四月の日清間の「天津条約」によって、両国は朝鮮半島から共に撤兵し、何らかの事情で出兵する時は「互いに行文知照」することを約したが、この一時的休戦の下でも、両国は陸海軍の拡張につとめてきた。

開戦のきっかけは、東学党の乱と呼ばれる朝鮮における農民反乱が与えた。この反乱を自力で鎮圧しきれなかった朝鮮政府は清国に出兵を要請し、それに応じた清国政府が天津条約に従って、その出兵を日本政府に正式に通達してきたのである（一八九四年六月六日）。

東学党の乱の情報は日本政府も入手しており、清国政府の正式な出兵通達の四日前に、時の第二次伊藤内閣は対抗的な出兵を閣議決定し、通達が日本政府に届いた時には、すでに広島の第五師団に七〇〇〇人を超える混成旅団（旅団単位で歩兵に砲兵などを加えたもの）の出動が命じられていた。

日本側の敏速な対応にもかかわらず、この混成旅団の先遣隊が漢城についたころには、東学党の乱は清国兵によって、すでに鎮圧されていた。日本は出兵の名義を失いかけていたのである。

†陸奥宗光の対清開戦論

このような時に、「名義」の有無にかかわらず、清国との一戦に突入することを強く主張したのは、外相陸奥宗光であった。彼は六月二七日付の伊藤博文首相宛の書簡の中で、次のように論じている。

「別紙両電信を看《み》るに、支那兵隊が朝鮮に在る者の驕傲《きょうごう》なるに比しては、清国政府は頗る増兵を避くるが如し。故にもし破裂免るべからずとせば、此の機失うべからず。古より万全なる名義を得んとして却《かえっ》て敵兵の乗ずる所となりたる例不少。いわんや今日我が朝鮮に対する勢力は未《いま》だ支那の積威に及ばざる観あるにおいてをや。此の際いかようなる名を以てなり清兵と一衝突を起し、兎も角も一勝を獲たる上、更に剛柔宜しきを得べき外交上の懸引も可有之《これあるべく》、（中略）到底不可避《さくべからざる》衝突なれば、我が勝利あるべき日に衝突するに如《し》かず。（中略）明日電話にても御一報奉願候。」（『伊藤博文伝』下巻、六三―六四頁）

このような陸奥外相の対清開戦論は、すでに六月一五日の閣議の時から明確になっていた。この日の閣議で陸奥は、清国政府と共同して朝鮮政府の改革を行うという日本側の提案は、対清開戦までの時間稼ぎであることを明らかにして、次のように述べている。

「清国政府との商議の成否にかかわらず、その結果如何を見るまでは目下韓国に派遣しある我が軍隊は、決して撤回すべからず。又もし清国政府において我が提案に賛同せざ

る時は、帝国政府は独力を以《もっ》て朝鮮政府をして前述の改革を為さしむるの任に当るべし。」（同前書、五八頁）

閣議決定vs.天皇の意思

遮二無二対清開戦に持ちこもうとする陸奥の方針に、明治天皇とその側近は強い懸念を示したが、陸奥は天皇の意向を抑え込んだ。その経緯は伊藤首相宛の次の陸奥書簡に明らかである。

「ただ今徳大寺《とくだいじ》〔実則《さねつね》〕侍従長、御使の旨を奉じ来訪、過刻御上奏あいなり候閣議につき、縷々《るる》御下問を蒙り候につき、過日来閣議経過の次第逐一《ちくいち》御答え申上げ候。聖上には将来の成行につき、御懸念あそばされ候やに相窺《あいうかが》われ、特に閣議末段、日清の談判落着するまで朝鮮滞陣の軍隊撤回せざる事、および清国政府において賛同せざる時は帝国政府においては独力を以てその目的を達する事を勉むる事と云う箇条につき、御懸念あそばされ候やに察せられ候。故に宗光は日清韓三国の関係、かつ三国将来の安危に関し縷々意見申上げ、かつ、この末段の二項は閣議の主眼にして、これを除けば全体の基礎相立申さずとの理由も申述べ置候。（中略）万一、聖慮《せいりょ》、閣議の次第と相異り候ように

伊藤博文

ては、実にゆゆしき大事に相成り可申につき、この段申上げ置候。相成るべくば明朝にても閣下御参内《さんだい》、親く御上奏なしくだされ候儀、相叶まじくや、一応尊意相伺い候。」（同前書、五九―六〇頁）

この陸奥書簡は、明治政治外交史の複雑さを示して余りある。第一に、大日本帝国憲法は、「聖慮」と「閣議」が「相異」なる事態を想定していなかった。その第五五条には、「国務各大臣ハ天皇ヲ輔弼《ほひつ》シ其ノ責ニ任ス」とあり、伊藤博文名で刊行された『憲法義解』には、「もしそれ国の内外の大事に至りては、政府の全局に関係し、各部の専任する所にあらず。しかして謀猷措《ぼういうそ》画《かく》〔協議して実行に移すこと〕必ず各大臣の協同により、互相推諉《たがいにすいい》〔責任を回避〕することを得ず。この時に当りて各大臣を挙げて全体責任の位置を取らざるべからざるは、固《もと》よりその本分なり」（岩波文庫版、八八頁）とある。

対清開戦はもとより「国の内外の大事」であるから、外相、陸相、海相などの個別責任ではなく、「各大臣を挙げて全体責任の位置を取」らなければならない。それが「閣議」

であることは自明である。もし、その閣議決定が天皇の意思と相反した場合には、この憲法第五五条は死文化してしまうのである。

第二に、一般に各大臣の天皇への単独責任を定めたものと思われがちな第五五条にもかかわらず、天皇が直接に外相を参内させて事情を聴くという慣行にはなっていなかった点である。陸奥外相に天皇の懸念を伝え、外相の釈明を求めているのは、侍従長の徳大寺実則であって天皇自身ではないのである。外相は間接的にしか天皇の説得はできず、陸奥の意向を汲んで天皇に直接上奏できたのは、伊藤博文首相だけだったのである。先の「国の内外の大事」に関わる場合の「全体責任」にしろこの外相の間接上奏にしろ、明治憲法第五五条の単独責任制はきわめて限定されたものだったのである（ただし第一一条の有名な「統帥権の独立」はこの限りではない。この点は第6章で改めて検討する）。

結局伊藤が直接に天皇を説得して、八月一日に清国に対する宣戦布告が天皇の名でなされた。

†日清戦争の終結――下関条約と三国干渉

戦局の帰趨は開戦後一ヵ月半で決した。日本陸軍は九月一五日の総攻撃で平壌を陥落させ、翌々一七日には日本海軍は、定遠、鎮遠の二大戦艦を擁する清国の北洋艦隊を激戦ののちに敗走させたのである。海軍の戦勝に勢いづいた陸軍は、遼東半島に向けて進軍を続け、開戦後四ヵ月の一八九四（明治二七）年末には、旅順、大連をはじめとする同半島の大半を占領した。

一八九五年二月の威海衛での清国北洋艦隊の降伏により日清戦争は事実上の決着を迎え、三月二〇日には清国政府の全権李鴻章が下関に着き、講和会議が始まった。

当事者意識を離れてこの会議での李鴻章の主張を読めば、それは理にかなったものであった。すなわち、日本の戦争目的が朝鮮の独立にあった以上、この講和条約で日本は同国の独立を確約すべきこと、「朝鮮の独立」を目的とした戦争の講和条約で日本が清国領土の遼東半島の割譲を要求するのは筋違いであること、日本が戦時中に占領もしていない台湾の割譲を清国に求めるのは、さらに筋違いであること、独立国間の戦争での賠償金は、日本がこの戦争で実際に使った約一億五〇〇〇万円に限るべきで、三億円の要求には根拠がないことなどを、李鴻章は主張したのである。

この四点の主張のうち第二点の遼東半島割譲要求の不当の訴えは、日本政府の頭越しに、同島の利権獲得をめざしていたロシア政府に訴えたもので、同国がドイツとフランスを誘って同半島の清国への返還を迫ったことは、「三国干渉」として有名である（四月二三日）。

この三国干渉が一〇年後の日露戦争の原因となったことは周知のことであるが、国内政治に大きな影響を与えたのは、遼東半島の返還金三〇〇〇万円を加えた、約三億三〇〇〇万円の清国賠償金の方であった。戦争前には年間の国家歳出が約八〇〇〇万円であった日本にとっては、その四倍以上の臨時収入であった。幕末以来日本がめざしてきた「富国強兵」に初めて財源ができたのである。先に引用した自由党総理板垣退助の演説は、この財源によって地租軽減要求（「民力休養」）から鉄道の敷設、港湾の修築、高等教育機関の設立などの地方向けの公共事業の拡充（「積極主義」）への方針転換を計ろうとしたものである。

先に第4章で見たように、自由党の最大支持基盤は農村地主であり、彼らが負担する地租は金納固定税であった。米価をはじめとする農産物価格が騰貴すれば、地主の税負担は減少するシステムであった。このシステムの下で日清戦争中から戦後にかけて物価が騰貴し、米価も高騰を続けた結果、一八九八年には戦前の二倍以上になっていた。税負担が半減した農村地主は、戦争前のように地租の軽減を求めてはいなかったのである。

主要な納税者がもはや減税を求めておらず、清国からは戦前の年間歳出の四倍の賠償金が入ったのである。板垣をはじめとする自由党指導者が、「富国」と「強兵」の同時実現を期待したのも、無理な話ではなかった。

軍拡と増税

しかし、自由党の指導者たちは、戦勝国の軍部の軍拡欲を見誤っていた。第二次伊藤内閣が陸海軍の要求に押され作成した八―一〇年間の臨時部予算は二億八〇〇〇万で、その財源はすべて清国からの賠償金によるというものであった。

他方、自由党の期待した「積極政策」（主として鉄道拡充費）の財源には賠償金は当てられず、七年間で四〇〇〇万円の事業公債を充当するというものであった。

二億八〇〇〇万円の軍事費と四〇〇〇万円の公共事業費（一〇年計画）の数字だけでも、「強兵」が主で「富国」が従だったことは明らかであるが、事はそれでは収まらなかった。臨時費で二億八〇〇〇万円の軍拡を行えば、それに伴って経常費も当然増加する（臨時費で消耗品や俸給を支払うわけにはゆかない）。松方正義蔵相とその後継者の渡辺国武《くにたけ》の試算によれば、陸海軍の経常費は平均で年間約二〇〇〇万円の増加である。

臨時費と違って経常費の増加は、公債によるわけにはゆかない。しかも直接国税のうち所得税総額は、日清戦争後においても二〇〇万円前後であったから、それを倍増したところで増収は二〇〇万円にすぎない。好むと好まざるとにかかわりなく、陸海軍の経常費の増加は、総額で四〇〇〇万円近い地租の増徴で賄うしかなかったのである。

仮に地租率を現行の二・五パーセントから四パーセントに引き上げられれば、増税率は六〇パーセントとなり、四〇〇〇万円弱の地租は六〇〇〇万円以上になる。二〇〇〇万円以上の増収であり、陸海軍の経常費増は十分に賄える。

しかし、いつの時代でもそうであるが、増税というものは大蔵（財務）省の机上の計算どおりにはゆかない。たしかに戦中戦後の米価高の下で、農村地主はもはや地租の軽減は求めていなかった。地租の減税よりも、鉄道の普及などの地方公共事業の充実の方を望んでいたのである。しかし、地租の増徴となれば話は別である。増税と鉄道普及のセットは、農村地主にとっては寄附金を集めて鉄道を敷くのと大差ないからである。

しかも日清戦争前後から、衆議院そのものが自由党の独占物ではなくなっていた。日清戦争以前には三〇〇議席中の五〇議席弱を占める少数政党にすぎなかった大隈重信の立憲改進党が、戦後の一八九六（明治二九）年三月には、他の諸政党を吸収して、三〇〇議席中の一〇〇議席を占める一大政党（進歩党）になったのである。ちなみに、その時の自由党の議席数は一〇九であり、両党の衆議院での勢力はほとんど拮抗するにいたったのである。

鉄道は欲しいけれど増税には応じたくない農村地主たちの支持政党は分裂した。鉄道誘致に傾く者は自由党を、増税反対にこだわる者は進歩党を、支持したのである。

†増税を強行できない憲法体制

日清戦争前ならば、このような衆議院の分裂状態は、「超然主義」（第4章参照）を掲げる藩閥政府の政党操縦に有利であったろう。しかし、日清戦争後の藩閥政府の課題は、衆議院の減税要求を拒むことではなく、自ら衆議院に増税法案を提出することであった。すでに前章で指摘したように、この場合には、憲法第三七条によって、衆議院が同法案を否決すれば、増税は実現しない。明治憲法の専制的性格はよく知られているが、政府の増税案を葬り去る程度の権限は、衆議院に与えられていたのである。

藩閥政府にとっては幸いなことに、進歩党と違って自由党の指導者は、増税を受け容れても「積極政策」を実現したいと考えていた。それは本節の冒頭に引用した党首板垣退助の演説によって明らかである。それゆえに、もし総選挙がなければ、第二次伊藤内閣は、自由党に御用政党の国民協会や無所属議員を加えた与党連合で、地租増徴案の衆院通過を実現できたかもしれない。

しかし、衆議院議員の任期は今日と同じく四年であり、直近の総選挙は日清戦争中の一八九四（明治二七）年の九月であった。解散の有無にかかわらず、一八九八（明治三一）年中には総選挙が挙行されるのである。

このような状況の下で第二次松方正義内閣は、一八九七年一二月二四日に、地租増徴案の見通しが立たないまま議会を召集し、召集の翌日に衆議院を解散し、解散と同日（一二月二五日）に総辞職してしまったのである。藩閥政府にとっての地租増徴問題の困難さが露呈しつくされた二日間だったと言えよう。

ただ一つの活路は、解散後の総選挙で後継首相の伊藤博文と近い関係にあった板垣退助の自由党が、圧勝することにあった。そうすれば自由党と伊藤内閣の関係は、二年半後の一九〇〇年九月に成立する立憲政友会に似たものになる。板垣自身は公然とこの方向を打ち出していた。選挙運動期間の一八九八年二月末に東京で行った演説で、彼は次のように述べている。

「今ここに政治家として誰を選んであるかと云えば、先ず伊藤侯〔爵〕を援《たす》けてやるより外に、いたしかたないと思うのであります（ヒヤヒヤ）。何となれば同氏は先ず第一に、陛下の御信用厚くいたしまして、また官吏社会において信用があるのであります。（中略）近来、同氏と私は政治の意見が合いまして、互いに立憲政体を完備すると云う事においては、私と伊藤氏は今日同一の意見であるのである。（中略）彼伊藤氏はただ今の如く行政の勢力を得て居る者で、私は大政党を率いて居る。然らばこの二大勢力を以て、ここ三、四年、強固なる政府を維持して、この国を救わなければならんと思うのであります。」（『（自由党）党報』一八九八年三月一日号、三六―三七頁）

しかし、自由党はこの選挙で、辛勝できたにすぎなかった。自由党九八、進歩党九一（総議席三〇〇）というのが、選挙結果だったのである。

†地主議会の固定化

与党的立場を鮮明に打ち出したのに自由党が総議席の三分の一も獲れなかった原因は、有権者が依然として五〇万弱の農村地主に限られていたことにあった。議会開設の八年も後にもかかわらず、有権者資格（直接国税一五円以上の納入者）も、有権者数も、第一回の総選挙の時と変わりなかったのである。言うまでもなく衆院解散の原因は地租の増徴にあり、地租を納める者は主に農村地主であったから、その増徴を容認しようとしていた自由党が大勝できるはずはなかったのである。軍事や経済や社会が日清戦争を境に大きな変容を見せていたのに比して、「政治社会」だけは、頑なまでに硬直していたのである。

日清戦争後に陸海軍備の飛躍的拡大が進められたことは、すでに記したとおりである。経済面でも、軽工業の代表格であった綿糸業が、輸入依存から国産化を経て、戦後には中国市場への輸出を始めていた。また、明治日本の最大の輸出産業であった生糸も、その機械化に成功して輸出量を倍増していた。最大のインフラ産業であった鉄道も、商工業者や大地主の投資を得て、急速に発展していた。

軍事産業や紡績、製糸業の急激な発展は、労働問題を台頭させた。新聞記者や農商務省は、伝統的産業や近代的工業における労働者たちの悲惨な労働条件の調査を公表しだした（横山源之助『日本之下層社会』一八九九年刊、農商務省編『職工事情』一九〇一年調査）。しかるに政治社会だけは不変で、人口約四〇〇〇万のうち、わずか約五〇万の農村地主が参政権を独占していたのである。

一八九〇（明治二三）年の議会開設時から全く変わらないこの政治社会の停滞を見ていると、初期議会の「民党」の地租軽減論が日清戦争後には地租増徴反対論になり、さらには増徴を容認する「積極主義」への転換が謀られた、などということは、実はコップの中の争いにすぎなかったように思われてくる。同様に、「超然主義」を信条とする藩閥官僚と衆議院議員の選出権を独占する農村地主やその代表たる自由党や進歩党との対立や妥協の繰り返しも、所詮コップの中での変化にすぎなかったような気がしてくる。

政党というものはその支持母体の内容によって、その性格を変化させる。そうだとすれば、自由党や進歩党が、わずか五〇万人の農村地主だけを基盤として藩閥官僚と対立しようとも協調しようとも、「再編の時代」とは基本的には無関係だったことになる。

このような観点からすれば、一八九八（明治三一）年に、自由党と進歩党が日清戦争前の「民党」に立ち返って手を結び、日本で最初の政党内閣（第一次大隈内閣もしくは隈板内閣）を組織しようと、二年後の一九〇〇年に、旧自由党の憲政党が再転して「積極主義」と伊藤博文系官僚との協調に立ち戻り、伊藤を総裁とする立憲政友会を創立しようと、日本の政治は「運用の時代」にとどまっていたことになる。「運用」から「再編」への鍵を握っていたのが、選挙権の拡張、その完成としての普通選挙制の実現だったことには、もはや多言を要さないであろう。

†大連立から官民調和へ

しかし、コップの中の争いも、当事者たちにとっては、大問題であった。拡張された陸海軍の経常費を唯一の租税負担者である自分たちが背負う義理はない、と考える農村地主が多数いたからこそ、一八九八（明治三一）年三月の総選挙で板垣の自由党が実質上の敗北を喫したのである。

いつの時代でもそうであるが、一つの政党の路線が全党員によって支持されていることは、むしろ稀である。党首板垣退助の露骨なまでの藩閥接近の効果が総選挙での勝利に結びつかなかった時、自由党内では増税反対派の勢力が増大してきた。日清戦争前の「民党」時代への回帰である。自由党と進歩党は第三次伊藤内閣が提出した地租を六〇パーセント増徴するという法案を二四七対二七という圧倒的な票差で否決した。衆院の総議席数が三〇〇だったことを考えれば、この二四七の反対票の重さが理解できよう。

日清戦争後の伊藤内閣も松方正義内閣も、陸海軍の拡張を認め、その経常費の増加は地租の増徴で賄う方針でやってきた。しかし、一八九八年六月の衆院本会議での地租増徴案の否決で、藩閥政府は窮地に立たされた。明治憲法の下では、この増税法案を成立させる途がないことが判明したのである。

一八九八年一二月末に、増税率三二・二パーセント、増税期間五年という妥協案が第二次山県有朋内閣の下で成立するまでの藩閥勢力の対応策は、かなり手の込んだものであった。

第一に、大差で地租増徴案を否決された伊藤内閣は、ただちに衆議院を解散し（六月一〇日）、次いで総辞職した。ここまでは先の松方内閣と同じである。しかし伊藤は辞職する前に自分と同じく維新の元勲で天皇の首班指命の相談役であった元老たちの会議を開き、増税案に反対した両党党首に後継内閣の組織を命じることを提案したのである。進歩党の大隈重信を首相に、自由党の板垣退助を内務大臣に任命して自由に内閣を作らせるという提案である。

陸海軍や官僚に信望の厚い山県有朋はこれに反対したが、政党に内閣を作らせるぐらいなら自分が首相になるとまでは言えなかった。地租増徴に反対した二四七名の議員は自進両党の合同により憲政党を結成しており、彼らが八月の総選挙でさらに議席を増やすことは明らかだったからである。こうして議会開設後八年にして、日本でも、陸海両大臣以外はすべて旧進歩党と旧自由党員で占める政党内閣が成立した。「超然主義」を看板にしてきた藩閥勢力としては、「主義」の上でも権力争いの点でも、面子丸潰れの事態であった。

しかし、日清戦争前後から数年をかけて自由党と良好な関係をつくってきた伊藤博文に、政権を取り戻すシナリオがなかったわけではなかった。今や憲政党に合流している旧自由党が、党を割って地租の増徴に賛成すれば、同党を与党とする第四次伊藤内閣を組織することは、不可能ではなかったのである。

†官民調和の立役者

そのきっかけは、二年余にわたって駐米公使を務めていたかつての自由党の指導者星亨の帰国によって与えられた。すでに第4章で記したように、日清戦争直前までの星は、立憲改進党との「民党」連合に反対し、消極的な地租軽減論に飽きたらず、公共事業の充実による地方の発達を「積極主義」という言葉で主張していた。その星が、自由党と進歩党の連合内閣の成立後に、アメリカから帰国したのである。帰国後の星の行動について時の警視総監は大隈重信首相に、次のように報じている。

「関東派中の旧自由派のみは大いに不平を抱きて窃《ひそ》かに分離なさんとの計略を旋《めぐ》らしあるがために、本部総務委員にも調和方に尽力なすといえども、星の勢力陰然教唆するの形勢あるを以《もっ》て大いに苦心しつゝあり。然るに、過日紅葉館の関東倶楽部会の如き、星は近県の同主義者を呼寄せて列席せしめ、暗に已れの勢力を示さんとの計画にありたるが、遂に目的を達すること能わざるより不満を抱き、近頃に至っては同志者を集め、〈憲政党〉大会の当日種々難問を提出し、大いに当日の議場を蹂躙《じゅうりん》なさんとの野心あり。」（早稲田大学図書館所蔵大隈重信関係資料所収「政党偵察報告書」一八九八年九月一九日）

星　亨

憲政党が憲政党（旧自由党）と憲政本党（旧進

歩党）に分裂した直接のきっかけは、辞任した文部大臣の後任をめぐる両派のポスト争いにあったが、その準備はすでに星亨を中心に進められていたのである。

†第二次山県有朋内閣

憲政党は一八九八（明治三一）年一〇月二九日に正式に分裂し、その結果連合内閣たる第一次大隈内閣も翌三〇日に総辞職した。後継内閣は山県有朋を首相として政党員を一人も含まない「超然内閣」として組織されたが、星亨の率いる憲政党（旧自由党）はこの内閣を閣外から支えた。

第二次松方・第三次伊藤内閣の退陣が衆議院での地租増徴案の否決にあった以上、第二次山県内閣の閣外支持を打ち出した星亨の憲政党は、ある程度の地租増徴を受け容れざるをえなかった。その詳細はここでは省略せざるをえないが（拙著『明治憲法体制の確立』二〇六―二三五頁参照）、内閣と憲政党の妥協点は、五年限りの増税にすることと、増税率を伊藤内閣の六〇パーセントから三二パーセントに引き下げることにあった。この妥協により地租増徴法案は両院を通過し、一八九八年一二月末に公布された。

問題はこの妥協によって憲政党が何を獲得したのかにある。同党の指導者星亨は翌一八九九年三月の記名論文で、次のように論じている。

「第一、志の大なるを要す。（中略）功名に急なるべからず、躁急軽進以て大事を過《あやま》るべからず。要は全《まった》きを以て勝を制すに在り。

第二、門戸の開放はその広きを厭わず。大いに人材を招き群雄を容るるを要す。苟《いやしく》も自ら新にして来るにおいては、元老といえどもまた何ぞこれ排するを須《もち》いん。

第三、党紀を振粛するを要す。既に党という、首尾相応ずる常山の蛇勢の如くならざるべからず。節制あり、紀律あり、法の以て一貫するものあらば、多々益々弁ずべし。

第四、地方の地盤を鞏固《きょうこ》にするを要す。政党のよって立つ所は地方に在り。政治上の勝敗は地方の勝敗に因す。裸体的に言えば、政治上の変革は、大磯、早稲田、帝国ホテルの会議より来るものを近因にして、地方の勝敗は実にその遠因なりと謂わざるべからず。地方のこと最も重し。」（憲政党機関紙『人民』一八九九年三月一九日号）

後世の眼からは抽象的に見える文章も、同時代人には具体的な意味を持っていた。

第一点は、増税を支持しながら何の見返りもない山県内閣支持策への理解を求めたものであり、第二点は、真の見返りとして、元老伊藤博文が憲政党総裁となる話が進んでいることを明らかにしたものである。第三点は、増税反対論と公共事業拡充論との間を揺れつづけてきた旧自由党員に、今後は党指導部の統率に従ってもらいますよという宣言であり、第四点は、公共事業の拡充による地方地盤の確立を説いたものである。

政権構想としては元老伊藤博文を総裁として翌一九〇〇（明治三三）年に結成される立憲政友会への道を明確に打ち出し、基本路線としては、これ以後三十余年間にわたって政友会の看板政策となる「積極政策」を選択したものである。その意味で星亨のこの記名論文は、画期的な意味を持つものであった。

†積極主義と東北開発

星亨から原敬、さらには高橋是清《これきよ》に引き継がれていく政友会の「積極政策」は、鉄道敷設や港湾の修築などのインフラストラクチャー（社会基盤）の拡充をめざしたものであるが、もう一つの特徴として、それが東北地方の開発をめざすものだったことも、見落とすべきではない。一八九九（明治三二）年四月の仙台での東北六県の憲政党支部協議会の席上、星は次のように演説している。

「東北は西南に比して農事整理上の優劣いかんと云えば、これも後れて居る。経済は如何、工業も商業も矢張りその通りで、金融機関も劣て居る。（中略）東北の交通機関を以て関西に比すれば発達して居らないから、これを発達せしめねばならぬ。教育に於《お》いても、普通教育にせよ高等教育にせよ皆遅れて居る。（中略）これを関西の如く高くせんとすれば積極主義を取り、新に設けるより外はない。」（『人民』一八九九年四月一一日号）

東北の西南に比しての近代化の遅れは、一八六八年の戊辰戦争における東北二八藩の敗北の原因であり、またその結果であった。幕末期における「富国強兵」の遅れが会津の薩長に対する敗北の原因だったことは明らかであるが、同時に戊辰戦争の敗北により明治維新以後の近代化の余沢《よたく》から取り残されたことが、東北の後進性の原因となったのである。この特徴は北陸地方にもそのまま当てはまる。

近代化から取り残された地方は、伝統産業の盛んな地方であり、米作はその最大なものであった。そして、すでにたびたび指摘してきたように、議会開設以来衆議院の多数を占めてきたのは、米作地帯の地主の代表であった。彼らが地租の軽減を要求し、地租の増徴に反対してきたのである。具体的に言えば、東北・北陸地方代表は三〇〇議席中の五〇議席を占め、最後まで地租の増徴に反対した者は四四名もいたのである（拙著『明治憲法体制の確立』二一六頁）。そのような東北・北陸地方を、星は「積極主義」に転換させようとしたのである。先に引用した星の演説が行われた東北六県の憲政党の協議会では、東北築港、東北鉄道の完成、東北帝国大学の設立が決議されている。

†立憲政友会の支配体制

本章の冒頭で記したように、筆者の言う「再編の時代」とは、今記したような星亨の世界が普通選挙制と二大政党制によって「再編」されることを指している。しかし、一八九〇（明治二三）年の議会開設以来の一〇年弱の歴史を切り取ってみれば、星亨が実現した「政治改革」は、それ自身が一つの「再編」でもあった。

彼の率いる憲政党は、もはや藩閥指導者の伊藤博文を敵視せず、もはや地租軽減も求めず、地租の増徴にも反対しなくなったのである。代償として星の憲政党が得たものは、政府の与党となって公共事業費の決定権を握り、それによって憲政党の地方地盤を磐石にすることだけであった。星の夢は憲政党の名の下には実現しなかったが、この演説の翌年、一九〇〇（明治三三）年に伊藤博文を総裁とする立憲政友会（以下、政友会と略記）によって、結実したのである。

星は自分が創った政友会の内閣（第四次伊藤内閣）の下で逓信大臣を務めたが、同内閣総辞職直後の一九〇一年六月に非業の死を遂げた。公共事業中心主義の政治には金権腐敗の臭いがつきまとい、さらに星の剛腕が不遜のイメージを作り出したために、剣術師の一士族に刺殺されたのである。

しかし、星の敷いた「積極主義」と「万年与党路線（準与党時代も含む）」とは、原敬によって継承され、一九二一（大正一〇）年一一月に原が暗殺されるまで、政友会の基本路線でありつづけた。本章の表題「再編」の時代とは、この政友会の支配体制に対する挑戦が、次第に成果を挙げていく時代である。

2 日露戦争と政界再編期待

†「総力戦」としての日露戦争

一九〇四―〇五（明治三七―三八）年の日露戦争は、兵力の面でも財力の面でも、真の総力戦であった。兵力の方は、小作農や労働者や都市部の中下層民も負担し、財力の方は農村地主が担った。明治維新後に声高に叫ばれた「四民平等」のうち、実現したのは「兵役の平等」だけだったから、二五万人を超える戦闘員は日本国民の各階層に「平等」に割り振られたのである。

他方、納税者の大部分は農村地主だったから、当面の戦費は、一七億円の内債、外債で

年表Ⅶ

年代		総理	出来事
1902	明治35	桂	日英同盟協約締結
1903	36		西園寺公望、政友会総裁へ。幸徳秋水・堺利彦ら『平民新聞』創刊
1904	37		日露戦争（〜05)。第1次日韓協約
1905	38		ポーツマス条約（日露講和条約)。日比谷焼打ち事件。第2次日韓協約（韓国統監府設置）
1906	39	西園寺	日本社会党結成。鉄道国有法。南満州鉄道株式会社（満鉄）設立
1907	40		戦後恐慌。帝国国防方針。ハーグ密使事件。第3次日韓協約
1908	41	桂	戊申詔書
1909	42		伊藤博文、ハルビンで暗殺
1910	43		立憲国民党組織（犬養毅)。大逆事件。韓国併合、朝鮮総督府設置（寺内正毅総督）
1911	44	西園寺	関税自主権回復。工場法公布。辛亥革命
1912	大正元	桂	中華民国成立。明治天皇逝去。友愛会創立。陸軍二師団増設案否決のため、陸相上原勇作辞職（西園寺内閣瓦解、桂内閣へ)。大正政変（第一次憲政擁護運動、〜13）

支払われたものの、その元金や利子は、主としてこの農村地主の負担によって返還されなければならなかった。本書執筆当時（二〇一一年）の日本国民ならば、将来の増税なしに非営利事業向けの内外債の発行が困難なことは理解できるはずである。日露戦争中に二度にわたって賦課された非常特別税によって、地租は戦前の一・八倍、金額にして三八〇〇万円の増税になっていた。さすがにこの非常特別税では、所得税も営業税も増徴されたが、両者合わせても

増税額は二五〇〇万円強であり、農村地主の負担増が最大だったことは明らかである。

一方では政治的に無権利状態だった小作農や労働者や都市中下層民が徴兵されて戦地に赴き、他方では戦争前はほとんど唯一の租税負担者だった農村地主が、さらに八〇パーセントも増税されたのである。

もし前者が、兵役の平等に見合った政治的平等を戦後に要求すれば、わずか一〇〇万弱(一九〇〇年の選挙法改正により納税資格の引下げで有権者数は倍増したが、その大半は依然として農村地主であった)の農村地主に支えられていた政友会の衆議院支配は打撃を蒙《こうむ》ったに違いない。他方、またもや国税の増加の大半を負担させられた農村地主が、もはや「積極主義」などに騙されないと決断すれば、普通選挙制の実現を待たずに、政友会の衆議院支配は即座に崩壊したはずである。

†北一輝の普通選挙論

前者の途に期待を膨らませたのは、後に高名なファシストとなる青年時代の北一輝《いっき》であった。日露戦争の翌年(一九〇六年)に弱冠二三歳で自費出版し、ただちに発売禁止になった『国体論及び純正社会主義』の中で、北は次のように論じている。

「吾が愛国者よ答弁せよ！　爾《なんじ》らは国家の部分として国家の他の部分の生存進化の為めに笑みて以て犠牲となりき。（中略）国家の為めなり、四千万の同胞よと叫ばれたるときは、四千万の同胞を国家なりと云うことにして、二、三子もしくは少数階級をのみ国家の全部なりと考えしに非らざるべし。（中略）民主国とは国家の全部分が国家なるが故に、愛国の名において凡《すべ》ての同胞に犠牲たるべきことを呼ばるなり。而《しか》して凡ての犠牲たるべき義務は凡てが目的たるべき権利を意味す。（中略）『国家』の声に眠を破られたる国民が満州の野より血染の服を以て進撃し来るとき、而して進撃軍を歓迎して進軍に加わるべく用意しつつあるとき、尚且《なおか》つ普通選挙権早尚論を唱え得るや。」（『北一輝著作集』第一巻、三九一―三九二頁）

日露戦争という総力戦が兵役の義務と国政参加の権利とを結びつけることを、二三歳の北一輝は期待したのである。

返す刀で北は、明治一〇年代に国会の開設を唱えて、藩閥政府の「尚早論」と対決した自由党や改進党の後身（政友会と進歩党）の普通選挙尚早論を次のように批判している。

「国会早尚論に怒髪冠を衝ける彼等は、今や翻て普通選挙権早尚論を唱えつつあり。斯《か》くの如くにして彼の政友会なるものと進歩党なるものと、全く民主党当年の精気無く、経済的貴族主義の良心を以て藩閥と上院との貴族等を奉戴して奴隷となれり。」（同前書、三九二頁）

明治の後半から大正期を通じて展開された普通選挙運動の先駆的研究者の松尾尊兊氏によれば、日露戦争前後に普選論を唱えたのは、北一輝に限らない（『大正デモクラシー』）。戦争に反対した社会主義者（「非戦論」者）の中にも、戦争を支持したナショナリストの中にも、北と同様に「兵役」と普通選挙とを結びつけて論じた者は少なくなかった。同書から再引用させてもらえば、社会主義者荒畑寒村《あらはたかんそん》は、次のように回想している。

「私が戦争反対の立場から講和賛成の趣旨を明らかにし、ただ政府が和戦ふたつながら国民の意志を無視するの非を攻撃して、国民は普通選挙権を得て国政に参与し、その総意によって和戦を決するの権利を得なければならぬと説くと、聴衆はもっとも同感をあらわす拍手を送った。」（三二二頁）

松尾氏はさらに、戦争支持者側で北と同様に「兵役」と「普選」を結びつけた者として、新聞『日本』の陸羯南《くがかつなん》の次のような主張を紹介している。

「租税を負担する国民は、これが支出を議するの権あり、立憲政治の原理茲《ここ》に存す。兵役を負担する国民、豈《あに》戦争を議するの権なしと謂わんや。」(同前書、一四頁)

†普選論なき民衆運動——日露講和反対運動

しかし、「兵役の平等」と「選挙権の平等」とを結びつけるのは、日露戦争直後の民衆運動の主要な目標ではなかった。最大公約数はロシアとの無賠償講和反対であり、それに参加した数万の民衆(一九〇五年九月五日の日比谷焼打ち事件だけでも参加者数は約三万人と言われる)の個別の利害は、文字どおり千差万別であった。松尾氏はその参加者の多様性を次のように記している。

「土地を奪われ都市に流出してきた貧民層。解体の過程に入った職人層。これと未分離ながら、いまや階級的結集の前夜にある近代的労働者階級。これら無産大衆とともに重税とインフレに悩むサラリーマンなど都市新中間層。前近代的性格の強い営業税など重税に資本蓄積を妨げられ、政府の特権的保護を受ける大資本と対立する中小商工業者層

（非特権資本家層）。以上の都市民諸層の不満の代弁者としての新聞と、既成政党の枠からはみ出た政客および記者・弁護士・実業家などよりなる反藩閥の急進政治グループ。このような諸要素が一挙に歴史の上に姿をあらわしたのが、講和反対運動であり、これが新時代の起点となったのである。」（同前書、三五─三六頁）

松尾氏によれば、この日露講和反対運動は、九月五日の調印の日から一〇月四日の枢密《すうみつ》院《いん》による講和条約の批准の日まで、丸一ヵ月続いた。

筆者の年代の者ならば、条約の調印から批准まで丸一ヵ月続く多種多様な民衆の国民運動は、一九六〇年五月一九日から六月一八日にかけての日米改定安保条約反対運動と重なって見えるであろう。改定安保条約は衆議院に機動隊を入れてまで岸信介《のぶすけ》内閣の手によって強行採決され、以後一ヵ月間参議院を開会せず、憲法の規定により六月一九日午前零時に自然成立したのである。真暗で一人の議員もいない国会議事堂を、一〇万とも二〇万とも言われる学生とともに取り囲み、何もできないままに改定安保条約の自然成立を迎えたあの夜の挫折感が、五〇年の歳月を経て蘇ってくるのである。

日露講和条約であろうと安保条約であろうと、条約反対の国民運動は批准の時まで拡大を続け、批准の日を境にパタリと止む。一九〇五年一〇月四日を機に、多様な民衆の混合運動は一気に消滅し、農村地主を地盤とする保守政党、立憲政友会の時代が到来したのである。

このような事態の進展は、ドイツの社会民主党の議会進出を念頭に置いていた北一輝の、「兵役の平等」から「選挙権の平等」を経て「社会主義の経済的方面たる土地資本の国有」に進めという主張とは、大きくかけ離れていた（『北一輝著作集』第一巻、三七七頁）。藩閥官僚と農村地主の二大勢力の外側にある多様で雑多な諸勢力は、ロシアとの無賠償講和反対で一カ月間統一運動を展開したのち、それぞれの階層独自の利害にもとづいて分散していったのである。

†原敬の官民調和路線

このような支配体制外の国民運動を片眼で眺めながら、星亨の後を継いだ政友会の指導者原敬は、藩閥官僚の代表として政権を担当していた桂太郎との提携の強化、さらに言えば桂から政友会への政権の円満な譲渡を策していた。

原は、日露戦争の最中から、講和後の前記のような国民運動を予想しており、それに大政党政友会が加担しない条件として、政権への参加を桂首相に迫っていた。一九〇五（明治三八）年四月一六日の会談での両者の発言は次のようなものであった。

原敬「いかなる条件にて戦争休止するも国民多数は満足せず。その際政府と連立するか何かの関係あるにあらざれば、政友会は国民の声に雷同するの外なし。しかし国家としては如此《かくのごとき》事体を生ずるは不利なり。」

桂太郎「平和を克復したるならば、きっと国民はその条件に満足せざるべし。故に自分一身は犠牲に供する覚悟なり。自分の退くは戦後経営の案にて退きたし。その際には西園寺〔政友会総裁〕を奏薦《そうせん》したき決心なり。」（『原敬日記』第二巻、一三一頁）

ここで桂首相と原敬が合意しているのは、単なる官僚閥から政友会への政権の譲渡だけではない。一九〇〇（明治三三）年に藩閥勢力の一角をなしていた伊藤博文を政友会総裁に迎えた後も、軍部、官僚層、貴族院などは伊藤と行動を共にせず、伊藤と同格の長州閥の元勲山県有朋を総帥と仰いでいた（山県閥の形成）。藩閥勢力と衆議院の第一党とは、政友会の結成では一体化はできなかったのである。

巨額な戦費を内外債と特別増税で賄った上に一文の賠償金も取れなかった日露戦争の後では、軍部と官僚層は山県閥が、衆議院は政友会が握るという体制のままでは、政治は安定しない。ましてやこの両支配勢力の外部には、日比谷焼打ち事件に象徴されるような、農村地主以外の多様な小勢力の不満が充満していた。山県閥と政友会という二大勢力間に中長期的な協調関係を構築することは、どちらの立場に立っても必要だったのである。講和反対運動がなお全国化していた九月一七日に、原敬はこの点につき、前政友会総裁の伊藤博文と会談して、次のように述べている。

「政界に於ける今日の情況は、進歩党〔憲政本党〕、政友会と藩閥とにて、政進両党は各その独力を以てしては内閣を維持すること能わず、藩閥とても今後は他の二勢力を度外に措《お》きて政事をなす事を得べきものにあらず。而《しか》して此の三分子中二分合せば、天下の事甚だ為し易し。故に政友会と現当局者派〔山県閥〕と提携政権を執るは、国家前途に大なる貢献をなす事を得べし。」（同前書、一四九頁）

†桂園時代の到来

一方で桂太郎から政友会総裁西園寺公望への政権移譲を求めながら、他方で「政友会と現当局者派と提携政権を執る」とすれば、答えは一つしかない。政権のたらい回しである。政友会が政権につけば桂が軍部や官僚層や貴族院を率いて閣外から協力する。反対に桂が政権を担当した時には、西園寺公望総裁や原敬が政友会を率いて衆議院で内閣を支持する。

政治の世界では当事者同士が描いたシナリオが長く機能することは稀である。しかし日露戦争が終わった一九〇五年から、明治が大正と改元された一九一二年までの七年間の政治は、基本的にはこのシナリオどおりに展開していった。桂太郎の側近としてこの癒着体制からの離脱をはかってきた徳富蘇峰は、一九一六（大正五）年に刊行した『大正政局史論』の中で、この時代を次のように描いている。

「明治三十六年より明治四十五年に亘《わた》る約十年間は、桂、西園寺の天下と云うも溢言にあらざりし也。桂、内閣に立てば、西園寺は政友会を率いて之を衆議院に援護し、西園寺、内閣に立てば、桂は其の党与とも云う可《べ》き貴族院の多数と与《とも》に之を幇助《ほうじょ》したり。此《かく》の如《ごと》く、桂の後には必らず西園寺来る可く予期せられ、西園寺の後には必らず桂来る可く予定せらる。（中略）此の如くして十年間の内政的泰平を維持したりし也。

然りといえども、若《も》し此の筋書の如く内輪の機関が順当に運行す可しとせば、天下に難事なき也。果して此《かく》の如《ごと》くんば、政治程楽なものはなく、（中略）政治は人類の最も気軽者、安逸《あんいつ》漢の専門にて可也。」（同前書、六頁）

もっとも、この二大勢力の間では、財政経済政策の面で大きな相違があったから、この協調は蘇峰が言うほど安定的なものではなかった。桂太郎の下に結集した官僚層の中には、効率的な財政運営を重視する者が多く、今日の言葉ではバラマキと呼ばれる政友会の「積極政策」には批判的だったのである。

しかし、日露戦争後には一五〇万に増加した有権者も、その大半は、依然として農村地主であった。

一九〇〇(明治三三)年の選挙法改正で有権者の納税資格は直接国税一五円以上から一〇円以上に引き下げられ有権者は約一〇〇万人に増加し、さらに日露戦争中の非常特別税で一〇円以上の納入者数が増えたため、有権者は約一五〇万人になった。最初の総選挙の時とくらべれば約三倍になったのである。

しかし、先に記したように、納税者の中での農村地主の比重は依然圧倒的に高かったから、約五〇万の有権者が一五〇万に約一〇〇万人増えても、その大半は農村地主であった。中小地主の有権者が増加しただけだったのである。

†増税を甘受した農村地主

非常特別税で地租が約二倍になったのであるから、戦後の農村地主は地方公共事業の拡充よりも減税の方を要求して政友会から離反してもよさそうに思われる。しかし、これまでもたびたび繰り返してきたように、名目上の地租の増徴は、それに比例して米価が高騰すれば相殺される。日露戦争前に一石一二円だった米価は、戦後には一五円になっているから、相殺は無理でも、非常特別税で実質増加した地租負担は、二倍ではなく一・六倍であった。米価騰貴の趨勢は一九〇九（明治四二）年と一九一〇（明治四三）年を除いて一貫しており、明治の最末年（一九一二年）には、実質増加率は一・二倍にすぎなくなっている。農村地主たちは、地租の若干の増徴を埋め合わせるものとして、政友会の「積極政策」に期待をつなぐことができたのである。

政友会の「積極政策」は第一次西園寺内閣（政友会内閣）の鉄道国有法の成立となってあらわれた。一九〇六（明治三九）年初頭の同内閣が初めて迎えた議会において、公債を財源として一七の私鉄を国家が一〇年間で買い上げる法案が成立したのである。

経営不振の私鉄を国有にしたからといって、ただちに地方に鉄道の便が与えられるわけではない。しかし、政友会が与党となって逓信大臣や鉄道院総裁のポストを握るようになれば、話は変わってくる。国有化された旧私鉄のどれが重点的に延長されるかは、直接的に各地方の利益と結びつくからである。

米価騰貴と鉄道の国有化のおかげで、政友会は一九〇八年と一九一二年の二度の総選挙で他党を圧倒した。日露戦争の終了から明治の末年までの七年間、政友会が政権を担当したのは約三年弱で、他の四年間は山県閥の桂太郎が内閣を握っていた。しかし、この七年間に二度しかなかった総選挙は、いずれも政友会内閣の下で行われている。与党として総選挙に臨んで初めて、「積極政策」は説得力を持つからである。

†「官民調和体制」のアキレス腱

しかし、万年与党（準与党）主義と積極政策とによる政友会の政治支配も、その裏面に眼をやれば、三つの地雷を抱えていた。

その第一は、日比谷焼打ち事件の再来であった。すでに記したように、一カ月に及ぶこの国民運動に参加した一〇万を超える国民の階層や職業は、文字どおり千差万別であり、参加者全員に共通する特徴は、藩閥にも政友会にも飽き足らないという点であった。この国民運動が「無賠償講和反対」に代わる何か一つの共通スローガンを見出せば、そのエネルギーは藩閥と政友会の協調体制を崩壊させるだけの大きさを持っていた。一九一二（大正元）年から一三（大正二）年にかけて起こった「閥族打破・憲政擁護」の運動（第一次憲政擁護運動）がそれである。この運動については、次節で検討する。

第二の地雷は農村地主の離反である。先に日露戦争後の米価は、一九〇九年と一〇年を除いて高騰を続けた、と記した。言いかえれば、この二年間だけは米価が二〇パーセント近く下落したのである。

米価が急落すれば、戦争後にも継続してきた非常特別税の重さが、農村地主にも痛感される。米価低落の二年目に入ると、彼らの間に地租軽減の要求が強まり、野党憲政本党だけではなく、与党政友会の中にも軽減を求める声が強くなり、第二次桂内閣も一四パーセントの減税を認めざるをえなくなった。

このことは、二重の意味で官僚閥と政友会との協調関係に亀裂を生じさせた。

第一の亀裂は、都市商工業者の政友会攻撃によってもたらされた。彼らは、一九〇七年末の戦後恐慌を機に、財政の健全化と営業税の軽減を政友会内閣に迫った。中小企業者の全国組織である商業会議所連合会は翌一九〇八年一月に臨時大会を開いて、西園寺内閣の間接税の増徴・新設(酒税、砂糖消費税、石油消費税)に反対するとともに、より彼らの利害に関係する織物消費税の全廃や営業税の軽減を求める建言書を政府に提出したのである。農村地主の利益のみを代表する政友会に、都市商工業者が不満を吐露したのである。

このような商工業者の不満は、先に記した地租の一四パーセント減(地租率の五・五パーセントから四・七パーセントへの「八厘減」)が行われるとさらに強まり、政友会内にも都市部の動向に注目する者があらわれた。

このような状況は政友会との協調を余儀なくされてきた官僚閥に、それとは別の選択肢を考慮させるものであった。

第二の亀裂は、政友会の看板政策をめぐって表面化してきた。原敬と並ぶ政友会の指導者松田正久が、積極主義に批判的になってきたのである。米価低落で農民の減税論が強まり、それに対抗して都市商工業者の営業税軽減要求が高まる中で、政友会といえども公共事業拡充だけでは、党内をまとめきれなくなってきたのである。

農村部と都市部での減税要求が強まったことは、政友会に万年与党主義の再考を迫るものであった。鉄道敷設などの公共事業の拡充を重視すれば、政友会は官僚閥との協調による万年与党主義を貫かなければならない。しかし、地租にせよ営業税にせよ、減税を重視しだせば、「積極主義」とは違う看板を見つけなければならない。言うまでもなく、減税論と両立する政策は、行政整理であり歳出の抑制であり、一言でいえば「消極主義」である。一九一一(明治四四)年八月末に成立した政友会の第二次西園寺内閣は、「積極主義」から「消極主義」への政友会の転換を示すものであり、政友会内部での原敬の影響力の低下を示すものであった。

†増大しつづける軍拡欲

第三の地雷は、戦勝に勢いづいた陸海軍の軍拡欲求であった。日清戦争後の軍拡には、朝鮮半島支配をめぐる実在のライバルとしてのロシアが存在していただけではなく、三億三〇〇〇万円の清国賠償金という財源があった。これに対し、日露戦争後の陸海軍拡は、外には差し迫った脅威もなく、内には賠償金という臨時収入もない中で、欧米に比肩する軍事大国になるという抽象的な目標の下に進められた。このことを端的に示しているのが、一九〇七（明治四〇）年四月策定の「帝国国防方針」における「仮想敵」という言葉である。すなわち、「帝国ノ国防ハ露米仏ノ順序ヲ以テ仮想敵トナシ主トシテ之ヲ備フ」と（角田順『満州問題と国防方針』七〇五頁）。

一年半前に降伏させたばかりのロシアを「仮想敵」とするのも相当に乱暴な話であるが、そのロシアとの講和を仲介してくれたアメリカを「仮想敵」とするのは、乱暴を通り越した非常識な話であった。言うまでもなく、陸軍がロシアを海軍がアメリカを「仮想敵」とすることを主張したのである。

いわば根拠なき「仮想敵」への対応としてこの国防方針で謳われたのは、陸軍は八師団の増加、海軍は戦艦一二隻と巡洋艦八隻を新造して、建造中の四戦艦と合わせて、戦艦一六隻、巡洋艦八隻のいわゆる八・八・八艦隊を建造しようという、大陸海軍拡であった（同前書、七一七頁）。

このような中期計画の下で、日露戦争後の陸海軍事費は、戦争前の一億円前後から二億円前後に倍増した。このような軍事費負担を国民がいつまで我慢するか、その我慢が限度に達した時に軍拡の優先順位をめぐる陸軍と海軍の衝突をいつまで抑え込めるか、それが第三の地雷だったのである。

3　大正政変

†噴出する多元化した要求

明治の末年には、先に記した三つの地雷は、爆発寸前の状態に達していた。農村地主は鉄道派と減税派に分かれ、農村地主だけの減税に、都市部の商工業者や間接消費税に悩む中下層民は、政友会批判を強めていた。すでに戦中から戦後にかけて六師団の増設に成功していた陸軍も、一九一〇（明治四三）年の韓国併合を機に残りの二師団、すなわち新植民地に駐屯予定の二師団の増設要求を強めていた。海軍の方も、翌一九一一年の第二次西園寺政友会内閣の成立を機に、当面の建艦費とその後八年間の建艦計画を合わせて、三億七〇〇〇万円の承認を迫っていた。当時のある総合雑誌は、もはや制御不能になりつつあった諸要求の分裂状態を次のように評している。

「忌憚なく言えば、吾人《ごじん》は今の社会のあまりに我儘《わがまま》勝手なるに驚く。帝国財政の困難なるは六千万衆何人も異議なきにあらずや。（中略）然るにその財政の不如意《ふにょい》を熟知しつつ、官吏は各々その隷属する事業の拡張を争いつつあり。現に陸軍は師団の増加を強要し、海軍は新艦の増加を求む。銀行業者は国債の償還を求むるかと思えば、実業界は事業の勃興を求め、国民は一般に租税の軽減を望むかと思えば、大多数国民の代表者〔政友会〕は各々その地方的利害問題を捉えてあるいは鉄道の敷設を望み、あるいは港湾河川の修築を求む。いわゆる出来ぬ相談たるを知りつつ各自争うてその出来ぬ相談を要望す。これ現時の状態なり。」（『日本及日本人』一九一一年一一月一五日号、七頁）

当時にあっても雑誌の発売日は発行日より早かったから、読者がこの一文を目にしたのは一一月一〇日前後だったろう。それから一カ月も経たない一二月五日、朝鮮二師団増設を求める陸軍大臣上原勇作《ゆうさく》の単独辞任によって、政友会の第二次西園寺内閣は総辞職を強いられた。「大正政変」の勃発であり、第一次憲政擁護運動の開始である。

†満蒙権益と陸軍二個師団増設

今引用した当時の雑誌記事にも明らかなように、「大正政変」は、陸軍、海軍、政友会、金融界、実業界、都市中下層などの多様な利害対立の複合によってもたらされたものである。陸軍と官僚層と貴族院を握る藩閥勢力と、「積極主義」を掲げて農村地主を味方につけた政友会との協調だけでは、これらの諸利害の調整がつかなくなってきたのである。本章の表題たる「再編」の時代がようやく始まったのである。

しかし、事の発端は、あくまでも陸軍の二師団増設への固執にあった。そしてこの固執の遠因は先に紹介した一九〇七（明治四〇）年の帝国国防方針にあり、その近因は一九一〇（明治四三）年の韓国併合と翌年の中国での辛亥革命《しんがい》にあった。

すでに記したように、帝国国防方針は、直前に勝利したばかりのロシアを「仮想敵」とするものであったが、元帥山県有朋が作成した「私案」（一九〇六年）では、ロシアに次ぐ「仮想敵」は、フランスやドイツではなく、清国であった。すなわち、「我作戦計画ニ於《おい》テ第一ニ敵トスベキモノハ則《すなわ》チ露国ノミニシテ、他ノ欧州ノ強国ハ敵トシテ之ニ備フルノ要ナシト雖《いえど》モ、而《しか》モ露国ニ次ギテ敵トスベキ清国ノ存スルコトハ一刻モ之ヲ忘ルベキニ非ザルナリ」と（『山県有朋意見書』二九四頁）。

日清、日露の両戦争で敗北させた両国の報復に備えると言えば、それなりの説得力をもつ。しかし、対露戦争に勝利した日本に、その一〇年前に日本に敗れた清国が報復を試みることはありえないし、この「私案」が上奏された一年前に日本に敗北したばかりのロシアの報復に備えるというのも、用心深すぎてにわかには信じがたい。

しかし見方を変えて、日本は露清両国の報復を恐れていたのではなく、両国の勢力圏や辺境地域への軍事的政治的な膨脹をめざしていたと考えれば、帝国国防方針、韓国併合、清国辛亥革命に際しての満蒙独立構想、そして一九一五（大正四）年の対中国二一ヵ条要求までの日本陸軍の態度は、見事なまでに一貫している。帝国国防方針における「仮想敵」とは、日本の対韓対満政策に抵抗するであろうロシアと清国だったのである。

このような観点からすれば、日本陸軍が政府を動かして一九一〇年に韓国を正式な植民地とした理由も明らかになる。ただ単に韓国を日本の属国にするためだけならば、日清・日露両戦争での勝利で十分なはずであった。もはや清国もロシアも、日本の朝鮮半島の支配に介入する力も意思も持っていなかったからである。二〇世紀の初頭にもなって時代遅れの植民地領有帝国になる合理的な理由は見つけにくいのである。しかるに日本陸軍の目標が朝鮮半島から陸続きの南満州にあるならば、韓国を完全な植民地にすることは、彼らにとっては必要であった。

しかも翌一九一一年には清国で「排満興漢」をかかげる辛亥革命が起こり、翌一二年二月には清朝が滅亡した。満州民族の中国支配が終わった以上、中国の新政権は満州への日本の進出に強くは抵抗しないであろうと陸軍が判断した時、その朝鮮駐屯の二師団増設要求が強くなってきたのである。

†第一次憲政擁護運動

しかし、先に引用した『日本及日本人』の論説に明らかなように、当時の日本では、陸軍以外の諸勢力も各々の利益の実現を求めて声を張り上げていた。そのような時に陸軍が軍拡にこだわって大臣を辞任させ西園寺内閣を倒したのであるから、他の諸勢力はまずは陸軍非難にその結集点を求めた。第一次憲政擁護運動の勃発である。

陸軍大臣が二師団増設に固執して政友会の第二次西園寺内閣を倒し、代わって陸軍の長老でもあった桂太郎が第三次の内閣を組織すると（一九一二年一二月五日〜一七日）、日露戦争直後の日比谷焼打ち事件が再現した。

七年前の民衆運動は無賠償講和反対で、今回のそれは「閥族打破・憲政擁護」だと言うと、国家主義の民衆運動と民主主義のそれとは根本的に違うように響くが、運動参加者も参加者の行動様式も、驚くほど似たものであった。桂内閣の不信任案を可決しようとする政友会と国民党（憲政本党の後身の一部）の代議士を支持して万余の群衆が国会議事堂を取り囲み、桂首相が三日間の停会を命ずると、民衆は、桂内閣支持の新聞社と東京市内の交番に投石し、放火した。警視庁が逮捕した二五〇人の民衆の多くが東京市の雑業（鮨屋、質屋、旅館、酒屋、大工など）の雇人だったことや、一七、八歳の未成年者が多かったことは、七年前の講和反対運動を想起させるものであった（山本四郎『大正政変の基礎的研究』五九九―六〇二頁）。

陸軍軍拡に対して行政整理で抵抗した西園寺内閣を、都市実業家層も全面的に支持した。また、新聞雑誌の有力記者たちも、国民・やまと・読売・二六（新報）の四社を除き、「全国記者同志会」を結成して、「閥族打破」の論陣を張った。

†政友会参加の負の側面

すべての点でかつての講和反対運動を想起させるこの運動で、ただひとつの変化は、政友会の運動参加であった。一九〇五（明治三八）年九月の運動では、西園寺公望と原敬の指導の下、政友会は民衆運動に背を向けて、講和支持の立場を貫いた。「閥族」と「憲政」とが手を結んで、野党と民衆運動を抑え込んだのである。

これに対し、一九一二―一三（大正元―二）年の場合には、政友会が運動に参加したことにより、「閥族」と「憲政」が正面から衝突した。野党国民党の犬養毅とともに、与党政友会の尾崎行雄も、「憲政の神様」として民衆の尊敬を集めたのである。この違いは、院内と院外の連動となって、運動の効果を倍増させた。衆議院が可決をめざす桂内閣不信任案を院外に万余の民衆が集まって支持する構図になってきたのである。たとえば、一九一三年二月一〇日の不信任案提出の前日に、政友会と国民党の院外団が両国の国技館で開いた演説会には、二万人の参加者があったと言う。

しかし、政友会の参加には、運動がもつ変革内容を薄めるという負の側面もあった。上原陸相が単独辞任するまでの七年間、政友会は積極主義を掲げて「閥族」と共存共栄を続けてきた。明治末年の財政危機の主犯は、陸軍よりも政友会の公共事業費であったとすら言える。第二次西園寺内閣の下で内務大臣と鉄道院総裁を兼任した原敬は、その日記に、「閣議、鉄道建設改良に関する意見書を首相に交付せり。余の意見の大要は、総額三億乃《ない》至《し》四億の外債を十年間に起して我が国鉄道の幹線を敷設し、また必要なる改良をなすべく、かくして日本の交通機関は大体に於て一段落を告げ得るものなりと云うに在り」と記している（一九一二年一〇月二五日）。

日露戦争中に募集した外債の償還費と利払い金は、明治末年には合わせて六億円を超えていた。そこに新たに三億円余の鉄道外債を募集しようというのである。明治末年の国際収支の悪化（一九一一年までの五年間で一〇億円の正貨流出）と財政悪化の一因は政友会の積極政策にあったのである。

「閥族」の代表桂太郎との間で政権のたらい回しを長年続けてきた政友会、財政悪化の責任を陸軍や海軍と同様に背負うべき政友会が、一朝にして「閥族打破・憲政擁護」の推進者に転じたのである。変革されるべき対象が変革の先頭に立っているような運動の成果は、初めから限られていたのである。

政友会が「閥族打破」の先頭に立ったことは、政友会に代わって政権を担当しようとしてきた野党国民党にも打撃を与えた。政権担当意欲の強かった「改革派」と呼ばれた主流派が、かつて自由党が「閥族」の伊藤博文と合体して政友会を結成したように、国民的非難の的になっていた「閥族」の桂太郎の新政党（のちの立憲同志会）に馳せ参じたのである。

「閥族」を倒して政友会に取って代わるのではなく、「閥族」と結んで政友会を叩くという方針が、憲政擁護運動の最中に成功するはずはなく、このグループは一年近い雌伏を余儀なくされた。

†短命に終わった第一次憲政擁護運動

反閥族の政友会にせよ、親閥族の桂新党にせよ、さらには「閥族打破・憲政擁護」の言論界にせよ、議会自体を根本的に変えようとはしなかった。一五〇万人にすぎない有権者を一二〇〇万人にする普通選挙制の導入は、誰も唱えなかったのである。先に紹介した『大正デモクラシー』の中で松尾尊兊氏が、三浦銕太郎の『東洋経済新報』の普選論に触れて次のように記していることは、注目に値する。

「『憲政擁護・閥族打破』の趣旨を実現すべき制度改革として一般に主張されていたのは、政党内閣樹立のための軍部大臣武官制および文官任用令の改正であり、選挙権の問題にふれるものはきわめて少なく、普選にいたっては管見では『新報』のほか、となえたものはない。」（八五頁）

本章の定義する「再編の時代」とは、政治参加の「平等」を意味する普通選挙制と、政権選択の「自由」を意味する二大政党制のセットである。そのうち「普選」を唱えたものは『東洋経済新報』のみだったのである。

それでは政権選択の自由の方はどうだったろうか。すでに記したように、政友会に代わって政権を担当する意欲は、国民党の主流派にはあった。しかし、彼らが結成した立憲同志会は、「閥族打破」の標的になった桂太郎を総裁にするものであり、総選挙で政友会に勝つ可能性は当分の間存在しなかった。「大正政変」とか「第一次憲政擁護運動」とか呼ばれる大正初年（一九一二—一三年）の運動では、まだ「再編の時代」の幕は開かなかったのである。

4 「民本主義」の登場

†海軍内閣とシーメンス事件

第一次憲政擁護運動は、「再編」の課題の一つも達成しないで、二カ月で収束した。長州閥で陸軍を代表していた桂太郎に代わって、薩摩閥で海軍の大御所の山本権兵衛《ごんべえ》が政権につき、この二カ月間だけ野党になった政友会が、再び与党に返り咲いたのである。

一九一三（大正二）年二月に成立した山本内閣は、三カ月前に陸軍によって倒された第二次西園寺内閣の再来であった。首相、外相、陸相、海相を除く閣僚は、すべて政友会から選ばれ、しかも公共事業拡充主義で万年与党主義の原敬が、今や同党の第三代総裁として内相に入閣したのである。また、この時以後、原の「積極主義」を財政のプロとして支えてゆく高橋是清が蔵相に就任した。

政界が旧態に戻ったことは、民衆運動の退潮と同義であった。内閣成立の三週間のちの雑誌『日本及日本人』は、「憲政擁護、藩閥打破にして国民の声ならんか、前日の熱烈激甚彼が如くなりし者、今日の冷々落々火の消え果てしが如きは何ぞや」と運動のあまりにも早い衰退を嘆いている（三月一五日号）。

衆議院の過半数を占める政友会を通じて農村地主を掌握した山本内閣は、行政整理による営業税の軽減を約束して都市実業家層の支持も獲得した。東京商業会議所は七月に山本首相を午餐会に招待し、会頭の中野武営《ぶえい》が熱烈な歓迎演説を行っている。

第三次桂内閣と運命を共にした陸軍と同志会の間では、一貫して自由党＝政友会に対抗する政党を育ててきた大隈重信を総裁とする新政党の結成も議論されていた。しかし、農村地主と都市商工業者に支持された山本内閣は、軍部や官僚層の統制を強める改革（軍部大臣現役武官制から「現役」を削除し、文官任用令を改正して政治任用の幅を広げる改革）を断行し、今日の言葉でいう「政治主導」の面でも成果をあげていた。翌一九一四（大正三）年にシーメンス事件の名で知られる海軍収賄事件が起こらなければ、この内閣にはつけ入

年表Ⅷ

年代	総理	出来事
1913　大正　2	桂 山本	第一次憲政擁護運動（12～）。桂首相、立憲同志会設立。軍部大臣現役規定を削除。文官任用令改正（勅任文官任用の道を開く）
1914　3	大隈	シーメンス事件。貴族院、海軍拡張予算案を否決、山本内閣総辞職へ。清浦内閣流産。原敬、政友会総裁へ。第一次世界大戦（～18）
1915　4		第12回総選挙（同志会第一党）。対中国二十一カ条要求
1916　5	寺内	吉野作造「憲政の本義を説いて其有終の美を済すの途を論ず」（民本主義）。「大戦景気」始まる。寺内超然内閣成立。憲政会結成（加藤高明）
1917　6		第13回総選挙（政友会第一党）。金輸出禁止。石井・ランシング協定。ロシア革命
1918　7	原	シベリア出兵。米騒動。原内閣成立。東京帝大・新人会創立
1919　8		三・一独立運動。選挙法改正（直接国税3円以上）。五・四運動。ヴェルサイユ条約。
1920　9		国際連盟成立・加入。東京普選大示威運動。戦後恐慌始まる。新婦人協会発足。第14回総選挙（政友会絶対多数）。日本社会主義同盟
1921　10	高橋	友愛会、日本労働総同盟と改称。原敬、東京駅にて暗殺さる。ワシントン会議（～22）で四カ国条約に調印
1922　11	加藤友	九カ国条約・海軍軍縮条約。全国水平社・日本農民組合・共産党（第一次）結成
1923　12	山本	関東大震災。虎の門事件
1924　13	清浦 加藤高	政友会分裂、政友本党結成（床次竹二郎）。第二次憲政擁護運動。護憲三派内閣（憲政会・政友会・革新倶楽部）成る

る隙はなかったのである。

山本内閣を退陣させた海軍収賄事件は、ドイツのシーメンス＝シュッケルト社内部での情報漏洩事件に端を発しているが、本格的な贈収賄事件は、巡洋艦金剛の発注をめぐるイギリスのヴィッカーズ社と呉《くれ》鎮守府との間でのものであった。山本内閣の下で海軍艦政本部長を務めていた松本和《やわら》が四年前の呉鎮守府司令長官時代に、三井物産を通じて四〇万円を収賄していたことが発覚したのである。

一年前の「閥族打破・憲政擁護」の高揚を海軍と政友会の妥協にすりかえられた言論界や都市民衆が、神聖なはずの帝国海軍の軍艦輸入汚職を見逃すはずはなかった。しかも海軍は政友会の支持を得て、継続費九〇〇〇万円に新たに補充費七〇〇〇万円を加えた建艦費を一九一四年度予算として衆議院に提出していた。海軍が国民の税金を使って軍艦や巡洋艦を海外に発注するに際して、海軍高級将校が発注先から裏金を受け取っていたのだから、世論が激昂するのは当然であった。国会周辺には三万とも一〇万ともいわれる民衆が集まり、立憲同志会ら野党が提出した内閣弾劾上奏案の成否を見守った。奇しくも一年前に民衆運動が桂内閣を倒した二月一〇日のことである。

†貴族院と民衆運動

しかし、政友会総裁として衆議院の過半数を掌握し、内務大臣として警察力を握る原敬は、野党提出の弾劾上奏案を議会で否決するとともに、院外の民衆を力で蹴散らした。数の力と警察力とで海軍汚職をうやむやにしようとする原敬の前に、想定外の組織が立ちふさがった。貴族院である。

一八九〇（明治二三）年の議会開設以来、貴族院が時の内閣を倒したことはなかった。その貴族院が衆議院通過の海軍予算案を否決して、山本内閣を辞職に追い込んだのである。議会開設以来初めてだったのは、貴族院による予算案否決だけではなかった。藩閥政府の防波堤の役割を二三年間続けてきた貴族院が、言論界や民衆の期待に応えて行動したのも、初めての事態であった。貴族院議員の田健治郎は、同院主流派の研究会と幸《さいわい》倶楽部が、衆院を通過した七〇〇〇万円の海軍補充費の全額否決を決定した二月二八日の日記に、次のように記している。

「海軍瀆職《とくしょく》事件の突発するや政界の風雲俄然激昂を極め、都下の一大騒擾となり、下院の大混乱となり、新聞各社の一大連合となり、人心は惶惑《こうわく》し国論は沸騰して窮《きわま》る所を知らず。ただ首《こうべ》をのべ上院の体度いかんを仰ぎ望むのみ。今や上院各派の体度大方定《さだま》り、正々堂々将《まさ》に政府に対し一大斧鉞《ふえつ》を下さんとす。政府これに対して果して如何なる処置

を取らんとするか、将に刮目《かつもく》してこれを観る。」(原文は和風の漢文)

衆議院と貴族院の予算査定が異なったため両院協議会が開かれたが妥協が成立せず、貴族院本会議が三月二三日に圧倒的多数で衆議院決定を否決したため、一九一四年度予算は不成立となった。翌二四日山本内閣は総辞職した。

†第二次大隈内閣の成立

山本内閣の総辞職を受けた元老会議の後継首班の選考は難航したが、結局四月一三日に大隈重信に組閣の大命が降下した。

この内閣の成立は、三つの面で「再編の時代」の到来を告げるものであった。

第一に、原敬の勢力失墜である。一九〇一(明治三四)年に星亨の後を継いで以来、原は政友会を一貫して与党もしくは準与党の地位につけてきた。それが藩閥勢力の代表者桂太郎と自党の総裁西園寺公望の間での政権のたらい回しによって保たれてきたことは、すでにたびたび指摘してきた。時には擬似的な二大政党制とも呼ばれるこの官僚閥と政友会との協調路線の本質は、政友会以外の政党を政権につかせないことにあり、むしろ擬似的な一党優位制として戦後の自由民主党の一党支配の前史をなすものであった。

しかし、山本内閣の与党としてシーメンス事件の矢面に立たされた結果、原敬の擬似的一党優位制は致命的な打撃を受けた。

第二に、原敬の敗北に呼応するように、立憲同志会以下の野党が大隈重信の下に結集した（一九一六年に憲政会に結集）。原敬が一八八一（明治一四）年結成の自由党の後を継いだとすれば、大隈は自由党に対抗して翌八二年に結成された立憲改進党の総裁であり、その後身である進歩党を率いて一八九八年には日本で最初の政党内閣の首相となった。政友会の原敬に匹敵する政党の指導者としては、大隈以上の適任者は存在しなかった。一年前に「閥族打破」の対象となった桂太郎の後を継いで立憲同志会の党首となった加藤高明《たかあき》では、経歴、人望の両面で原政友会を追い落とすには力不足だったように思われる。

第三に、約三年の欧米留学を終えて前年（一九一三年）七月に帰国した吉野作造が、第二次大隈内閣の成立の中に、イギリス流の二大政党時代の到来を見出し、欧米で確信した普通選挙制の実現をこの内閣に期待したことである。

†吉野作造の普選・二大政党制論

一人の思想家が現実の政治を大きく動かすということは、滅多に起こることではない。しかし、その思想の内容とタイミングによっては、その力が大政党の総裁に匹敵する場合もある。

吉野は、一九一〇（明治四三）年六月から一三（大正二）年七月までの丸三年間の滞欧中に、一方では大陸における社会主義者や急進的自由主義者たちの普通選挙要求のデモンストレーションを、参加とまではゆかないまでも、すぐ近くで見学した。彼には留守中に日本で起きた二度の民衆運動の意義と不足点とを、比較政治的に論じる資格があったのである。彼は、日本の民衆運動の欠点を欧米通としてあげつらう前に、それをまず肯定した。すなわち、「日本今日の憲政の発達と云ふ上から見て、此民衆的示威運動と云ふ現象は、一つの喜ぶべき現象であるとすべき理由もある」と（『現代の政治』三—四頁、一九一五年一一月刊）。彼は、その「喜ぶべき」理由を、次のように記している。

「それは、政治問題の解釈乃至《ないし》政権の授受に関する終局の決定を民衆の判断の左右する所たらしめんとする意味に於《おい》て、又は民衆の判断を政治上重要なる意義あるものたらしめんとすると云ふ点に於て、私は之を喜ぶべき現象であると云ふのである。」（同前書、四頁）

東京帝国大学法学部の教授が、民衆的示威運動の台頭を「喜ぶべき現象」と公の場で発言し、さらにその目的を、政策決定と政権選択への民衆の参加であると明確化しているのである。

政策決定への民衆の参加を保障するものは普通選挙制以外にないし、政権選択への民衆の参加は議院内閣制によってしか保障されない。シーメンス事件によって第一次山本内閣が退陣した直後の『中央公論』で、吉野は時代の要請を、普選と議院内閣制の二点に絞ったのである(一九一四年四月号)。

吉野作造

これは三年間にわたる欧米滞在中に、吉野が街頭で見聞し、机の上で研究した成果であった。欧米滞在中の吉野の日記を復刻した飯田泰三氏は、その解説の中で、吉野流の「留学形態」を五つに分類しているが、それをやや乱暴に二つに絞らせてもらえば、足で見る勉学と机上の勉学という正反対の「留学」になる。

吉野が留学中にたびたびデモ見物に出掛けたことは、吉野自身が帰国後の著述で明らかにしているが、後者の机上の勉学は飯田氏の発見であり、すぐ後に記す吉野の二大政党制論に密接にかかわるので、その箇所を引用させてもらいたい。飯田氏は次のように記している。

「さて、第五の『留学』形態は、いわば純粋に独りでおこなう形の努力で、本や新聞を通じて情報を得、学び、また、自ら現場〔本屋〕へ出かけて行って経験しようとするものである。パリの古本市で各国政治史等の本を漁り、ライプツィヒの書肆フォックスやロンドンのタイムス・ブックショップから各国政党論や社会主義論などを取り寄せて、しばしば『眼精疲労』を散歩で癒す必要を生ずるほど耽読《たんどく》している。（中略）また、新聞は滞在先新聞のほか、『エコー』と『タイムズ』を定期購読で取り寄せて読み、（中略）各地の労働運動や『エマンシペーション（解放）』（中略）の長期的趨勢をも読み取ろうとしている。」（『吉野作造選集』第一三巻、四三五頁）

この一文は、留学の大半をヨーロッパ大陸で過ごし、主として現実主義的な社会主義運動を見聞してきた吉野が、シーメンス事件の直後に普通選挙論だけではなく、イギリス流の二大政党制導入に向けての論陣を張った理由を説明してくれる。

先に紹介した『中央公論』一九一四年四月号の吉野の論文（「民衆的示威運動を論ず」）は有名であるが、シーメンス事件での山本権兵衛内閣の退陣と第二次大隈内閣の成立という眼の前の政局の大局的な政治分析としては、翌五月の雑誌『太陽』に載った論文も見逃せない。この論文の中で吉野は、議院内閣制一般ではなく、イギリス・モデルの二大政党制の必要を力説しているからである。

戦後の日本では、日本国憲法の定める議院内閣制が侵されたことは一度もない。しかし、一九五五年から二〇〇九年までの五四年間、自由民主党以外の政党が、総選挙で勝って政権についたことも、一度もない。政権交代を伴わない議院内閣制が、ほんの一時期を除いて、この五四年間存続してきたのである。それを考えれば、議院内閣制一般と二大政党制とが同じものではないことには多言を要さないであろう。

一九一四年五月の『太陽』論文で、吉野は、政党内閣制の効用は二大政党制の下でなければ発揮されない、と断言している。すなわち、「政党内閣の制度の完全に行わるゝには、大体に於て二大政党の対立を要件とする。小党分立の状態に在っても、内閣は矢張り政党を基礎として組織せらるゝが普通の例であるけれども、二大政党対立の場合でなければ、政党内閣の妙用は之を発揮することが出来ぬ」と（『現代の政治』七一頁）。

吉野が留学の大半を過ごした大陸ヨーロッパの政治からは出てくる結論ではないであろう。吉野日記の解説者飯田泰三氏の言う、新聞や読書から、「いわば純粋に独りで」得た、イギリス議会政治の歴史と現状から、吉野はこういう結論に達したのである。

†吉野作造の大隈内閣支持

その吉野が、眼前の日本政治、すなわち政友会を与党とした山本権兵衛内閣から反政友小会派の連合を基礎とする第二次大隈内閣への政権移行を肯定した時、近代日本における「再編の時代」の内容が鮮明になった。

大隈内閣には、一年前に民衆運動によって倒された第三次桂内閣の再来というイメージがつきまとっていた。雑誌『日本及日本人』は、「世論は大隈内閣を官僚内閣とし、時勢の要求と相距《あいへだた》る遠きを非難す」と記している(一九一四年五月一五日号、六五頁)。その大隈内閣を欧米からの新帰朝者で東大教授の吉野が、「余は本邦憲政発達の上から、大隈内閣の成立を歓迎する」と断言したのである。それは近過去からの大隈内閣批判に、未来に向けての大隈内閣期待を対置したものであった。

期待の第一は、原敬の政友会に数の上でも対抗できる政党連合の維持であり、二大政党対立の原型の形成であった。吉野は次のように論じている。

「大隈内閣の大傘の下に集った所謂《いわゆる》非政友三派は、出来るだけ感情を一掃して今日の提携を続けて貰いたいということである。若《も》し此の点に失敗すれば、彼等は忽《たちま》ち天下を両分して其の一を有するの実力を失い、ために再び政友会と官僚との妥協に後戻りをするの虞《おそれ》なきにあらず。」（『現代の政治』七七頁）

期待の第二は、普通選挙制の導入により地主政党政友会を凌駕《りょうが》することであった。彼はこの期待を次のように記している。

「余は新らしき政府党に向って、政友会と異れる地盤に立脚地を開拓せんことを勧告したい。換言すれば、此の際多数国民の輿望《よぼう》せる普通選挙制を断行して、新たに選挙権を得べき者の間に其の立場を開拓せんことを勧告したい。選挙法を今日の儘《まま》に放任して、政友会と同一の地盤を争うのでは、恐らく政友会を凌駕することが至難であろう。」（同前書、七九頁）

「再編の時代」の思想家は政治的中立を装わない。二大政党対立と普通選挙制とによって地主政党政友会の支配を終わらせることを、吉野は公然と提唱しているのである。

大隈内閣成立前後の二つの論文では、吉野はまだ「民本主義」という言葉を使っていない。また、吉野の「民本主義」が、普通選挙制と二大政党制だけではなく、社会民主主義的な要素も含むものだったことは、筆者が別の著作（『日本憲政史』）で明らかにしたとおりである。

一言でいえば、「民本主義」とは、何よりも「政治の目的」に関する主義であり、政治は一般民衆の利益のために行われなければならない、という主張であった。同時に、「民本主義」とは「政治の運用」に関するもので、政治は一般民衆の意向にもとづいて行われなければならない、という主張でもあった。前者は社会主義的な主張であり、後者は政治的平等（普通選挙制）と政権選択の自由（二大政党制）の主張である。この三点を含んだ「民本主義」とは、戦後政治の用語で言えば、西欧諸国に多く見られる社会民主主義と類似した主張だったのである（『吉野作造選集』第二巻、三五―五六頁）。

しかし、「民本主義」の三要素（社会的平等、政治的平等、政権選択の自由）のうち、大正初年の日本政治において現実味を帯びていたのは、後二者の普通選挙制と二大政党制であり、吉野はこの二点の実現を第二次大隈内閣に期待したのである。

5 「憲政の常道」と「苦節十年」

吉野作造が大隈内閣にかけた二つの期待のうち、二大政党制の原型の方は、一九一五（大正四）年三月の第一二回総選挙で実現した。大隈内閣の与党三派（立憲同志会、無所属団、中正会）で三八一議席中の二四四議席（六四パーセント）を獲得したのに、政友会は一挙に八〇議席を失い、衆議院に二七パーセントの議席を持つにすぎない少数党に転落したのである。政友会にとっては、一九〇〇（明治三三）年の結成以来一五年にして初めて迎えた試錬であった。

しかし、二大政党制の原型も、長くは続かなかった。一九一四年七月の第一次世界大戦の勃発が、次第に政友会の復活に有利な状況を作っていったからである。

†第一次世界大戦の勃発

世界大戦の勃発は、当初は大隈内閣に有利に働いた。すでに記したように、大正初年の政治的激動は、諸政治勢力の利益欲求の噴出が財政難の壁にはねつけられたことに原因していた。しかし、日本が主役の戦争ではなかったとはいえ、戦争の勃発は陸海両軍の対立を収束させ、農村地主と都市商工業者の利益欲求にもブレーキをかけた。前者の調整は、大戦勃発の一カ月前に設置された首相、外相、蔵相、陸相、海相、参謀総長、軍令部長による「防務会議」で行われた。

大戦前に開かれた会合では、従来どおりの陸、海、蔵三省の対立が繰り返されたが、大戦勃発後には、若槻礼次郎《わかつきれいじろう》蔵相は、都市商工業者の減税要求を抑えて、防務会議の決定する陸海両軍の拡長要求には同意すると表明している。貴族院議員の田健治郎は若槻蔵相の次のような発言をその日記に記録している。

「現内閣は当初政綱を定めるの時に当り、減税と国防計画併行の方針を有せりといえども、世界大戦乱の影響により大いに財政経済の窮迫を来し、減税の挙《きょ》はその実を挙ぐるに由なし。二師団増加ならびに海軍補充計画は、すでに数年来の懸案に属し、これを遷《せん》延《えん》するは国家の福にあらず。いまだ閣議を経ずといえども、防務会議の決する所は、おそらく閣議の同意を得るならん。」(一九一四年一〇月八日、原文は和風の漢文)

大戦勃発を理由に自党の公約の営業税軽減を放棄してまで陸海軍拡を容認する以上、敵党政友会の積極政策が無視されるのは当然であった。さらに衆議院の過半数を占める野党政友会にとって不幸だったのは、わずか二年前の同党の内閣(第二次西園寺内閣)の下で拒絶した陸軍二師団増設案に賛成するわけにはいかなかったことである。原敬としても、大戦勃発で反軍拡ムードが失われていることは承知していた。しかし、与党ならばともかく、野党の側が二年間で基本政策を一八〇度転換させることは出来ることではなかったのである。戦争ムードの中で陸軍二師団増設案を衆議院で否決した政友会が、議会解散後の総選挙で惨敗したことは、すでに見たとおりである。

対中国政策でも、大隈内閣は陸軍に接近した。陸軍の念願が日露戦争で獲得した満蒙権益の恒久化にあり、第二次大隈内閣が最後通牒までつきつけた対中国二一カ条（一九一五年）は、その第二号（通番では第六条）において、「両締約国ハ旅順大連租借期限、南満州及安奉両鉄道各期限ヲ何レモ更ニ九十九ヶ年ヅツ延長スベキコトヲ約ス」と定めている（『日本外交年表並主要文書』上巻、三八三頁）。

同条約締結時の外相加藤高明は、九年後の一九二四（大正一三）年に護憲三派内閣が成立するまで、一貫して二一カ条条約の正当性を主張しつづけた。その背景には、彼が外相時代の外務省の主流が、ロシアやイギリスなど欧州の帝国主義外交との一体化をめざしていたことがあったと思われる。彼らは植民地を持たないアメリカ外交が、大戦後の主流になるとは考えていなかったのである。二一カ条条約の交渉中に、陸軍参謀次長明石元二郎《あかしもとじろう》が朝鮮総督の寺内正毅《てらうちまさたけ》に送った書簡は、このことを明らかにしてくれる。すなわち、「露は異議なきのみならず寧《むし》ろ此の件につき厚意を表すべく、（中略）英は何ら反対すべき理由なしとは外務側の観察に候。米は言うに足らざる事は何人も首肯する所に有之候」と

(「寺内正毅関係文書」6の44、一九一五年二月三日)。

†寺内正毅内閣と政友会の復権――大戦景気の到来

陸軍二師団増設についても対中国二一ヵ条要求についても大隈内閣と一体化していた陸軍が、同内閣から離れて原敬の政友会に接近した原因も、同じく第一次世界大戦にあった。同じ戦争が二つの相異なる結果をもたらしたのは、前半には財政負担が増加したのに、後半には財政も民間経済も好転したからである。いわゆる大戦景気が到来したのである。

イギリス、フランス、ロシア、ドイツなどの欧州大国が総力戦を強いられている時、形だけの参戦にとどまった日本では一九一六(大正五)年頃から輸出が急増した。大戦勃発当時(第二次大隈内閣成立当時)には六億円強であった輸出総額は、二年後の一九一六年(大隈内閣の末期)には約二倍の一二億円弱になった。輸出の増大は民間企業の発達をもたらし、その結果所得税を中心に政府歳入が急増した。一九一六年に始まった所得税収の増加の結果、翌一七年には日本近代史上で初めて、所得税が地租を上廻った。

大戦景気は農村地主をも潤わせた。すでにたびたび指摘してきたように、地租は物価変動に左右されない金納固定税であったから、農村地主は農産物価格の上昇に比例して豊かになる。農産物の中心だった米の値段で見ると、大戦勃発当時一石一六円台(東京卸売価格）だった米価は、三年後の一九一七（大正六）年頃から騰貴しはじめ、翌一八年（後述の原敬内閣成立の年）には二倍強の一石三二円台になっている。

経済が好調で農村地主が富裕化すれば、政友会の出番である。一九一六年一〇月に元老山県有朋が、大隈首相に退陣を迫り、代わって朝鮮総督で陸軍の長老でもある寺内正毅に後継内閣を組織させた時、彼が大戦景気と政友会の復活をどこまで予測していたかは定かではない。しかし、寺内首相は、衆議院の少数党を率いる原敬を提携相手に選び、一九一七年四月の第一三回総選挙で、政友会は四八議席を増やし（一一一→一五九）、解散時には衆議院の過半数を握っていた憲政会は七六議席を減らして、第二党に転落した。

二一世紀の今日でも時おりマスコミに登場する「憲政の常道」という言葉は、議会解散前に、野党ながら衆議院の過半数を制していた憲政会総裁加藤高明が初めて使ったものである。一九一六年一一月に山形市で行った演説で、加藤は次のように述べている。

「勿論、憲政〔法〕上、内閣組織者は政党首領たらざるべからずと云う規定は無いけれども、憲政の本義に照らして、政党首領が内閣を組織するは当然である。（中略）我党は今日の場合、法律の許す範囲に於て、速かに憲政の運用をその常道に帰せしむるよう奮闘努力せねばならぬ。」（『加藤高明』下巻、二四一―二四二頁）

「憲政の運用をその常道に帰せしむる」という一文を、「憲政の常道」の語源とみなすことには、あまり無理はないであろう。

たしかに憲政会は一九一六年一〇月の結成当時には、衆議院の過半数（三八一議席中の一九九）を握っていた。この過半数政党に内閣を組織させよというのは、一般論としては「憲政の常道」に則した主張である。しかし、同党の結成は、反対党である政友会を準与党とする寺内正毅の超然内閣（政党員を一人も閣僚に入れない内閣）が成立した翌日のことであった。

真の「憲政の常道」は、同党を敵視する寺内内閣が議会を解散した時に、総選挙で同党が勝利した場合に初めて成り立つものであった。しかるにすでに記したように、翌年四月の総選挙で同党は惨敗を喫した。「憲政の常道」という言葉は一九一六年に成立したが、それが現実政治の上で実現するには、一九二四（大正一三）年六月の護憲三派内閣（加藤高明内閣）の登場を待たなければならなかったのである。一九一六年の総選挙で敗れて少数野党に転落した憲政会が一九二四年の総選挙で第一党に返り咲いて政権につくまでの八年間を、後に同党は「苦節十年」と呼んだ。

6　原敬内閣と「民本主義」の対立

†寺内内閣の親米路線

わずか六一日間で民衆運動によって退陣させられた第三次桂内閣でさえ、のちに「憲政の常道」を唱える憲政会の原型を作った。これに対して、シベリア出兵の失敗と米騒動によって二年弱で退陣した陸軍元帥寺内正毅の内閣は、無能さばかりが目立つ超然内閣であった。しかし、実は同内閣は、第一次世界大戦後の世界秩序の転換への対応を準備し、平民宰相原敬の内閣のお膳立てをした点では、もっと評価されてもいい内閣であった。

先に記したように、中国に二一ヵ条要求をつきつけた時の大隈内閣は、英仏露などの植民地主義国による容認を前提にしていた。世界最大の「富国強兵」国になりかけていたアメリカの反植民地主義を度外に置いて、中国侵略を拡大していったのである。

後に憲政会の総裁になる加藤高明の外相時代に進められてきた旧式の帝国主義外交が、元帥寺内正毅を首相とする超然内閣によって転換されたというと、逆説に響くかもしれない。しかし、寺内が首相に就任した一九一六（大正五）年一〇月には、世界大戦が勃発してから二年以上が経っており、アメリカの参戦による戦局の転換が近づいていた。日本としても、いつまでも火事場泥棒のような中国政策を続けてはいられない状況になってきたのである。

政治家と違って官僚は、過去の言動にはあまり縛られない。憲政会総裁の加藤高明が、自分の外相時代の二一ヵ条条約の正当性をのちのちまで主張しつづけたのに対し、その下で外務次官を務めた幣原喜重郎《しではらきじゆうろう》の方は、英仏中心主義から対米重視に舵を切り換えていった。陸軍においても事情は同じであった。二一ヵ条条約から袁世凱排斥工作まで、第二次大隈内閣の内政干渉的な中国政策を支えてきた二人の参謀次長（明石元二郎→田中義一《ぎいち》）のうち、田中の方は身軽に、中国内政不干渉、対米重視の路線に転向した。政治家は転向しにくいが官僚はその点では身軽なのである。

寺内内閣の組閣参謀をもって自ら任じていた後藤新平は、この観点からすれば、政治家であって官僚ではなかった。彼は、対中国内政干渉政策の責任は、大隈首相一人にあるのではなく、加藤高明外相、幣原喜重郎外務次官、田中義一参謀次長も同罪であるとして、彼らの処分を寺内に迫った（「寺内正毅関係文書」27の50、一九一六年五月三日、後藤→寺内）。しかし、寺内はそれに応じず二人は留任し、その後を襲った原敬内閣の下で、幣原と田中は、原の対米重視政策の有力な支え手となっていく。このように、軍閥内閣、超然内閣として歴史研究の上で評判の悪い寺内内閣の下で、後に「ワシントン体制」の受容者として有名になる原敬の外交路線の基礎が築かれたのである。

†シベリア出兵と米騒動

対米関係改善の礎石を作った寺内内閣の外交的失敗として有名なのは、革命ロシア、すなわちソ連への出兵である。シベリアにいたチェコ・スロヴァキア軍をロシア革命から守るために、米英仏三国とともに干渉出兵した事件である。しかし、この出兵を寺内内閣の対外政策における失敗とみなすのは、やや酷な見方である。同内閣の出兵は、アメリカの提唱に応じたものであり、イギリスもフランスも同調したものであった。また、欧米軍が撤兵した後も駐兵を続けたことに対しては、寺内内閣は全く責任がなかった。シベリア出兵後二カ月弱で寺内内閣は総辞職し、平民宰相として有名な原敬がその後を継いだのであるから、日本単独の長期駐兵の責任は、寺内ではなく原敬が負うべきものであった。

しかし、一九一八（大正七）年八月初めのシベリア出兵宣言は米騒動の名で知られる全国的な暴動の原因となり、それが寺内内閣を退陣させた。

七月八日にアメリカが日本にシベリアへの共同出兵を申し入れると、大戦中初めての日本の本格的参戦への思惑から米穀商の買占め売り惜しみが起こり、米価は連日高騰を続けた。そして政府が正式に出兵を宣言した翌日、富山県中新川郡の西水橋町で漁民の主婦たちによる米寄こせデモが起こり、八月六日には同郡滑川町で三〇〇人を超える主婦たちが警察署を取り囲んだ。「富山の女一揆」として有名なこの事件は、またたく間に全国に広がり、東京や大阪のような大都市を含めて、三八市、一五三町、一七七村で米の安売りを求める都市細民の運動が暴徒化した。寺内内閣は警察力だけではなく軍隊をも出動させてこの運動を鎮圧したが、騒動収束後の九月二一日に総辞職し、二九日に平民宰相として有名な原敬の政友会内閣が成立したのである。

†普通選挙に反対した平民宰相

仮に「大正デモクラシー」という言葉から連想される人物を一人選べという世論調査をしたら、おそらくは原敬がトップ当選するのではなかろうか。しかし、「大正デモクラシー」の内容を普通選挙制と二大政党制と定義すれば、原敬はこのどちらにも反対した。戦後の日本近代史研究における原敬人気は、「大正デモクラシー」とは無関係のものである。

普通選挙制と二大政党制とは、すでに記したように、吉野作造の「民本主義」の主要な内容であった。その二つに反対する原敬を、吉野は嫌い抜いた。一九二〇（大正九）年四月の『中央公論』誌上での「時論と思潮」欄で、吉野は原敬を「政治を哲学と科学とから離し、まったく行き当りバッタリで行くべき筈《はず》のものとする、他に類型のない、世界無比の畸型的政治家」と酷評している。

一九一八（大正七）年九月に首相につき、一九二一（大正一〇）年一一月に暗殺されるまでの三年余は、その原敬の時代であった。

原内閣の成立は一九一八年九月末であったため、寺内内閣が作成していた一九年度予算案を大幅に修正することは不可能であった。予算案の概要は八月末までに確定するからである。

そのため、原敬の政友会の一貫した財政政策であった「積極財政」が具体化されたのは、翌一九二〇年度予算においてであった。第四二議会で高橋是清大蔵大臣が説明した積極予算の内容は、山本四郎氏の『評伝 原敬』に簡潔に要約されている（下巻、三四六頁）。それによると、それぞれ一四年と八年継続の陸海軍臨時費総額一三億五千余万円と、同じく継続事業としての電話交換拡張費総計三億四〇〇〇万円弱、および鉄道建設・改良費一億

原　敬

七〇〇〇万円（電話と鉄道の合計五億一〇〇〇万円）である。鉄道はもとよりながら、情報網の整備も重視されていたのである。これに前年度から着手された高等教育機関の拡充費とを合わせたものが、原内閣の四大政綱（国防の充実、教育の振興、産業の奨励、交通機関の整備）である。

原内閣は、第一次世界大戦後の世界的な好景気を背景に、この「積極政策」で総選挙を行いたいと、議会解散の機をうかがっていた。すでに記したように、寺内内閣の下で行われた一九一七年四月の総選挙で政友会は第一党に返り咲いたが、過半数には遠く及ばなかったからである（三八一議席中の一六〇議席）。

原首相は解散の名分を、野党憲政会と国民党などが議員立法として提出した普通選挙法案に見出した。一九二〇年二月に、憲政会、国民党、普選実行会から三者三様の普通選挙法案が提出されたが、仮に三案が一本化しても、保守系小会派の議席を政友会の一六二議席に加えれば、二十余票の差で同案を衆院で否決することはできた。しかし原首相はあえて衆議院解散の挙に出た。

衆議院で数の力で普通選挙法案を葬るよりも、議会を解散して直接民意に問う方が民主的なように響く。しかし、普選法案をこの議会で否決せずに議会を解散して総選挙を行い政友会が勝利した場合には、次の総選挙までの四年間、同党は普選尚早は国民多数の意見であると主張しつづけることができる。一年しかもたない衆院否決を避けて四年間有効の解散総選挙の方を選んだのである。

しかも、解散の理由が普選法案についての民意を問うというものであっても、総選挙における争点が普選問題になるとは限らない。すでに記した、鉄道拡充や高校や大学の増設や電話の拡充などの原内閣の四大政綱の是非も、当然有権者の投票行動に影響する。そして有権者は国税三円以上の納入者で（一九一九年改正）約三〇〇万人に増加していたが、男子普通選挙制の場合の四分の一にすぎず、しかもその大半は農村地主であった。所得税の免税点の関係から、納税資格が一〇円以上から三円以上に下げられても、その範囲の所得税納入者は増加しなかったからである（成沢光「原内閣と第一次世界大戦後の国内状況(2)」『法学志林』一九六九年、六六頁）。

大戦景気の最後の年になる一九二〇年に、農村地主中心の約三〇〇万人の有権者の大半が積極政策の政友会に投票すれば、それが同時に普通選挙反対（もしくは尚早）の民意の表明になるというのは、巧妙という言葉を超える政治的トリックである。筆者が平民宰相原敬を「大正デモクラシー」に敵対した政治家とみなす最大の理由は、ここにある。

総選挙の結果は政友会の圧勝であった。二月の解散時と五月の総選挙の時では議員総数が大幅に異なるから（三八一→四六四）、議席数の単純比較ではなく、総議席中に占める各党議席の比率をくらべるのが正確であろう。それによると、政友会の議席比率は、約四二パーセントから約六〇パーセントに大幅に増えたのに対し、野党憲政会のそれは約三一パーセントから約二一パーセントに減少している。与党六〇パーセント、第一野党二一パーセントという数字は、政友会時代の到来と普通選挙運動の敗北を象徴している。

†二大政党制を拒む平民宰相

しかも政友会の原敬は、一九〇五（明治三八）年の日露戦争の終了以後、一貫して政党間の政権交代を避け、政権を離れるときは元老山県有朋が握る軍閥・官僚閥に内閣を譲ってきた。第一野党の憲政会には政権を渡さなかったのである。原は、一九二一（大正一〇）年においても、この態度を貫いた。同年四月に山県と会談した時の日記に、原は次のように記している。

「腰越より小田原に往き山県を訪問したり。談話の大要左の如し。（中略）
余も何時までも際限なく内閣に立つべきにあらざれば、未だ何ら考を極めたるにはあらざれども、是は実は考慮中なりと言いたれば、山県は、そんな事は不可なり、現内閣辞するも誰も跡を襲うものなし、（中略）決心してやるべし、と言うにつき、余は、そう単純にも参らざるべく、また辞せば誰かやる人は之あるべし。加藤高明も今少しく考あれば可なれども、何時も他に強られて動くには困ると言いたるに、山県は、加藤が朝に立ち普選をやるようの事あらば、自分は単身にても政友会を助勢すべしと勢よく言いたり。」（一九二一年四月四日、『原敬日記』第五巻、三六九頁）

この後半部分を、原敬は憲政会の加藤高明を後任に推したが、普選を嫌う元老山県有朋がそれに反対した、と読む人はまずいないであろう。誰がどう読んでもこの一文は、原敬が山県から、加藤高明は駄目だという言質を取ろうとしたものとしか解釈できない。この会談で原敬は、次の政権は憲政会には廻さず、山県配下の軍閥か官僚閥かに渡すから、もうしばらく政権を担当させてほしい、と言っているのである。

原敬に普通選挙法案をつぶされ、二大政党制までも否定されたことは、吉野作造の民本主義が完敗したことを意味する。事実、一九二〇年二月の野党三派の普選法案提出まで、三府三一県で合計一四四回も開かれた普選即行を求める国民集会は、それ以後は急速に姿を消していった（松尾尊兊『普通選挙制度成立史の研究』一九一頁）。

†吉野作造人気の盛衰

このことを逆に言えば、一九二〇（大正九）年までは、一九一六（大正五）年に「民本主義」を提唱した吉野作造の時代だったことになる。それは吉野自身の副収入の大きさに端的に表れている。この時期の吉野日記の解説を書かれた松尾尊兊氏の分析によれば、一九一五年から二二年にかけての吉野の収入は、「原稿料その他出版関係収入だけでも東大給与にほぼ匹敵し、講演謝礼その他を合すると二―三倍に達」したという（『吉野作造選集』第一四巻、三九五頁）。

このような吉野の詳細な収入記録は一九二二年までしかわからないので、普選運動の衰退とともに彼の副収入が減少していく姿まではわからない。しかし、一九一四年に論壇に登場してから二二年までの八年間（内、一九一四、一六、二〇、二一年分は不明であるが、大同小異だったと推定できよう）の吉野の副収入の多さは、彼の「民本主義」人気の高さを表していることは確かであろう。

そのような吉野民本主義の人気がいつ終わったのかは、正確には特定できない。しかし、その人気が大正時代の末期の一九二四（大正一三）年中には完全に終わっていたことを示唆する史料はある。東京帝大法学部の学生時代に、吉野の影響を受けて設立された新人会に入会した蠟山政道《ろうやままさみち》は、一九二五年一月の時論で、次のように記している。

「デモクラシーなる主義主張が曾《か》つて吉野博士その他の先進の士によって高唱せられ、論壇時論を風靡したこと、いまなお我らの記憶に鮮やかな所である。（中略）その後世間は社会主義的論議にその興味を見出し、デモクラシー論の如きは、古本屋の一隅に塵にまみれて見出さるるか、夜店の釣台の上により取り見取りのひやかし客の手に触れるに過ぎぬようになった。」（蠟山政道『日本政治動向論』八六―八七頁）

先に紹介した松尾尊兊氏の分析によれば、一九二二年の吉野の副収入は全収入の七三パーセントを占め、東大の給与は二七パーセントにすぎない。言い換えれば、吉野の著作も時論も、二二年一杯は「古本屋」や「夜店」に並んでいたわけではない。それがわずか二年後の二五年一月には、「古本屋の一隅」や「夜店の釣台」でしか見られないようになったのである。

大戦後には「民本主義」という限定語をやめて、堂々と「デモクラシー」を主張していた吉野作造らの運動が、このように急速にその人気を失っていった理由の一つは、いま引用した蠟山の一文に示唆されている。すなわち、「その後世間は社会主義的論議にその興味を見出」していったからである。

†普選運動から社会主義運動へ

吉野人気の始まりも終わりも、第一次大戦末期からの新時代の思想に影響された大学生たちの動向に左右された。その始まりを告げたのは、一九一八（大正七）年一一月の右翼団体浪人会代表（伊藤松雄、小川運平、佐々木安五郎、田中舎身）との立会演説会であった。その日の模様は吉野自身の日記に簡潔に記されている。

「六時より立会演舌始る。伊藤、小川、佐々木、田中の四君起《た》ち、その都度予も起ちて質問に答う。十分論駁し尽して相手をして完膚なからしめし積りなり。十時過凱旋す。外屋外同情者千数百、歩行自由ならず。警吏の助により辛うじて電車に飛び乗り帰る。外套と帽子とを失くす。」（『吉野作造選集』第一四巻、一六八頁）

この立会演説会を支えた東京帝大法学部の学生たちが、その翌月に「新人会」という思想団体を結成した。

しかし、第一次大戦後の新時代を代表する思想は、「デモクラシー」に限らなかった。

若い大学生や卒業生たちは、次第に社会主義国家を樹立したロシア革命の方に新時代像を求めていった。新人会の機関雑誌の名前が、『デモクラシイ』から『先駆』へ、そして『同胞』、『ナロオド』（ロシア語で人民の意）へと変わっていったことは、急進的な学生が普選運動から社会主義革命へと関心を移していったことを示している（H・スミス著、松尾尊兊・森史子訳『新人会の研究』参照）。

まず国民運動を起こし、次にその圧力で衆議院で普選法案を成立させ、その次に総選挙で民主主義政党を勝利させるという吉野路線は、手間と時間がかかる。しかも現実には、一九二〇年二月の数万人の普選大示威運動を無視した政友会内閣は、衆議院を解散して五月の総選挙で圧勝した。手間と時間をかけても普選すら実現できないかも知れない。

これに対し、労働者と農民が武装して支配階級を打倒するというロシア革命方式は、もし成功すれば、何段階もの手続を必要としない。さらに、投票所に足を運んで一票を投ずるという平凡な行為とは違って、「革命」という言葉には青年の心を打つロマンがある。そして当時の日本で共産党の結成をめざしていた山川均は、普選は労働者の革命意識を鈍らせる支配階級の罠であると説いていた。

戦後日本の近代史研究では、山川均は最も柔軟で現実主義的な社会主義者だったという評価が定着してきた。しかし、その山川は、一九二二（大正一一）年二月の雑誌『前衛』

に載せた論文で、正面から普選反対を唱えていた。

「普通選挙は近き将来に実現されるかも知れぬ。おそらく実現されるだろう。しかし今日となっては、よし議会の門戸が労働階級に開かれても、それはもはや日本の労働運動の本流を議院という安全弁におびきこむ力はない。（中略）しからば普選の危険——無産階級運動が議会主義によって去勢せられる危険——は全く過ぎ去ったであろうか。決してそうでない。なんといっても今はなお議会の門戸が固く労働階級に鎖されて居る。もしこの門戸がひとたび開かれたなら、日本の労働階級の一部分は、必ずこの平坦な道を選んで進もうとするに相違ない。」（『山川均全集』第四巻、二一三頁）

本書執筆中の二〇一一年においては、社民党や日本共産党の中にも、「無産階級運動が議会主義によって去勢せられる危険」を説く者は、まずいない。しかし、それは僅々ここ二〇年ぐらいのことであり、一九八〇年代までの日本の社会主義者や労働組合の指導者は、ソ連型の社会主義をめざし、総選挙よりも春闘のゼネストの方を重視していたのである。その意味で普選反対を叫んだ大正時代の社会主義者山川均は、戦後日本の反議会主義的な社会主義運動の原型を作ったと言える。

「デモクラシー」に熱狂した大学生たちが直接行動型の社会主義に転換した時、普通選挙運動と吉野民本主義は「左」からの支持を失った。他方で内閣と議会のレベルでは、一九二〇年五月の総選挙で普選に反対して圧勝した政友会が支配していた。二一年に原敬が暗殺され、翌二二年に第四代政友会総裁の高橋是清が海軍大将加藤友三郎《ともさぶろう》に政権を譲ったのは、政友会の伝統的手法であって、次の任期満了総選挙（一九二四年）の前には、再び政権を返してもらう筋書きであった。

†高橋是清の参謀本部廃止論

しかし、原敬の死後に総裁を引き継いだ高橋是清には、元老の信頼がなかった。石上良平の『原敬歿後』は、加藤友三郎首相（一九二三年八月、病死）の後継問題について、次のように記している。

「何月何日であるかはわからないが、岡崎〔邦輔《くにすけ》〕が西園寺を訪問して見ると、西園寺は『元老重臣中、高橋を推薦する者は一人もなし』と、二度言われたり。」（五九頁）

戦前日本を代表する財政家であった高橋の名誉のために言えば、元老間での高橋の不人気は、おそらく彼の「参謀本部廃止論」に原因していた。原内閣の大蔵大臣時代に印刷したが、原や田中義一（陸相）の忠告で配布を取り止めた『内外国策私見』（一九二〇年九月稿）の中で、高橋は次のような正論を吐露している。

「我が国の制度として最も軍国主義なりとの印象を外国人に与うるものは、陸軍の参謀本部なり。これ戦前〔第一次大戦前〕の独逸帝国の制度を模倣したるものにして、軍事上の機関が内閣と離れ、行政官たる陸軍大臣にも属せず、全然一国の政治圏外に特立して独立不羈《ふき》の地位を占め、啻《ただ》に軍事上のみならず外交上に於《お》ても動《やや》もすれば特殊の機関たらんとす。（中略）而《しか》して参謀本部について最近独逸帝国に於て示せる実例に拠れば、平素研究し施設せる軍事上の計画は、（中略）戦争長期に亘《わた》り敵国がその秘密を知るに及んでや、殆んど策の出づる所を知らず。（中略）無残なる敗北を遂げ五十年来の計画は一朝にして水泡に帰したり。然らば参謀本部の如き独立の機関を以て軍事上の計画を樹つるの必要あるなく、（中略）むしろこれを廃止して陸軍の行政を統一し、外交上の刷新を新に期するに如かず。」（『小川平吉関係文書』第二巻、一四〇―一四一頁）

当時の自由主義的学者の中でも、これほどに大胆な見解を公表していたのは、おそらく吉野作造一人である。有名な美濃部達吉の天皇機関説は、参謀本部や海軍軍令部の「統帥権の独立」は承認して、その代わりに軍縮条約などの軍隊の「編制権」を内閣の下に統一する、としているにすぎない（第6章参照）。

原敬は、彼や田中の忠告を受け容れて、高橋も「発表は見合わす」ことに同意したと記している（『原敬日記』第五巻、二九七頁）。しかし、政友会の中堅幹部にすぎなかった小川平吉の関係文書にこの印刷物が含まれていたことは、高橋が相当な範囲にこのパンフレットを配布していたことを示唆している。

学者や評論家ならばともかく、約一年のちには原敬の後を継いで大政友会の総裁となり、内閣を受け継ぐ高橋の印刷物である。第一次大戦でのドイツ敗北の原因は参謀本部の統帥権の独立にあり、と主張する高橋に、二度目の政権が廻ってこなかったのは、当然かも知れない。

しかし、衆議院の約六〇パーセントを占める政友会の総裁に政権を担当させないで、わずか二二パーセント弱の議席しか持たない憲政会の総裁に政権を渡すことは、元老会議にとっても不可能だった。高橋是清が首相に再任されない以上、加藤高明にも首相の座は廻ってこないのである。

二大政党に政権を渡せないならば、政府は超然内閣になるほかなかった。一九二二（大正一一）年六月に政友会の高橋内閣が退陣して以後、海軍大将が二回、枢密院議長が一回、三代にわたって非政党内閣が続いた理由は、ここにあった。

†高橋政友会の路線転換——第二次憲政擁護運動

一九〇五（明治三八）年の日露戦争以後約二〇年間にわたって続いてきた官僚閥との間での政権たらいまわしが実現不可能になった以上、高橋政友会としても別の途を探さなければならなくなった。その立場から過去を振り返れば、あの原敬ですら一度は政党連合によって官僚閥内閣を倒したこともあった。「閥族打破・憲政擁護」を唱えて第三次桂内閣を退陣させた第一次憲政擁護運動がそれである。政友会の高橋総裁は第二次憲政擁護運動への参加を決意した。

事の発端は、一九二三（大正一二）年一二月末に、無政府主義者難波大助が、議会の開院式に臨席のため虎の門に近づいた摂政の宮（のちの昭和天皇）の馬車に、杖の仕込銃から弾丸を打ち込んだことにある。この「虎の門事件」の責任を取って山本権兵衛内閣は同年末に退陣したが、退陣の理由はそれにとどまらなかった。

病死した加藤友三郎の後継首班に山本権兵衛が推薦されたのは、八月二六日であるが組閣を完了したのは九月二日であった。その前日の九月一日、関東大震災が起こった。死者約一〇万人、行方不明者約四万三〇〇〇人、家屋の全壊と半壊合わせて約二五万戸の大被害が、東京と横浜を中心に、千葉、静岡、山梨、埼玉、さらには長野、群馬、栃木の一部にまで及んだのである。マグニチュード七・九（八・二とも言われる）、中心地帯の震度六（当時は震度六以上の区分はなかった）という大地震であった。津波はたいしたことはなく、もちろん原発もなかったが、都心部では火災が激しく、東京での死者の大半は焼死者であった。

後藤新平の名とともに有名な帝都復興院が設置されたのは九月一六日であるが、政友会の高橋是清も憲政会の加藤高明も入閣を拒否した山本権兵衛内閣の下では、四億円を超える公債を財源とする復興復旧計画の方は議会を通過しても、一九二四年度予算自体は成立のメドがたたなかった。

山本内閣が虎の門事件で退陣したことについて、後を継いだ枢密院議長の清浦奎吾《けいご》は、次のように回顧している。

「私の如きは山本内閣の辞職に就きましては、かかる不祥事件の起きたことは洵《まこと》に恐懼に堪えないことではあるが、時局が時局であるから、この際踏み留ってやっては何《ど》うかと、忠告も致しましたが、一旦決心した以上は、なかなか飜さない人で、到頭辞職して

了《しま》いました。」（『伯爵清浦奎吾伝』下巻、二五九―二六〇頁）

この清浦の回想は、大震災後四ヵ月も経っておらず、まだ二四年度予算案を議会に提出したばかりなことを理由に、虎の門事件にもかかわらず山本内閣が存続しえたことを示唆している。政友会と憲政会を相手にして、二四年度予算を成立させるメドがたたなかったことも、同内閣退陣の一因だったように思われる。

それならば、貴族院を支持母体とする清浦奎吾は、いかなる勝算があって後継首班を引き受けたのであろうか。一九二四年一月末の議会解散時の各党の議席数を比較すれば、その理由は容易に推測できる。すなわち、政友本党一四九、政友会一二九、憲政会一〇三、革新倶楽部四三、その他三七、欠員三、合計四六四である。衆議院に二七八の議席を持っていた政友会が政友本党と政友会に分裂し、多数派の政友本党が清浦内閣の準与党となったのである。

†護憲三派内閣の誕生

しかし、同年一月一八日に、加藤高明、高橋是清、犬養毅（革新倶楽部）の三党首が、清浦内閣反対、政党内閣樹立を申し合わせた時、衆議院の多数派は政友本党ではなく、護憲三派になった（三党合計二五五、総議席は四六四）。五月の総選挙で護憲三派が政友本党に勝てば、「憲政の常道」にもとづいて護憲三派内閣が成立するのである。

選挙結果はそのとおりになった。護憲三派は三〇議席を増加して二八五議席を獲得し、政友本党は三四議席を減らし、第一党の地位を憲政会に奪われたのである（憲政会一五五、政友本党一一五、政友会一〇一、中正倶楽部四二）。当然のことながら護憲三派内閣の首相には、第一党の憲政会の総裁加藤高明が就任した。加藤と憲政会にとっては、一九一六（大正五）年に提唱した「憲政の常道」の実現であった（「苦節十年」、実際には八年）。

しかし、「憲政の常道」だけでは「再編の時代」は終了しない。普通選挙制とセットになってはじめて、第二次憲政擁護運動は第一次のそれとの違いを明確にできるのである。

この点では政友会はなかなか譲歩しなかった。衆議院解散後に開かれた憲政会と政友会の首脳会談においても、政友会は無条件の普通選挙には抵抗している（『原敬歿後』一五三頁）。しかし、言論界の考える第二次憲政擁護運動の課題は、普選であった。一月二日に日比谷の松本楼で開かれた有志新聞記者の会合は、「吾人は普選を即行するの内閣を要望し、この目的に副《そ》わざる時は、いかなる内閣の成立にも反対す」という申し合わせをしている（同前書、一〇二頁）。政友本党と離れて護憲三派連合に与した以上、高橋政友会には普選に賛成する以外の途は残されていなかったのである。

一九二四（大正一三）年六月に憲政会の加藤高明が三派を与党として成立した時、普選と二大政党制の同時実現は、もはや時間の問題でしかなかった。「再編の時代」の終了である。

第6章
危機 1925−1937

満州事変。1932年1月、中国人匪賊（抗日ゲリラ）の遺体を横目にしながら前進する日本軍兵士（写真提供：共同通信社）

1　内政・外交の両極化

†憲政会の二一カ条への固執——ワシントン会議

一九二五（大正一四）年五月に男子普通選挙制が成立し、八月初めには憲政会の単独内閣（第二次加藤高明内閣）が組織され、陸軍大将田中義一を新総裁とする政友会は政権を離脱した。普通選挙制と二大政党制慣行がスタートしたのである。「再編の時代」の終了である。

政友会の政権離脱は、護憲三派内閣で一時成立したリベラル連合内閣の崩壊を意味した。一九二五年八月以降、憲政会（↓一九二七年より立憲民政党〔以下、民政党と略記〕）は平和路線に舵を切り、反対に田中義一の政友会は保守化路線を鮮明に打ち出した。

一九二〇年の普選解散から政友会の政権離脱（一九二五年）までの五年間は、内政と外交を総合すると、実は政友会と憲政会は五分五分の関係にあった。すでに前章で明らかにしたように、原・高橋の政友会は内政面では明らかに反民主主義的であり、加藤高明率いる憲政会は一貫して普通選挙制を主張しつづけた点で、民主主義的な政党であった。

年表Ⅸ

年代		総理	出来事
1921	大正10	原 高橋	ワシントン会議（〜22）で四カ国条約調印
1922	11	加藤友	九カ国条約・海軍軍縮条約。山東半島租借権の中国への返還。イタリア、ファシスト政権成立
1924	13	山本 清浦 加藤高	護憲三派内閣成立。幣原外交（協調外交）の推進
1925	14	加藤高	日ソ基本条約。治安維持法。普通選挙法
1926	15	若槻	蔣介石、北伐開始（〜28）。大正天皇逝去
1927	昭和 2	田中	金融恐慌（鈴木商店倒産・台湾銀行休業）。田中義一政友会内閣成る（「田中外交」）。憲政会、政友本党と合同し立憲民政党結成。東方会議。関東軍、山東出兵（〜28）
1928	3		普通選挙実施。三・一五事件。済南事件。張作霖爆殺事件。パリ不戦条約
1929	4	浜口	民政党浜口雄幸内閣成る。世界恐慌
1930	5		金輸出解禁（金本位制復帰）。第2回普通選挙（民政党過半数）。ロンドン海軍軍縮会議。ロンドン条約調印

　しかし、外政となると、両者の関係は逆転していた。政友会の方が平和主義的で、憲政会の方が強硬外交だったのである。戦後日本の社会主義者や民主主義者が一番重視してきたのが「平和」だったことを考えると、普通選挙には反対したが、対外的には平和主義者だった原敬の評価が、戦後一貫して高かったことも不可解とまでは言えない。

　すでに前章で明らかにしたように、第一次大戦中の日本の対外政策は、植民地帝国主義から非植民地帝国主義へと、大きく揺れ動いていた。この流れを決定づけたのは、一九二一年末から二二年初めにかけて開催されたワシントン会議である。

第一に、二一年一二月に調印された英米仏日の四ヵ国条約で、日本は二一ヵ条型の植民地主義の担保であった日英同盟（一九〇二年成立）の解消を余儀なくされた。第二に、二二年二月調印の九ヵ国条約によって、中国の主権と領土の保全、および内政不干渉が条文化された（米、英、仏、伊、蘭、日、ベルギー、ポルトガル、および中国）。この二つの条約によって、戦前戦中の日本の中国政策は、大きな転換を迫られたのである。その第一歩は、二一ヵ条要求中の山東半島租借権の中国への返還となってあらわれた（山東懸案解決に関する条約、一九二二年）。これによって日本の中国権益は、満蒙の鉄道、鉱山と鉄道沿線の関東軍による守備権を残すだけとなったのである。

一九一五年の二一ヵ条要求当時の外相であった加藤高明を総裁に戴く憲政会は、この山東還付条約に強く反発した。二二年四月の同党の議会報告書には、次のように記されている。


「山東処分の問題は大正四年（一九一五）五月、大隈内閣のいわゆる日支協約によりて成立し、巴里講和条約第一五六乃至《ないし》一五八条によりて世界的に確定せられたる問題なり。

華府〔ワシントン〕会議が特定国間の問題は議題外なりとの原則によりて、この間また容喙を容《ゆる》すべきに非ざるにかかわらず、（中略）我が主張は譲歩また譲歩、全然支那の希望通り決定したり。」（『憲政』第五巻、三号、六頁）

†政友会の協調外交

これに対し政友会は、原敬の没後においても、ワシントン体制を全面的に支持しつづけた。一九二三（大正一二）年四月の議会報告書において同党は、「自国の利権伸張のみを事として他を顧みない帝国主義の時代は既に去った」と明言し、その観点から山東半島の中国への返還を肯定している（『政友』二七二号、一四頁）。憲政会が第一次大戦までの帝国主義外交を、政友会がアメリカ主導の平和と民族自決主義を唱えていたのである。

ちなみに、ワシントン会議のもう一つの課題は海軍軍縮で、その内容は、主要国保有の主力艦を英米一〇、日本六、仏伊三・三の比率に定めたことにあるが、この時点では日本海軍も大きな抵抗をしなかったので、詳細は省略したい。

以上に見た対外政策における憲政会と政友会の相違を、前章で見た普通選挙制をめぐる両党の対立と比較すれば、国内の民主化については憲政会が、対外政策については政友会の方が、進歩的だったことが明らかになる。細かい留保をつけずに単純化すれば、「平和と民主主義」を両党が分かち合っていたということができよう。

このような状況の下で二大政党制が成立すれば、「危機の時代」にはならなかったであろう。政友会と憲政会のどちらが政権についても、「平和」か「民主主義」のどちらかが担保されるという二大政党制は、面白味には欠けても、極端な右傾化はもたらさないからである。

†憲政会の方向転換――幣原外交

しかし、一九二四(大正一三)年の護憲三派内閣の成立を機に、憲政会がその対外政策を、国際協調と中国内政不干渉政策のセットに切り換えた。有名な幣原外交の発足である。幣原喜重郎自身にとっては原敬内閣時代からの自論の表明にすぎなかったが、加藤高明の憲政会にとっては、対外路線の大転換であった。

しかし、幣原はこの大転換を自分に引きつけて、「外交政策継続主義」と簡単に片付けた。すなわち、「一国の政府が公然外国に与えた約束は、条約に依ると否とを問わず、如何に政府又は内閣の更迭がありましても、これらの更迭によって変更し得べきものではありませぬ」と(『幣原喜重郎』二六三頁)。

この幣原の指摘は、当時にあっても、二一世紀初頭の今日においても、意外に重要なものかも知れない。これから二大政党時代を迎えようとしていた一九二四年の日本で、政権が交代するたびに、帝国主義型外交とワシントン体制型外交を交互変更していたのでは、同盟国は対日政策を一定できない。これは今日においても同様である。

対外政策の基本は時には大変更を迫られるかも知れない。たとえば第一次大戦中と大戦後では世界秩序そのものが変化したのであるから、日本の対外政策の基本が変わるのは当然であった。

しかし、これから始まる憲政会と政友会の二大政党制時代に、二、三年ごとの政権交代のたびに対外政策の基本が変わったのでは、日本の対外的信用は失墜する。幣原の言う「外交政策継続主義」の重要性は、二〇〇九年成立の鳩山由紀夫内閣の失敗を経た今日のわれわれには、十分に理解できよう。

幣原喜重郎

†田中政友会の方向転換

しかし、戦前日本の二大政党制下でも、幣原の「外交政策継続主義」は守られなかった。加藤高明、若槻礼次郎の憲政会内閣が退陣した時、政友会の田中義一内閣（一九二七年四月成立）は、この「外交政策継続主義」を完全に無視したのである。田中義一の政友会内閣は、単に憲政会の幣原外交を否定しただけではなく、原敬時代の政友会の対外路線をも転換したのである。

原敬時代の政友会の対外路線をもっとも鮮明に打ち出したのは、前章で紹介した参謀本部廃止論を唱えた大蔵大臣高橋是清であった。原敬生存中の一九二一（大正一〇）年五月に印刷発布された「東亜経済力樹立ニ関スル意見」の中で、高橋は次のように論じている。

「歴代の政府いずれも抽象的に〔日中〕親善を口にするも、その過去の実績に徴するに、支那においては勿論、世界の列強より、領土的、侵略的、排他的なりと評せられ、あるいは利権獲得と目せられ、あるいは内政干渉と認められ、その結果、支那に対する外交上の交渉は円満を欠き、如何なる方策も左牴右梧《さていうご》、容易に行われ難き状況にあり。」
（『小川平吉関係文書』第二巻、一四六頁）

このような、過去の日本の対中政策への反省から、高橋は、関東軍をはじめとする中国駐屯の日本軍の撤兵を唱えた。すなわち、

「その根本更革の大要は、支那及び列強誤解の原因となりたる駐屯軍の如きは、支那との諒解の下に速《すみやか》に撤退し、また各地の軍事的施設もまた速に撤退し、山東においても満蒙においても、いやしくも領土的侵略的野心の発露と誤解せられし政策及び施設は、断然更改するを急務とす。」（同前書、一四六―一四七頁）

原敬内閣の大蔵大臣で、原の死後はその後を継ぐことになる高橋是清である。ましてや、明治末年から一九三六（昭和一一）年の非業の死まで、日本有数の財政経済の専門家として知られた高橋の意見書である。それが売名のため極論を公表する評論家の空想論であったはずはない。高橋には、第一次世界大戦後の日本の財力と技術力とが、もはや軍事力を必要としない対中政策を可能にしているという認識があったのである（同前書、一四六頁）。

高橋是清

この意見書を、五年後の一九二六年一一月の、同じ政友会総裁の田中義一の「産業立国」論とくらべてみれば、政友会の対外政策の大転換は一読して明らかである。田中の「産業立国」とは、資源の確保のために「満蒙特殊地域」を武力をもってでも擁護するというもので、原敬・高橋是清時代の政友会の対外政策を一八〇度転換したものだったのである（『政友』三一〇号、三頁。一九二六年一一月の地方大会での田中の演説）。

その結果が田中の政権就任以後の一九二七（昭和二）年六月の東方会議であり、それに先立つ関東軍の山東出兵（第一次、同年五月）であった。

前者は、外務省主宰の下に、陸海軍大臣、大蔵大臣、在中国公使・総領事に関東庁と朝鮮総督府の代表を加えた会議で、蔣介石率いる国民党軍のいわゆる北伐（中国統一のための北方軍閥攻撃）から日本人居留民と日本の特殊権益を武力で保護することを決定したものである。後者は、この東方会議の決定を先取りして行われたもので、日本の満蒙権益を守るために、北伐軍を山東省で食い止めようとする、中国内政への武力干渉の第一歩であった。

原・高橋時代からの政友会の方向転換は内政面にもあらわれた。すでに前章で明らかにしたように、原・高橋時代の政友会は普通選挙制には反対しつづけた。しかし他方で、高橋の「参謀本部廃止論」に見られるように、天皇と軍部の直結には否定的であった。原敬自身も日記の中では、象徴天皇制論すら主張していた。すなわち、「皇室は政事に直接御関係なく、慈善恩賞等の府たる事とならば安泰なり」と（第五巻、二七六頁、一九二〇年九月二日）。

これに対し田中時代の政友会は、「皇室中心主義」を振りまわした。後に同党総裁となる鈴木喜三郎は、田中内閣の内相時代に、民政党の議会中心主義を批判して、「我が帝国の政は一に天皇陛下が総攬《そうらん》あらせられ、即ち皇室中心の政治であるは炳乎《へいこ》として瞭《あきらか》である。議会中心主義など言う思想は民主主義の潮流に棹《さおさ》した英米流のものであって、我が国体とは相容れない」と断言している（批判された民政党の機関誌『民政』より引用。第二巻、第三号、三六頁、一九二八年三月）。もし原敬がこの一文を読んだら、卒倒したにちがいない。

†憲政会の「平和と民主主義」

このように外交内政の両面で右傾化を鮮明にした政友会に対して、憲政会（民政党）は幣原外交とともに、内政面でも民主化を強調した。憲政会の機関誌『憲政公論』は、かつて吉野作造が唱えた「民本的政治」の継承を明言して、次のように論じている。

「素直に露骨に言明すれば、少数の有産階級と少数の特権階級の生活を引下ぐると同時に、最大多数の階級、殊《こと》に貧民階級の生活を向上せしむることが、政治の全部であると

信ずるものである。」（一九二六年一二月号、三八頁）

以上により明らかなように、護憲三派内閣から政友会が離脱した一九二五（大正一四）年七月末以来、憲政会（民政党）と政友会の対立点は、外政においても内政においても、明確になってきた。正確に言うためにはいくつかの留保をつけなければならないが、単純化して言えば、「平和と民主主義」の憲政会（民政党）と、「侵略と天皇主義」の政友会との、二大政党制が発足したのである。

†二大政党制と政策距離

二大政党間の相違が曖昧な方がいいのか、鮮明な方がいいのかは、一般的には断定できない。「保守党」と「自由党」の対立幅が小さいことにイギリスの二大政党制の利点を見出したのは、一八七九（明治一二）年の福沢諭吉であった（『民情一新』参照）。しかし、争点の小さい二大政党制では、政権交代の結果、財界、労働界、農業界、失業者の誰が利益を得るのかがわからない。福沢の言うことは理解できても、他方で味気なさは否定できない。結局、問題は一般論では解決できず、具体的に検討するしかないようである。

第一次大戦後から一九三二（昭和七）年の五・一五事件までの十数年間の政治において

は、政友会と憲政会（民政党）が内政と外交において一長一短であった一九二〇年代前半の時代の方が、政治の安定と進歩に役立ったように思われる。両党のどちらが勝っても。「平和」か「民主化」の一つは担保されるからである。反対に、憲政会（民政党）が勝てば「平和と民主主義」が、政友会が勝てば「侵略と天皇主義」が強調されるという一九二五年から三二年にかけての二大政党制は、政党政治だけではなく、日本国家そのものを「危機の時代」に導いた一因だったように思われる。

†陸軍中堅の満蒙領有論

二大政党制の一極が中国に対しての武力的進出を容認するという一九二五（大正一四）年以降の政治状況は、陸軍内の満蒙強硬論者を元気づけた。田中義一の政友会内閣が、東方会議を開き、三次にわたる山東出兵を行った一九二七（昭和二）年から二八（昭和三）年にかけて、陸軍の佐官級将校（大佐、中佐、少佐）が、永田鉄山（大佐）、東条英機（中佐）、石原莞爾《かんじ》（少佐）を中心に、「木曜会」という会合を開催した。永田鉄山も出席した一九二八年一月の第三回会合では、石原莞爾が有名な「世界最終戦論」の骨格を報告している。同会の主要メンバーの一人鈴木貞一少佐が保管していた「木曜会記事」によれば、その席での石原の報告は、次のようなものであった。

「我が国防方針、石原少佐。（中略）将来戦の予想。国家総動員に依る消耗戦略にあらずして、政治家等に文句を曰わせざるに先《さきだ》ち、一挙にしかも徹底的に敵を殲滅《せんめつ》するに在り。其は空中戦なり。

最後の戦争。日米が両横綱となり、末輩これに従い、航空機を以て勝敗を一挙に決するときが世界最後の戦争にして、爾後《じご》は武力は世界の警察となる。その時機は、一、航空機が世界を一周するとき。二、西洋文明の中心が完全に米に移り、日本独特の文明が日本に完成するとき。（下略）」（『鈴木貞一氏談話速記録』下巻、三六八―三六九頁）

実際には、一九三七（昭和一二）年から一九四五（昭和二〇）年にかけて起こった日中戦争と太平洋戦争は「国家総動員に依る消耗戦」そのものであり、日米間の「空中戦」はその最後を飾ったにすぎない。石原の先見の明はSFの世界のものにすぎなかったのである。

しかし、SFの世界の話として読めば、石原の世界最終戦論は、相当なものだった。B29は、地球一周とまではゆかなかったが、航続距離は六五〇〇キロにわたった。地球の半径六四〇〇キロとして、地球一周の六分の一弱は飛べたのである。また、日米戦争に勝利して以後のアメリカが「世界の警察」になったのも、石原の予言どおりであった。

しかし、三次にわたる政友会内閣の山東出兵を眼前にしていた陸軍の佐官級将校の関心は、SFの世界にとどまってはいなかった。一九二八年三月の第五回会合では、「満蒙に完全なる政治的権力を確立する」ことが、東条英機中佐から提案され、決議された。すなわち、「帝国自存のため、満蒙に完全なる政治的権力を確立するを要す。これがため、国軍の戦争準備は対露戦争主体とし、対支戦争準備は大なる顧慮を要せず。但《ただ》し、本戦争の場合に於《お》いて米国の参加を顧慮し守勢的準備を必要とす」、と(同前書、三七八―三七九頁)。

会員のうち、永田は歩兵第三連隊長、東条は陸軍省整備局課長、石原は陸大教官、鈴木貞一は参謀本部作戦課員、鈴木宗作は参謀本部員、根本博《ひろし》は軍務局支那班、坂西一良《ばんざいいちろう》は陸大教官、横山静雄は参謀本部員、土橋一次《つちはしいちじ》は支那政府軍事顧問、高嶋辰彦は陸軍省軍務局課員であった。すなわち、陸軍省と参謀本部を横断する佐官級将校の同志的会合が木曜会だったのである。そのような会合が「満蒙に完全なる政治的権力を確立する」ことを目標にしたことの意味は大きい。保守政党政友会の内閣が武力による満蒙権益擁護を打ち出した時、陸軍の省部を横断する中堅将校たちはさらに一歩を進めて、満蒙領有をめざしはじめたのである。

†民政党の対中国協調論

政友会内閣の対外政策の右傾化が陸軍中堅将校の満蒙領有論を誘発したとすれば、野党民政党はいわば「左」から、田中内閣の山東出兵を批判していた。同党の浜口雄幸総裁は、機関誌『民政』の中で次のように論じている。

「〔田中〕内閣成立後幾何《いくばく》もなく支那動乱の余勢が山東に及ばんとするの傾向あるや、〔現〕政府は、（中略）時局の発展に対する判断を誤り、周章兵を山東に出し、次でこれを済南に進めたのである。その後隣邦の推移に照し出兵の必要がなかったと云うことが愈々《いよいよ》明白となるに及んでも、（中略）荏苒《じんぜん》三ケ月の久しきに渉《わたり》て忠勇なる陛下の軍隊を徒《いたずら》に外国に駐《とど》め、為に帝国の公正なる態度に対して内外の疑惑を招き、国交の将来に一点の陰影を投じたることは、寔《まこと》に遺憾に堪えざる所である。」（第二巻、第二号、一九二八年二月）

一九二五年八月の第二次加藤高明内閣以来、日本でも二大政党間での政権交代が定着してきたから、次に民政党内閣が成立すれば日本の中国政策は大きく変わるのである。具体的に言えば、政友会内閣の場合には軍隊を中国に派遣して日本人居留民を守る「現地保護」政策が行われたのに、次の民政党内閣においては中国内政不干渉の観点から、派兵ではなく居留民の一時引揚げが行われたのである。

政権交代のたびに対中政策が大きく変わることに、先に紹介した陸軍中堅将校は強い不満を抱いていた。日本外交史研究の第一人者である井上寿一氏の近著（『戦前日本の「グローバリズム」』）は、木曜会の鈴木貞一少佐の次のような回想を紹介している。

「政党不信は結局やっぱり疑獄とかそういう事から出たわけですが、それにもまして、選挙における民政党、政友会が敵味方になって争うという事、この分裂状態というものが、国家の安全保障を考えている軍人の目から見ると、耐えられない。」（同前書、三七頁から再引用）

†ロンドン海軍軍縮と統帥権の独立

ここで鈴木の言う、二大政党制の安全保障への影響がもっとも鮮明に出たのが、一九三〇（昭和五）年のロンドン海軍軍縮問題をめぐる民政党と政友会の対立であった。しかもこの問題は、安全保障上の観点からする海軍軍縮の是非の問題にとどまらず、すでに指摘した天皇制をめぐる政友会と民政党の対立に連動するものであった。あるいは後者の方が前者よりも重要な争点となったと言ってもいい。いわゆる統帥権干犯問題がそれである。

大型巡洋艦の対米七割が守れないままにロンドン条約を調印しようとする浜口雄幸内閣に対抗して、海軍軍令部長の加藤寛治《ひろはる》が直接天皇に不同意の上奏を行おうとして天皇側近に阻まれ、この上奏を待たずに内閣が条約調印の指令をロンドンの全権団に発してしまったことが、いわゆる統帥権の干犯問題である。

参謀総長や海軍軍令部長が、総理大臣や陸海軍大臣を経由しないで直接天皇に上奏する権限を、当時「帷《い》幄《あく》上奏権」と言った。この権限の行使を待たずに、あるいは無視して、政府が海軍軍縮条約に調印してしまったことが、海軍軍令部の「統帥権」を「干犯」したというのである。そして「統帥権の干犯」という名文句で政府を攻撃する智恵を海軍や右翼につけたのは、日本ファシズム最高の理論家北一輝であることも、今日の学界の常識になっている。

しかし、当時の有名な評論家馬場恒吾《つねご》は、「統帥権の干犯」を最初に言い出したのは野党の政友会だったと記している。軍縮条約調印から約三年後の『中央公論』誌上の評論で、馬場は次のように記している。

「人の知る如く、ファッショの擡頭《たいとう》した原因の一つは倫敦軍縮会議に関連している。かれらは、この軍縮会議に於て日本は不当に譲歩した。また、この軍縮条約を調印するに際して、民政党内閣の浜口首相が採った行動は、兵力量の決定に関する〔天皇の〕大権を干犯したと云うのであった。それは後にファッショ勢力のスローガンまで発展したのであるが、その当時主にそれを主張したのは政友会であった。」（一九三三年八月号、七一―七二頁）

馬場の示唆に従って、条約調印の三日後の衆議院における政友会の鳩山一郎の質問演説を見てみよう。もっとも、この鳩山主犯説も今日では広く知られるようになってきたので、ここでは特に憲法解釈論としてのその質の高さに注目したい。

「海軍の軍令部条例にも、（中略）海軍軍令部長は天皇に直隷《ちょくれい》して天皇の帷幄《いあく》の機務に参し、用兵国防に関する事に参画をして、そうして親裁の後にこれを海軍大臣に移すと云うことに規定しておる。即ち用兵に於ても国防に於ても、その間には全く区別がしていない、ありませぬで、共に軍事専門家を信頼してその自由に一任してあると云うことは、何人も異存を挿む余地はないではないか（拍手）、（中略）一般の政務、これに対する統治の大権については内閣が責任を持ちますけれども、軍の統帥に関しての輔弼《ほひつ》機関は内閣ではなくして、軍令部長又は参謀総長が直接の輔弼機関であると云うことは、今日迄《まで》は異論がない。（中略）果して然らば、政府が軍令部長の意見に反し、あるいはこれを無視して、国防計画に変更を加えたと云うことは、洵《まこと》に大胆な措置と謂わなくてはならない（拍手）。」（『帝国議会衆議院議事速記録』第五四巻、一九三〇年四月二五日、傍点筆者）

鳩山のこの主張は、明らかに浜口内閣の背後にいた憲法学者美濃部達吉の議論を意識してのものだった。

†美濃部憲法学と海軍軍令部条例

一九二七（昭和二）年に『逐条憲法精義』を刊行した時、美濃部はすでに、一九一四（大正三）年に「軍令」で定められた海軍軍令部条例を根拠に、鳩山一郎のような「統帥権干犯」論が成立することに気付いていた。明治憲法第一一条の「統帥権」と第一二条の「編制権」を峻別して、軍縮条約のような「国防」に関するものは内閣の責任であり、「作戦用兵」に関する「統帥権」とは別物であるとする彼の憲法論の前に、「海軍軍令部条例」が立ちふさがることを予想していたのである。

そこで美濃部は、「軍令」とは軍隊内部に関する規律にすぎず、「国家」レベルの問題は大臣の副署を要件とする「勅令」によって定められなければならない、という議論を展開していた（『逐条憲法精義』二六一頁）。

しかし、「軍令」にしろ「勅令」にしろ、ともに天皇自身の裁可によって出される。同じく天皇の裁可を得た「軍令」と「勅令」が矛盾する場合には、天皇の意思自体が分裂してしまう。そこで美濃部は、「軍令」を出す「大元帥」としての天皇は、「勅令」を出す「国の元首」としての天皇とは別物であり、前者の天皇は後者の天皇に従うべきであるという、アクロバチックな解釈を公表した（一九三〇年九月八日、『議会政治の検討』一三四頁）。

学者間の議論ならば通るかも知れないが、こんな議論が政治の世界で通用するはずがない。素人の頭では、一九一四年に海軍軍令部条例が軍令として出された時にはすでに明治憲法は存在していたのであるから、この「軍令」は「明治憲法」によって承認されたものと考えざるをえない。鳩山一郎の解釈の方が「政治の世界」では有効であり、天皇という一人の人物を、「大元帥」と「国家の元首」に二分するというような美濃部憲法学が「政治の世界」で通用するはずはなかったのである。

†軍令部の自制

しかも、英米仏伊に日本が加わって会議したロンドン海軍軍縮条約が「憲法の世界」の問題だったのは、日本国内だけでの話であった。それは国際的には、れっきとした「政治の世界」の問題であった。そのことは、日本国内でこの条約の調印に反対していた加藤寛治軍令部長自身が一番よく理解していた。「統帥権の独立」を守るために断乎《だんこ》頑張れと激励にきた右翼の大物頭山満《とうやまみつる》に対して、加藤は次のように諭している。

「加藤はその職責の命ずる処《ところ》に従い所信を以《もっ》て進んでおります。誰にも相談せず、誰にも聴かず。ただ御深慮願度事《ねがいたきこと》は、本件は国防の重大事の外、外交上また重大問題を伴うておる。最慎重にせんと累《るい》を上御一人に及《およぼ》す恐れあり。」(『続・現代史資料5　海軍　加藤寛治日記』九四頁)

英米日仏伊の五カ国の条約を日本の海軍軍令部の不満だけで不成立にするわけにはゆかない、と当の軍令部長が頭山に述べているのである。言うまでもなく加藤の立場は、「軍令部は国防用兵の責任者として、米提案を骨子とする数字は計画上同意し難」いというものであった（同前書、同頁）。しかし、すでに政府が同条約調印の指示を全権団に出している以上、軍令部長が「統帥権の干犯」という日本の国内事情だけで軍縮会議を挫折させるわけにはゆかない、と加藤自身も判断していたのである。

憲法問題は日本国内限りの問題であり、軍縮条約は国際間の外交問題でもあるとする加藤寛治の態度は示唆に豊んでいる。そのような加藤の自制された強硬論を尻目に、二大政党制の下での政党は憲法解釈論争に熱中していったのである。

†美濃部の勇み足

これは、政友会の鳩山一郎一人の罪ではない。民政党の浜口首相自身は、軍縮条約調印は政府の責任で行ったが、「その決定に関し憲法第何条に因《よ》ったかと云う如き憲法上の学究的論議は、銘々の研究に委《まか》すべきもので、吾々にその暇はない」という態度を貫いた（『民政』第四巻、第六号、三頁、一九三〇年六月）。しかし、野党政友会は前記のように衆議院で憲法論争を挑んだし、浜口首相が回避につとめた民政党側の憲法解釈は、憲法学者の美濃部達吉が代弁役を買って出た。彼は新聞や雑誌に、軍部批判の憲法論を華々しく展開したのである。

美濃部の見解は以下に見るように「正論」ではあった。しかし、五カ国間の軍縮条約の是非という現実問題とは、相当にかけ離れた議論であった。その主張のいくつかを紹介しておこう。

「国防に関して海軍軍令部又は軍事参議院の有する権能は、ただ国防計画に関し軍部限りの立案をなすことに存する。（中略）それは言わば技師の立てた設計に類するもので、国家に対しては唯一つの参考案たるに止まる。」（四月二一日、『帝国大学新聞』）

ここまで言われれば、軍令部だけではなく、海軍将校一般も反発したであろう。さらに美濃部は論争範囲を拡げてゆく。

「軍部の当局は、自ら戦争の任に当るべき当事者であるから、いやが上にも戦闘力を強からしむることに努むるのが当然の傾向であって、外交、財政、経済、世界的思想の趨勢等、政治上の関係を考慮することの乏しいのは、免れ難いところである。これに絶対の価値を置くことは、国家をして軍国主義の弊に陥らしむる恐れがある。」（五月四日、『東京朝日新聞』）

これも相当に大雑把な議論である。海軍軍令部が「外交、財政、経済、世界的思想」の知識に乏しいというのは美濃部の独断であって、根拠は挙げられていないのである。厳密に言えば、「知識」に「乏しい」とは言っておらず、「考慮することの乏しい」と書いたにすぎないが、読後感は同じである。

さらに、海軍軍令部は大型巡洋艦の対米七割に固執し、政府は対米六割に譲歩したのは事実であるが、このことからただちに「国家をして軍国主義の弊に陥らしむる恐れがある」とまで言うのは、飛躍のしすぎであろう。「ロンドン条約をめぐる種々の論争は、その根底においては、平和主義と軍国主義との争いに外ならぬ。（中略）兵権を以て政権の上に立たしめんと努めるのは、国家のために危きことこの上ない」（九月八日、『帝国大学新聞』）という主張には、「平和と民主主義」の驕りすら感じられる。事の当否を別にすれば、ロンドン軍縮問題で涙を呑まされたのは、海軍軍令部の方である。「兵権」が「政権」の上に立ったのではなく、「政権」が「兵権」を抑え込んだのである。

美濃部の海軍挑発の極めつきは、陸海軍大臣文官制の提唱である。彼は一九三〇年五月二〇日前後に発売された雑誌『改造』の六月号で、次のような大胆な主張を公表している。

「政府をして真に独立の政治上の見地から、軍部の意見に拘らず兵力量を定め得べからしむるには、軍部大臣の武官制を撤廃するより外途《ほか》は無い。（中略）而《しか》して文官制の採用に依って始《（ママ）》めて、軍部と政府との関係を明白且《か》つ円滑ならしむることが出来るであろう。」（『議会政治の検討』所収、一三八頁）

†海軍青年将校の反発

大型巡洋艦の対米六割を呑まされた上に、陸海軍大臣の文官制まで迫られては、海軍青年将校が激怒するのも当然である。もちろん美濃部は民政党とは独立に、憲法学者としてその見解を発表していたにすぎない。しかし、海軍青年将校のリーダー格であった藤井斉《ひとし》中尉は、浜口民政党内閣の軍部に対する態度は、今ここに紹介した美濃部の一連の主張と同様のものと理解していた。一九三〇年五月八日付の九州の同志宛の手紙の中で、藤井は次のように記している。

「議会中心の民主主義者が明かに名乗りを上げて来たのである。財閥が政権を握れる政党政府、議会に対して国防の責任を負うと云うし、浜口は、軍令部、参謀本部を廃し帷幄上奏権を取り上げ、軍部大臣を文官となし、かくて兵馬の大権を内閣即ち政党の下に置換えて、大元帥を廃せんとする計画なり。今や政権は天皇の手を離れて、最後の兵権

まで奪わんとす。」（『現代史資料4　国家主義運動㈠』五三頁）

浜口首相をはじめとする民政党首脳部が、ここで藤井が要約しているような大胆な発言をした史料は読んだことはない。しかし、美濃部達吉の主張が民政党内閣の立場を代表しているとみなせば、藤井の要約は驚くほど正確である。民政党の浜口内閣が海軍軍令部の反対を無視してロンドン条約に調印し、海軍軍事参議官会議や枢密院の抵抗を抑え込んで同条約の批准を達成した時（四月二二日、一〇月二日）、海軍青年将校だけでなく、陸軍青年将校をも含めた、軍事クー・デターへの動きが活発化していった。

†陸海軍青年将校の接近

詳細な経緯を省いて、翌一九三一（昭和六）年一月の藤井斉の日記によって、この青年将校運動の動向を見てみよう。ただ、引用文だけでも読むのが面倒な上に、そこに注記が多数あるのではさらに読みにくさを増すので、この半頁の一日分の日記に出てくる主要人物を、登場順に略記しておけば、次の通りである。

・荒木貞夫。陸軍中将、第六師団長（熊本）。後の皇道派の中心人物。

・菅波三郎。陸軍中尉、藤井斉がもっとも信頼していた陸軍青年将校。後に五・一五事件に際しては、陸相官邸に押しかけて陸軍の蹶起《けっき》を荒木陸相に迫った。

・栗原安秀。陸軍少尉。後の二・二六事件に連座して一九三六年七月死刑に処せらる。

・四元義隆。井上日召の影響を受けて、七高（鹿児島）時代に敬天会を組織。東京帝大法学部入学後、上杉慎吉の門下生となるが上杉の死後、井上の寄宿する安岡正篤《まさひろ》の金鶏寮に入寮。

・井上日召。東洋協会専門学校中退。一九一〇年から九年間中国に滞在。帰国後日蓮宗に帰依し茨城県に立正護国堂を設立し、地元の青年と国家改造をめざす。一九三〇年に同県の霞ヶ浦航空隊にあって同じく国家改造をめざす藤井斉と知り合い、以後行動を共にす。五・一五事件に先立ち血盟団事件を起こし、無期懲役に処せらる。

・権藤成卿《ごんどうせいきょう》。青年時代に、韓国、中国、ロシアを歴訪し、中国の革命家と交流を深めた。一九二七年に『自治民範』を著し、土地と穀物を共有する農本主義的な自治の伝統を重視した国家改造をめざし、井上日召、藤井斉らの導師となった。

・代々木。西田税《みつぎ》を指す。陸軍士官学校在学中に北一輝の感化を受け、一九二五年予備役となって以降は北の名代的存在となり、陸軍青年将校運動のリーダーとなる。

後の血盟団事件、五・一五事件、二・二六事件の指導者となっていくこれらの人物を念頭において、一九三一年一月一〇日の藤井の日記を見てみよう。

「荒木六師は覚悟は十分。鹿児島は菅波配下栗原少尉大丈夫。菅波君は地方によって事を挙げ以て中央の奮起を促さんと云う考ありしも、今度漸《ようや》く中央の重要なるを悟り、その連絡及び立ち後れざらん事を憂いつつありと。四元配下北原は七高一年なれども、その敬天会を牛耳り始めた由、闘士なりと。（中略）井上氏計画は、素行会、正義団を以て宇垣〔一成〕をかつぎ既成政党の打倒を断行、同時に宇垣を倒さんと浜〔勇治〕より来信あり。権藤翁に会いその学識に驚けり。代々木は退院、元気横溢、民政内閣を倒し政友を立てん計略。しかれども民政改造の危険あり、左右両派を通じ非活発の由。」

（『検察秘録　五・一五事件』第三巻、六五五頁）

政友会が「統帥権の干犯」で民政党内閣を追及し、民政党内閣を代弁して美濃部達吉が陸海軍大臣の「文官制」を提唱しているうちに、二大政党の支配そのものを倒そうという「ファッショ」勢力が、陸軍、海軍、民間右翼の間で、横断的結合を計りはじめたのである。

†「明治維新」と「昭和維新」

陸海軍青年将校と民間右翼の横断的結合は、本書第1章で検討した幕末期の薩長土三藩の下級武士と脱藩浪士の横断的結合と、形の上では酷似している。しかし、国が上昇過程に入った時と下降局面に入った時とでは、「下剋上」のもたらす結果が全く異なる。古めかしい表現を使えば、明治維新が「革命」であったのに対し、昭和維新は「反革命」だったのである。

「革命」か「反革命」かを分けるのは、「天皇制」の問題ではない。幕末の「開国」か「攘夷」かの対立にもかかわらず、明治維新に向かうすべての革命勢力は、「尊王」だけでは一致していたのである。この点では、明治維新と昭和維新の間には、相違点は見出せない。

両者の大きな相違は、対抗エリートの質の問題である。上昇局面では、その時代の最高の知識人たちが「対抗エリート」を補佐した。すでに第1章で記したように、幕末期の島津斉彬の下には、雄藩大名だけではなく、時の中央政府（幕府）の一流の洋学者たちが馳せ参じた。斉彬の遺志を受け継いだ西郷隆盛も、勝海舟を介して、横井小楠、大久保一翁ら幕府系知識人の最先端の知見を吸収していた。「尊王攘夷」の方で有名な幕末の志士たちは、実は「開国進取」の最先端を走っていたのである。

これに対し、ロンドン軍縮条約を機に始まった横断的結合は、正真正銘の「尊王攘夷」であり、彼らは「尊王」よりも「尊皇」という言葉を多く使った。「万世一系」の「天皇」を、一般の「王」とは呼びたくなかったのであろう。

日露戦争終了直後の一九〇六（明治三九）年に、「万世一系」の「国体論」を完膚なきまで批判した北一輝が、天皇親政を唱える陸軍青年将校の導師となったのは、歴史の皮肉としか言いようがない。しかし、北自身も、日露戦争後二五年以上ものあいだ、青年時代に彼を惹きつけた西欧社会主義の研究を深めた痕跡はない。この二十数年間北が学んだのは、中国革命であり、さらに言えば、軍隊の支持を欠いた孫文革命の挫折であった。反西欧で軍隊の力しか信じられなくなった北一輝には、幕末の西郷隆盛の欧米認識もなければ、「開国派」から「攘夷派」に及ぶ西郷の幅広い人脈もなかった。

しかし、北一輝にも、さらには日本古代を理想社会とする権藤成卿にも、大陸膨張論だけはあった。土地と穀物を共有する農本主義的共同体をめざす権藤や、彼を師と仰ぐ藤井ら海軍青年将校のめざしたものは、先に記した陸軍佐官クラスの満蒙領有論とは一見かけ離れたものに思える。しかし、一九三一年八月七日の藤井の日記には、次のような権藤の大陸雄飛論が記されている。

「権藤先生より八隣通考を送り来る。貪る如くに読む。大陸問題の解決は先ずその歴史を調ぶるを要す。而《しか》して我の結論は勇敢進取の青壮軍を率いて大陸へ渡り、ここに屯田の生活を確実せしむることなり。日支戦争〔日清戦争〕、日露戦争の一、二回を以て、この民族の争闘にまで激化せる問題は解決せらるべきにあらず。社稷《しやしょく》は全人類のよって生活すべきものなり。支那の利己的国家主義による排日は天道に叛《そむ》く。吾人は屯田を以て先ず鮮人に生活の安定を得しめ、日人の将来拡充すべきの楽園を大陸に築かんと欲す。これ日本国家改造の後、鬱勃せる生命力――革命家――の向う所を大陸へ導くと共に、不平の徒なからしめんとする也。」(『検察秘録五・一五事件』第三巻、六九五頁)

権藤の主張を読み終えた藤井は、「吾人の先祖が大陸との交通、果敢雄偉なる行動に無限の思慕をなす」として、次の短歌を記している。

「日の本の百万の男児うちつれて、我れ大陸に国展けむか」(同前書、六九六頁)

これでは、関東軍の満州事変（一九三一年九月一八日）と海軍青年将校の五・一五事件（一九三二年）とは、一つにつながってしまう。

しかも、先に記した明治維新と昭和維新との違いにもかかわらず、両者は軍隊を掌握している点では共通していた。二大政党が軍縮問題だけではなく憲法問題でも対立点を極大化しているうちに、彼らは想定外の第三勢力の攻撃に直面したのである。

†経済政策の二大政党化――金本位制への復帰と離脱

二大政党間の政権交代による政策の混乱は経済政策においても生じた。一九二九（昭和四）年七月に民政党の浜口内閣が成立すると、一一月に大蔵省令によって金本位制への復帰が発令された（実施は翌年一月）。それからわずか二年一カ月後の一九三一年一二月に、今度は政友会の犬養毅《つよし》内閣の下で、同じく大蔵省令によって金本位制からの離脱が発令された。

金本位制の下では、対外収支の決済は金の現送によって行われるから、その流出を抑えようとすれば財政金融政策の主流は健全財政主義になる。しかし、第一次世界大戦による膨大な戦費の必要から、交戦国は金本位制の廃止を余儀なくされ、日本も一九一七（大正六）年九月に金本位制を停止した。しかし、大戦が終了すると、まずアメリカが金本位制に復帰し（一九一九年）、イギリスも一九二五年にアメリカに続いた。

日本だけが金本位制への復帰に時間がかかった。すでに記した一九二三年九月の関東大震災がこの遅れの一因であったが、政友会の伝統的な積極政策が金本位制復帰のための財政緊縮を嫌ったことも、その一因であった。

政友会に対抗して健全財政主義を掲げてきた憲政会の加藤高明・若槻礼次郎の内閣は、金本位制への復帰に積極的であった。しかし、すでに先進諸国が金本位制に戻っている時に、日本が新たにそれをめざせば、日本の通貨は高くなる。今日の言葉でいう円高が噂の段階から生じ、日本の海外輸出が不振となり、綿糸布・生糸などの輸出商品の価格が暴落した。一九二五年の円為替が約四一ドルだったのに対し、翌二六年のそれが約四九ドルに上昇したこと、同期間の輸出が二〇パーセント減少していること、二五年から二七年の二年間に生糸が約三三パーセント、綿糸が約四八パーセントの価格下落を起こしていることなどがそれを示している（高橋亀吉『大正昭和財界変動史』中巻、五五七―五六二頁）。

健全財政主義を掲げる憲政会内閣（蔵相片岡直温《なおはる》）が金本位制への復帰を示唆したことが、鈴木商店の倒産、台湾銀行の休業などで知られる一九二七年の金融恐慌の原因だったのである。

後を継いだ田中義一の政友会内閣は、同党伝統の積極政策を「産業立国」と改名して推進したから、その下では金本位制への復帰は回避された。

しかし、一九二九年七月に憲政会の後身の民政党が政権につくと、再び金本位制への復帰がめざされた。それにしても、井上準之助蔵相の決断のタイミングは、常軌を逸したものであった。今日でも記憶されている「暗黒の木曜日」は、二九年一〇月二四日で、大蔵省が金本位制復帰の省令を出したのは、その約一ヵ月後の一一月二一日である。

ニューヨーク株式市場の大暴落からただちに世界大恐慌の勃発を予想しろというのは無理だとしても、アメリカ株の暴落が日本の対米輸出に打撃を与えることぐらい、大蔵省でもわかっていたはずである。他方、金本位制に復帰すれば対米為替は円高になり、同じく日本の対米輸出に打撃を与えることぐらい、大蔵省たるものがわからなかったはずはない。アメリカ経済の先行きがはっきりするまで、円高介入を意味する金本位制への復帰は引き延ばすというのが、財政経済当局者の当然の智恵ではなかったろうか。

しかし、二一世紀初頭の二大政党対立と違って、一九二〇年代から三〇年代にかけての二大政党対立は、外交・憲法問題だけではなく、経済政策に関しても、争点は明確で固定的であった。政友会が政権につけば積極政策が行われ、憲政会（民政党）の内閣になれば健全財政が採用されるという政策変更が、二年ごとに起こっていたのである。

†昭和五年の総選挙

金本位制復帰による不景気とアメリカ大恐慌によるそれとが重なってきたのであるから、その社会的影響ははかりしれないものであった。しかし当初は、財界だけではなく一般国民も、健全財政により経済の足腰が鍛えられ、近い将来に景気は好転すると信じていた。その証左は、一九三〇（昭和五）年二月の総選挙での民政党の圧勝である。衆議院解散時には約三七パーセントの議席を持つにすぎなかった与党民政党は、総選挙の結果、五八・二パーセントの議席を獲得したのである。選挙後の民政党の機関誌すら、総選挙での健全財政主義の勝利に驚きを隠せなかった。

「地方的に見ればあるいは水利事業の打切りとなり、道路港湾事業の繰延となり、為に我党の党勢は幾分縮小を来す形となった。時たまたま総選挙に臨むに当り、反対党は不景気を宣伝して民心を煽り、さらでだに地方的に不利なる立場に在った我党が勝利を博することは、必ずしも易々たるものではなかった。」（『民政』一九三〇年三月号、一二頁）

この論説が二度にわたって「地方的」な不利を強調しているのは、地方的利益の拡充を唱える政友会を相手にして、金本位制と健全財政のセットで選挙で勝てるのかという不安が、民政党内部にもあったことを示唆している。しかるに政友会は地方でも惨敗し、その議席は五〇・九パーセントから三七パーセントに急減したのである。農民の多数も、一時は金本位制復帰による景気の回復というシナリオを信じたのである。

†社会主義政党の不振

この総選挙のもう一つの特徴は、普選二回目だったにもかかわらず、合法社会主義政党の獲得議席がかえって減少したことである。なかでも、前回の総選挙では社会主義政党中では最多（八議席中の四議席）の議席を獲得した最穏健派の社会民衆党は、わずか二議席しか獲得できなかった。

一九二五年制定の治安維持法、とくに二八年六月改正の同法によって、天皇制と資本主義に反対する日本共産党の合法活動はほとんど不可能になっていた（「国体」の変革をめざす結社の指導者は「死刑又ハ無期若ハ五年以上ノ懲役若ハ禁錮」、「情ヲ知リテ結社ニ加入」したり、「結社ノ目的遂行ノ為ニスル行為」をした者は「二年以上」）。社会主義者の政治活動にとっては、「結社ノ目的遂行ノ為ニスル行為」を罰するという最後の一項が一番重要であった。どのような行為がこれに該当するかの判断は、内務省や警察の自由裁量だから、日本共産党系の候補者の選挙運動は著しく制限されたからである。

これは反共の社会民衆党にとっては、きわめて有利な状況を意味した。しかるに同党はこの好条件の下で逆に議席を半減させたのである。

その一因は、社会民衆党の最大の支持基盤であった日本労働総同盟（以下「総同盟」）が、民政党内閣の社会政策、なかでも労働組合法制定の動きを支持していた点にあった。総同盟は、一九二九年七月の民政党内閣の成立に際し、「民政党が我が国労働組合運動に与えたよき影響力は、それがよし本質的なものではないにしろ、これを率直に認めねばならない」と、その機関誌で公言していたのである（『労働』一九二九年八月、四頁）。

その総同盟の最高指導者は松岡駒吉であった。その松岡が三〇年二月の総選挙に社会民衆党の候補者として東京五区から出馬した結果落選したのは、むしろ当然だったかもしれない。定員五名の第五区からの三名は民政党の候補者であり、他の二名は保守派の政友会と最左派の旧労働農民党（候補者は大山郁夫）であった。民政党が社会政策の重視を謳っている間は、それを支持する社会民衆党は保守と左派の間に埋没してしまったのである。

しかし、アメリカに端を発する世界恐慌が民政党内閣の金本位制維持のために倍化されてくると、民政党内閣の間でも財界寄りの井上準之助蔵相と社会政策派の安達謙蔵内相の対立が深まり、次第に前者が優勢になってきた。その結果、労働組合法案の成立が危うくなってくる反面で、都市部では労働者の首切りが進行し、農村部では米や繭の値段が急落した。一九三一年には失業率は六パーセントに近づき、米価は二九年の約六〇パーセントに、繭価は四〇パーセント以下に下落したのである。

このような状況の下では、労働争議も小作争議も急増し、米価下落は農村地主をも苦しめた。西田美昭氏の「戦前日本における労働運動・農民運動の性質」によれば、労働争議は一九二九年から三一年にかけての二年間に七〇パーセント増加しており、小作争議も四三パーセント増えている。ただ、労働争議の方は一九三一年をピークに減少しはじめるのに対し、長期の不況に悩む農村では、三一年以後も争議は増加しつづけ、三六年には二九年の四倍強になっている（『現代日本社会4　歴史的前提』二八六―二八七頁）。

以上記してきたように、一九三〇年のロンドン海軍軍縮条約に端を発する民政党と政友会の、外交、憲法、経済政策の三点での争点の肥大化は、両政党間の対立という枠を越えて、海軍・陸軍・右翼の国家改造運動、労働運動、農民運動に連動していったのである。

2 危機の顕在化と政党の凋落――満州事変から五・一五事件へ

一九三一(昭和六)年九月の満州事変から翌三二年の五・一五事件までの八カ月の間、日本は危機の渦中にあった。対外危機と軍事クー・デターと経済危機の三重苦に見舞われたのである。

先に見た一九二八年一月の木曜会で世界最終戦論を講述した石原莞爾が、同年一〇月には関東軍参謀に任命されたから、木曜会の満蒙領有論が実施に移されるのは、時間の問題であった。

†クー・デターの危機

国内における国家改造運動が現実味を帯びはじめたのは、一九三一年八月二六日に陸海軍青年将校と民間右翼とが「郷詩会」の名のもとに合同会議を開いた頃からであった。満州事変勃発の約三週間前のことである。その模様を出席者の一人であった藤井斉の日記に見てみよう。

年表X

年代		総理	出来事
1931	昭和 6	浜口 若槻 犬養	満州事変起こる（柳条湖事件）。十月事件（桜会によるクー・デター未遂）。金輸出再禁止（金本位制離脱）
1932	7	斎藤	上海事変。国際連盟リットン調査団。血盟団事件（井上準之助・団琢磨暗殺）。第18回総選挙（少数与党政友会圧勝）。満州国建国。五・一五事件（犬養毅暗殺）。斎藤実「挙国一致内閣」。社会大衆党結成。日満議定書調印。経済危機の鎮静化
1933	8		ドイツ、ナチス政権成立。アメリカ、ニューディール政策開始。国際連盟脱退。滝川事件。塘沽停戦協定
1934	9	岡田	満州国帝政実施。岡田啓介内閣成る。陸軍青年将校・十一月事件
1935	10		美濃部達吉の天皇機関説問題化。内閣審議会・内閣調査局設立。国体明徴声明。陸軍軍務局長永田鉄山刺殺
1936	11	広田	第19回総選挙（民政党圧勝、政友会惨敗、社会大衆党躍進）。二・二六事件（斎藤実・高橋是清ら暗殺）。広田弘毅内閣成る。軍部大臣現役制復活。日独防共協定。ワシントン・ロンドン条約失効
1937	12	林 近衛	割腹問答。宇垣一成内閣流産。林銑十郎内閣成る。第20回総選挙（民政・政友拮抗、社会大衆党躍進）。第1次近衛文麿内閣成る。日中戦争起こる（盧溝橋事件）。日独伊防共協定。大本営設置

「午后《ごご》、外苑日本青年会館に郷詩会の名にて会合あり。海の一統、陸の一統——大岸君〔頼好〕の東北、その他は九州代表の東〔昇〕来れるのみ。井〔上〕氏の一統、菅波、野田〔又雄〕、橘《たちばな》孝三郎氏、古賀潔〔清〕、高橋北雄、渋川善助、初対面は対島、高橋と秋田連隊の少尉金子伸孝と四人なり。

ここに組織を造り、中央本部は代々木におき、西田〔税〕氏これにあたり、井氏これを助け、遊撃隊として井氏の一統はあたることとせり。ここに最も急進的なる革命家の一団三十余名の団結はなれり。新宿に行きて酒を飲みつつ一同歓談し、その中に胸襟を叩き割って相結べり。」(『検察秘録　五・一五事件』第三巻、七〇一頁)

陸軍の国家改造運動としては、前年一〇月に中佐以下の将校を集めた桜会が結成されていたが、陸海軍青年将校は郷詩会の会合に先立って、この桜会の中心人物とも会談している。

この時の橋本欣五郎との会談で藤井斉は、桜会には軍事クー・デターを起こすつもりがないことを覚り、距離を置きはじめた。そのことが、一〇月一七日のクー・デター未遂事件(一〇月事件)から陸海軍青年将校の身を守ることになったのであるが、逆に言えば翌三二年の五・一五事件の基を作ったことにもなった。

†満州事変

しかし、民政党の第二次若槻内閣にとっては、一〇月事件は前月の満州事変と並んで、その存続を危うくする事件であった。

危機はまず関東軍によって起こされた。一九三一年九月一八日に、中国軍が満鉄を爆破したと参謀本部に報告し、同鉄道沿線の主要都市を一斉に占領したのである。

内閣だけではなく、参謀本部にとっても、この事件は全く寝耳に水の出来事であった。しかし、一一月末までは、幣原外交は出先の関東軍の暴走の抑制に成功していた。外務大臣だけではなく、陸軍大臣（南次郎）も、さらには参謀総長（金谷《かなや》範三《はんぞう》）も、関東軍を抑えてアメリカ政府の不信を解消するために必死の努力をしていたのである。中国軍を追って北方のチチハルだけではなく、万里の長城以北の中国側の最重要な拠点であった錦州にまで兵を進めようとする関東軍に対して、参謀次長代理の建川美次は次のような命令を出している。

「関東軍が錦州に兵力を使用せんとするが如き噂は昨今盛に流布せられあり。右は外国人及び国内有識者間に於《お》いて、日軍が直に武力を用うるの前提と見做《みな》しある故、考慮を払うを要す。錦州方面に対する今後の方策は中央部に於て大局に鑑み近く確立せらるべく、関東軍の行動及び各種策動は、すべてこの方針に基礎を置くべきことを十分軍司令官以下に徹底するよう御配慮ありたし。右命に依り。」(『現代史資料7 満州事変』二七八頁)

これは参謀総長の命により参謀次長代理が、在奉天の二宮治重《はるしげ》参謀次長に送った一一月二二日付の電文であるが、重要なのは文中の「外国人」云々の箇所である。この翌日の一一月二三日、アメリカ国務長官のヘンリー・スティムソンは、駐日米大使を通じて幣原外相に、関東軍の錦州攻撃について次のような強い警告を発している。

「去る二十三日、スチムソン長官は、日本軍が錦州を攻撃するおそれありとの報道を手にするや、日本政府に対し、万一かくの如きことあるにおいては、米国政府の忍耐は最早その極限に達すべしと通告(下略)。」(一一月二八日各紙夕刊、ワシントン二七日発連合)

このアメリカ国務長官の警告に、幣原外相は胸を張って答えることができた。先に引用したように、この警告の一日半前には、参謀総長名での錦州攻撃中止の命令が出されていたからである。幣原は駐日米大使を通じて、翌二四日に次のような回答をアメリカ国務長官に送っている。

「日本は錦州方面への進撃を行う意思なし（中略）。日本政府は満州の日本軍司令官〈関東軍司令官〉に対し、右の趣を既に発令せり（下略）。」（同前）

ここまでで事が終われば、「幣原外交」の完全な勝利になったはずである。対米協調主義の幣原が、陸軍大臣のみならず参謀総長までを説得し、錦州攻撃中止を関東軍に命令したのだからである。

†幣原外交の敗北

しかし、事は完全に裏目に出た。関東軍が参謀総長の中止命令を無視して錦州攻撃にとりかかり、命令無視に憤った参謀総長が三度にわたり中止命令を出している時に、アメリカの国務長官が同時に怒りを爆発させてしまったのである。なかでも、日本外務省の抗議に対してスティムソンが行った釈明声明が、幣原外交の敗北、関東軍の拡大路線を決定づけた。

二七、二八の両日に新聞記者会見を行ったスティムソンは二八日の会見で、自分が前日発言したのは、「二十四日フォーブス大使を通じて幣原外務大臣より、錦州に対しては軍事行動を起こさないよう外務大臣並びに陸軍大臣、参謀総長の間に意見一致し、その旨出先司令官に命令したとの言明があった」から、その言明が守られることを信じている、というもので、日本政府への警告でも抗議でもない、と釈明した。

本書執筆中（二〇一一年）の日本の外交でも、日本だけに固有の特殊事情を諸外国はわかってくれるべきだ、という態度がよく見られる。しかし、固有の事情が諸外国と違いすぎる場合には、日本政府にも説明責任がある。戦前の満州事変の場合も同様である。アメリカの場合には、国務長官が国防大臣と統合幕僚本部長との間に「意見一致」したと公表しても、当時でも今日でも何の国内問題も生じないからである。

しかし、明治憲法第一一条で「統帥権の独立」を定めていた戦前の日本では、関東軍の軍事行動について外相と参謀総長が直接協議したことも、また両者が「意見一致」した旨を外国に伝えることも、明らかな「統帥権の干犯」であった。しかもそのことをアメリカの国務長官が記者会見という公開の席で発表してしまったのであるから、幣原外相だけではなく、金谷範三参謀総長も関東軍に対して立場を失った。両人とも、もはや関東軍の錦州攻撃を抑える力を失ったのである。

一二月七日、今度は単なる「匪賊掃蕩《ひぞくそうとう》」ではなく、場合によっては中国正規軍と交戦してもいいという陸軍大臣命令が関東軍に伝えられた。ちなみに、満鉄沿線の守備の範囲での軍事作戦は統帥権の範囲であるから参謀総長の管轄であるが、独立国間での戦闘は、明治憲法第一三条の外交大権事項であるから、命令は陸軍大臣によって出されたのである。満州事変の拡大であり、民政党の幣原外交の敗北である。

†安達内相の大連立構想

同じ頃、同じ民政党内閣の内務大臣安達謙蔵は、一〇月事件に象徴される軍部のクー・デターと民間右翼のテロの脅威を重視していた。そしてこれらの動きの背後には、金本位制への復帰による農民の生活難と労働者の失業増大という社会不安が存在していた。青年将校の動きを抑え、社会不安の原因である金本位制を廃止するために安達が唱えたのは、民政党と政友会の大連立(「協力内閣」)であった。

昭和初年の日本政治は二大政党制とそれに対する青年将校らの攻撃で知られているが、幣原外交と並ぶ民政党内閣のもう一つの看板であった井上(準之助)財政の放棄を前提にした政民大連立構想は、民政党にとっては有力な選択肢の一つであった。民政党の第二次若槻内閣が総辞職し犬養毅の政友会内閣が成立したが、まだ五・一五事件が起こっていない一九三二年三月、馬場恒吾は、安達内相の「協力内閣」構想について次のように論じている。

「解散前の議会において、民政党内閣は二百六十名の絶対多数を有していた。しかるにこの絶対多数を擁していながら、その内閣は時局を乗り切る自信がなかった。社会不安の空気に脅かされたのである。そのため安達内相は協力内閣を唱えた。民政党単独の力では、この社会不安の空気を乗り切る事が困難だ。あるいは議会政治そのものの生命が脅かされるかも知れぬ。議会政治を擁護することには、政友会だって賛成であろう。二大政党が力を合せて議会政治を擁護すると。協力内閣説の動機に関しては種々の雑音が入ってはいるが、根底の動機はそこにあったであろう。民政党二百六十名でおさえ切れない社会不安の空気が、結局民政党内閣を潰した。その社会不安の空気はまだ解消していない。政友会はそれを乗り切る自信を得たか、否か。」(『民政』一九三二年三月一日号、二二頁)

周知のように一九三二年二月二〇日の総選挙では、ここに引用されている「二百六十」議席以上の三〇三議席を、新与党の政友会は獲得した。しかし、馬場の指摘どおり、「二百六十」議席で抑えられなかった「社会不安」は、三〇三議席でも抑えられなかったことは、すぐ後に記す五・一五事件で示された。

問題は馬場恒吾がここまで肩入れした安達謙蔵内相の「協力内閣」が、三一年一二月の時点でなぜ実現できなかったのか、という点にある。安達の「協力内閣」論が民政党によっても政友会によっても受け容れられなかった結果、民政党内閣（第二次若槻内閣）は退陣し、後を継いだ政友会の単独内閣（犬養毅内閣）も五・一五事件で倒され、戦前日本で二度と政党内閣が成立することはなかったのである。

もちろん、安達の協力内閣が実現したら、海軍青年将校による五・一五事件が起こらなかったという保証は、どこにもなかった。すでにたびたび引用した藤井斉の日記から見れば、五・一五事件の勃発を止めることは誰にもできなかったと思われる。しかし、安達の言うとおり民政党と政友会併せて衆議院に約九八パーセントを占める「協力内閣」の首相を海軍青年将校が射殺したとして、それで日本の政党内閣の息の根を止められたであろうか。

†井上蔵相の大連立反対

しかし、井上準之助蔵相の金本位制へのこだわりが、この協力内閣を不可能にした。

当時の天皇側近の第一人者は元老西園寺公望であったが、内大臣の牧野伸顕《のぶあき》もそれに次ぐ影響力を持っていた。そしてその牧野は安達の協力内閣構想に期待していた。牧野の下で内大臣秘書官を務める木戸幸一も同じ考えであったが、彼は政民連立の最大の難関は金本位制維持の是非にあるとみなしていた。一九三一年一一月一七日の日記に彼は次のように記している。

「連立内閣の実現につき考うるに、政民両派の協力上最も難関とするは、外交政策にあらずして、財政策、殊《こと》に金輸出の禁止を中心としたる問題なり。即ちこの際井上蔵相の隔意なき意見を聴き置くこと肝要なり。」(『木戸幸一日記』上巻、一一四頁)

しかし、木戸幸一らと会談した井上蔵相は、金本位制の問題には全く答えず、軍部批判の観点から協力内閣構想を否定している。

「昨今唱えらるる所謂《いわゆる》挙国一致内閣、あるいは政民連立内閣は、何れも軍部を掣肘《せいちゅう》せんとする強力なるものには非ずして、むしろ軍部に媚《こび》んとするものなれば、国家の前途を思うては到底賛することを得ず。この上軍部をして国際関係を無視してその計画を進むるが如きことあるに於ては、国家は滅亡に瀕《ひん》すべし。現政府は微力なりといえども兎も角も今日あらゆる手段により軍部の活動を制御しつつある次第なり。従て軍部には誠に不評判なるも止むを得ざるところにして、これ以上の強力なる内閣の実現は目下のところ想像し得ざるなり。」（同前書、同頁）

堂々たる正論であるが、「軍部の……制御」はこの会談の一〇日後には、すでに記したスティムソン談話により不可能になる。また、井上がこだわった金本位制の下で、農民や労働者の生活は困窮をきわめ、それがこの三ヵ月後の総選挙での民政党の惨敗の原因となったことは、周知のとおりである。状況をわきまえない「正論」は、政党を奈落の底に追い落とすこともあるのである。

協力内閣と金本位制をめぐる閣内不一致の結果、一二月一一日、第二次若槻内閣は総辞職した。

後継内閣については、元老の西園寺公望と内大臣の牧野伸顕の間に、明らかに意見の相違があった。西園寺は二大政党制論者であり、牧野は協力内閣論者だったのである。詳しい論証は省くが、政友会総裁の犬養毅に組閣の大命が降下する直前まで、牧野が西園寺に、「いわゆる協力の精神に基き組閣するよう公爵より希望せられたし」と述べていることは、その後の挙国一致内閣時代の理解のために留意しておく必要があろう（『牧野伸顕日記』四九二頁)。

†政友会単独内閣の成立

しかし西園寺は耳を傾けず、衆議院にわずか三七パーセントの議席しか持たない野党政友会の総裁犬養毅に組閣の大命が下りた(一二月一三日)。

当然のことながら、犬養は組閣直後の衆議院の解散を狙っていた。総選挙の争点として政友会が掲げたのは、金本位制の停止による積極財政の復活であった。また同内閣への陸相としての入閣の条件として、荒木貞夫が、「満州に於ける軍事行動に内閣側の拘束を受けざる事」を要求したことは、新聞を通して天皇の注目を浴びていた(同前書、四九三頁)。この入閣条件は、荒木配下の陸軍青年将校がクー・デターを起こさないことの代償であったと思われる。事実、陸軍青年将校は、五・一五事件への参加を断っている。

もし、このシナリオどおり事が進めば、一九三二年二月の総選挙で政友会は圧勝し、満州事変は拡大を続けても五・一五事件は起こらなかったであろう。

†昭和七年の総選挙

一九三一(昭和六)年一二月に犬養毅の政友会内閣が成立すると、高橋是清蔵相はその当日に金本位制を停止した。民政党内閣の緊縮財政から政友会伝統の積極政策への転換である。ついで翌一九三二（昭和七）年一月二一日、犬養首相は衆議院を解散した。

解散当時四六六議席中の一七一議席しか持っていなかった少数与党の政友会は、不況脱出、景気回復だけのシングル・イッシュー総選挙を演出した。それは同党機関誌の『政友』に載った幹事長久原《くはら》房之助の次のような談話に端的に示されている。

「今回の政戦の題目は極めて明瞭だと思う。景気が好きか、不景気が好きか。働きたいか、失業したいか。生活の安定を望むか、不安定を望むか。産業の振興か産業の破滅か。減税をとるか、増税をとるか。自主的外交か屈従外交か。等々。」（『政友』一九三二年二月号、二頁）

経済政策を唯一の争点とする選挙戦が効を奏するには、よほど特別な状況が必要であるが、一九三二年初頭にはその特別な状況が存在していた。世界大恐慌の下で金本位制に復帰した井上財政によって、不景気は都市部でも農村部でも深刻化し、失業者は街にあふれていた。先の談話に続けて久原幹事長は次のように述べている。

「その何れを選ぶべきかは、既に民政党内閣の暴政によって全国民の等しく苦楚を嘗めたところであるから、国民として極めて明瞭に判断出来るところである。」（同前誌、同頁）

結果は久原の予想どおりになった。政友会は一挙に一三二議席を増加して四六六議席中の三〇三議席を獲得した。反対に民政党は一〇三議席を失い、四六六議席中の一四四議席を占めるにすぎない少数党に転落したのである。

先に見たように、民政党内閣を退陣に追い込んだのは、それぞれ次元の違う三つの危機であった。そのうち経済危機は政友会の圧勝で回避の目途がついた。残るは、対外危機、軍事クー・デターの危機である。しかし、政友会内閣は陸軍青年将校の期待を一身に集めていた荒木貞夫を陸軍大臣とすることで、後の二つの危機は回避できると考えていた。対外危機に関しては「回避」という言葉は当たらないかも知れない。三月一日に犬養内閣は関東軍による傀儡政権、満州国の設立を認めてしまったのであるから、対欧米関係では危機は深化した。しかし、関東軍をはじめとする陸軍が満蒙問題で政友会内閣を攻撃するという、国内的な意味での「対外危機」は回避されたのである。

†クー・デターの危機の存続――五・一五事件へ

問題はクー・デターもしくはテロの危機であった。陸軍青年将校の方は、民政党内閣を倒して政友会内閣をつくり、次にその陸相の荒木貞夫の内閣をつくるという「合法革命」をめざしていた。北一輝のものといわれる、「今次の革命には犠牲すなわちうめくさ等ある事なし」という一言は、彼が後の二・二六事件の首魁《しゅかい》として処刑されているだけに、印象的である（『検察秘録 五・一五事件』第一巻、八九頁、傍点筆者）。また、同じ二・二六事件で中心的な役割を果たす安藤輝三の、「筋を通し犠牲を少くしてやるつもり。今その筋がとおりて今少しという所に行き居るを以って（中略）、今はテロをやって貫いたくない」という発言も、北のそれと符節を同じくしている（同前書、八八頁）。

しかし、権藤成卿の農本的理想社会の実現をめざす海軍青年将校の方は、はじめから「うめくさ」になるつもりであった。その中心人物だった藤井斉は、陸軍青年将校の方針転換を知りつつ、自分たちは「桜田の義挙を建国の当日（二月一一日）に断行」する決意を固めていた（同前書、第三巻、七二一頁、傍点筆者）。この決意を記した日記が、一九三二（昭和七）年一月一四日付のものであることは、重要である。彼らは、内閣が民政党から政友会に代わろうと、陸軍青年将校が当面政友会内閣を支持していようと、さらには、民政党内閣が固執した金本位制を政友会内閣が停止しようと、それらのこととは無関係に一八六〇（万延元）年に水戸藩と薩摩藩の浪士が決行した大老井伊直弼の暗殺（桜田門外の変）を再現しようとしていたのである。

藤井自身は一九三二年二月五日に上海事変に飛行士として参加して戦死したが、彼がめざしていた「建国の日」（二月一一日）の二日前には、井上日召らの血盟団が前蔵相井上準之助をピストルで射殺し、さらに三月五日には、同じく血盟団員によって三井合名会社理事長の団琢磨《だんたくま》が射殺された。井上日召と深い関係にあった海軍青年将校のグループは、藤井が上海戦線から凱旋してから事を起こす計画だったという。

一九三二年の五・一五事件を、その規模について約四年後の二・二六事件と比較すれば、後者の方が明らかに大事件であった。五・一五事件に参加したものは、民間人の愛郷塾生を除けば、海軍士官六名、陸軍士官候補生一二名、合わせて一八名の海陸軍青年将校にすぎない。これに対し、一九三六年の二・二六事件は、青年将校の数はほぼ同数であるが（二〇名）、それに従った下士官と兵士は約一五〇〇人であり、規模で言えば約八四倍である。

しかし、時代を大きく右側に傾ける効果としては、それはほとんど同等のものを持っていた。これ以後一九四五年の敗戦まで、政党内閣は一度も成立しなかった。同じく敗戦までの一三年間、日本の中国侵略は拡大を続け、ついには一九四一年末には、日本は英米との戦争に突入した。軍人によるテロやクー・デターは二・二六事件をもって最後となるが、国内政治における軍部の発言力は増大の一途をたどっていく。一九四五年八月の敗戦は、満州事変から数えて一四年、五・一五事件からは一三年後のことである。「一五年戦争」という呼び名が定着したゆえんである。

3 危機の渦中の民主主義

一九三一（昭和六）年から三二（昭和七）年の三つの危機によって、戦前日本における議院内閣制の試みは挫折させられた。しかし、一九三七（昭和一二）年七月の盧溝橋事件までの五年間、政友会も民政党も政権復帰を諦めたわけではないし、社会民主主義政党の社会大衆党も躍進の機会を窺っていた。「崩壊の時代」（一九三七―四五年）と違って、「危機の時代」には、軍ファシズムの攻撃に曝《さら》されていた勢力も、精一杯の抵抗を示していた。一九四五年の敗戦以後のいわゆる戦後民主主義の発足に当たってそれを支えたのは、主としてこの「危機の時代」の抵抗勢力だったのである。

†挙国一致内閣下での危機の鎮静化

五・一五事件で総辞職した政友会内閣の後を継いだのは、海軍予備役大将の斎藤実《まこと》を首相とする挙国一致内閣だった。「挙国一致」の意味は、衆議院で過半数を占める政友会から四人、第二党の民政党から三人を入閣させて均衡をとりながら（この点までは先に記した「協力内閣」構想と同じ）、首相のポストは政党には渡さないことにあった。

この斎藤内閣の下で、先に記した三つの危機は、解消に向かった。第一に、荒木貞夫を陸相に留任させたこの内閣を倒すことは、陸軍青年将校としてはできない話であった。海軍青年将校の方には、すでに五・一五事件をやってしまった以上、次のテロを起こす力がなかった。軍部によるテロやクー・デターの危機は、一旦収まったのである。

経済危機の方も、高橋是清の積極政策と民間企業の自己努力とにより、急速に鎮静化してきた。米価は一九三二年に回復しはじめ、一九三四年には、最悪期（一九三一年）の一・六倍になっている。失業率も一九三二年の約六・九パーセントから、一九三五年には約四・七パーセントに下落している。

輸出の急増については、数字を挙げるより、賃上げを要求する労働組合側の主張を引用した方がわかりやすい。当時最大の労働組合連合（総同盟）の機関誌は、一九三五年一一月号に、次のような論説を掲げている。

「昭和七（一九三二）年以来、日本の産業は躍進的発展を遂げ、貿易は尻上りに上って、今年（一九三五年）中旬の状況では、遂に今年は出超に転ずるであろうと観測されている。工業生産を見るに、紡績は英国を凌駕して世界一となり、人絹《じんけん》は仏伊を蹴落して世界第二となり、一位米国に肉迫しつつある。その他雑貨品の進出めざましく、日本商品は今や世界の隅々にまで氾濫している。かかる日本商品進出の原因は何であるか。（中略）主因は労働賃金の低廉之である。賃金が安いから生産費が低下し、競争上有利となるのである。」（『労働』二九二号、二二頁）

これに続いて総同盟が賃上げを要求している箇所は、引用を省いてもいいであろう。一九三二年から三五年にかけて、紡績、人絹、雑貨などの軽工業で日本は世界のトップに迫っており、三〇年代初頭の経済危機は解消されたのである。

三つの危機のうち、解決の糸口が見つからなかったのは、対外危機であった。一九三二年九月に日本政府は、中国領土内に関東軍が勝手に作り上げた満州国を、独立国家として、正式に承認した。自国の領土・主権の範囲内に、他国によって勝手に独立国家を作られた中国が、このことを承認するわけはなかった。たとえ彼我の軍事力の差を意識して一時沈黙することはあっても、沈黙が恒久化することはありえなかったのである。

さらに国際連盟が基本的には中国の側についた。

一九三三年三月の日本の連盟脱退の経緯も結果も相当に複雑なものであり、それが最悪の選択だったとは断言できないし、この一事をもって日本が「世界の孤児」になったというのも、短絡的な理解にすぎる。井上寿一氏が著作（『戦前日本の「グローバリズム」』）で明らかにしたように、関東軍の軍事行動を抑えられないならば、英米による経済封鎖を避けられる唯一の方法は連盟脱退であった（八三―八四頁）。国際連盟規約（この場合は第一六条）による制裁は、連盟加盟国に限り発動されるからである。また、日本の脱退以後国際連盟が、単に満蒙問題介入の制度的足掛かりを失っただけではなく、関心そのものも失っていったことも、井上氏の言うとおりであろう（同前書、八八頁）。

†政党勢力の反撃

このような認識は、「危機」を強調して国内政治への介入を強める軍部に反発していた政党側にも共有されていた。政友会の植原悦二郎は、一九三五（昭和一〇）年一月の同党機関誌で、次のように論じている。

「一体我国において現在何が非常であるか。同じ非常時というても、二年前と今日とでは異った内容を有するように思われる。二年前には、外に満州事変、国際連盟脱退問題があり、内に経済国難がある、即ちこれが非常時であるといわれて居った。而して満州事変は既に一段落を告げ、国際連盟脱退問題はまた平穏裡に解決された。」（『政友』八三頁）

すでに記してきたように、経済危機は解消に向かい、軍事クー・デターの危機も一旦は鎮静化した。それに加えて対外危機も解消したと認識した時、政党は軍部やファッショへの反撃を開始した。

いま引用した植原の記事は一九三五年一月のものであるが、これまで見てきたことから明らかなように、三つの危機の解消はすでに一九三三年には明らかになってきた。その一九三三年一〇月に、政友会主催の演説会が東京の日比谷公会堂で開かれ、後に陸軍大臣との割腹問答で有名になる同党代議士の浜田国松が、次のように演説している。

「ファッシズムの思想が極端に達すれば、輿論を重んぜず独断的となって、人の自由を害し、遂には国家の秩序を破壊する。その実例は近時日本に於ても往々諸君の見らるる所でありまして、(中略) この思想が発達をして、国民が憲法上有する所の言論の自由、集会の自由、著作印行の自由、居住の安全、公私法上のあらゆる権利、これらのものが国民の全部に向って圧迫を加えられ、その権利を剝奪さるるに至っても、諸君はなおこれを忍ぶべしとするのでありますか。」(『政友』一九三三年一一月号、六九頁)

†「憲政常道」論の分裂

三つの危機の解消を感じとった政党は、軍部やファシズム批判を開始しただけではなかった。一九三三(昭和八)年末の衆議院でも、政友会は総議席四六六のうち二九一議席を保持していた。大正末から慣れ親しんできた「憲政の常道」によれば、同党総裁の鈴木喜三郎が首相の座に据わるべきであった。それができないで海軍大将の斎藤実を首相として、民政党(一一九議席)とともに支えてきたのは、ひとえに三つの危機のためであった。将来はともかく当面は、三つの危機のすべてが解消に向かっている。「憲政の常道」に従って政友会に政権を返せという声が同党内でも強くなってきたのである。同党が軍部批判、ファッショ批判を強めた一因は、ここにあった。

戦前日本の言論界で一貫して「憲政の常道」を説いてきた評論家馬場恒吾にとっても、

挙国一致内閣は政治選択の自由のない、つまらない体制であった。政友会が軍部批判、ファッショ批判の声を挙げはじめた一九三三年に、馬場も次のような挙国一致批判を『中央公論』誌上で展開している。

「平時の議会政治の長所は、結局の所に於ては、政党が政府党と反対党に分れて相争う所にある。例えば政友会と民政党が反対の主張をして議会に於て、或は議会外に於て、互に論難攻撃する。（中略）かれらが反対の立場に立って公然議論を闘わす場合には、少くともその二つの主張の中間に於ては如何なる議論を立ててもよい。即ちそれだけ言論の自由の幅が存在するのである。

然るに現在の言論の自由はただ一線あるのみで、横の幅は少しも存在しない。政府が何か云う。政友会も民政党も共に政府を支持しているのであるから、何ら異論を唱えない。この国論統一は挙国一致内閣の強味であるが、同時に国家の弱味である。」（一九三三年八月号、七〇頁）

「内閣の強味」が「国家の弱味」だという表現は、一流のジャーナリストでなければ出てくるものではない。しかし、馬場にも「弱味」があった。彼の「憲政常道」論に従えば、挙国一致内閣を退陣させたあとに、衆議院に過半数を占める政友会の内閣をつくらせなければならない。しかし、先にも触れたように、彼は政友会の親軍性、親ファッショ性を嫌っていた。挙国一致内閣を倒したあとに、過半数政党の政友会ではなく、四六六議席中の一一九議席を持つにすぎない民政党の政権をつくれという議論は、政友会に政権欲がない場合にしか成り立たない。しかし、海軍青年将校のテロで政権の座を去らなければならなかった政友会は、政権復帰を強く望んでいた。

それでも馬場は、この無理な主張を、「反ファッショ」を根拠に貫いてみせた。

「政友会三百、民政党百二十、代議士の数の開きが余りに大なるがために、民政党内閣を希望するものも遠慮してその声を上げない。併《しか》し憲政常道への復帰を望むならば、政友会内閣にあらずんば民政党内閣である。（中略）国民がファッショ反対の決心を固むる時にならば、その自然の要求は民政党に向う。」（同前誌、七二―七三頁）

中期的には事態は馬場の予想どおりに進展した。前の総選挙が一九三二年二月であるから四年後の一九三六年には、解散の有無にかかわらず、任期満了の総選挙が行われる。そしてその結果は、後に改めて記すように、民政党の大勝、政友会の惨敗であった。

しかし、任期満了以前の一九三三年から三六年までに、少数政党の民政党に内閣を組織させて衆議院を解散させるという根拠も覚悟も、元老西園寺公望にはなかった。

過半数政党の政友会の背後には荒木貞夫陸相や真崎甚三郎参謀次長ら青年将校の間で人望の厚いファッショ勢力がある。民政党にはその恐れはないけれど、あまりにも少数党にすぎて政権を担当させるわけにはゆかない。さりとて、基本政策が異なる政民両党を与党とする挙国一致内閣では、新しい政策を打ち出せないし、政治に対する国民の関心が低下する。

†美濃部の「円卓巨頭会議」構想

この三つ巴の行き詰まりに対して、憲法学者の美濃部達吉や、陸軍省軍務局長の永田鉄山らが打ち出した打開策が、一九三五（昭和一〇）年五月に岡田啓介内閣の下で実現した、内閣審議会と内閣調査局である。

自由主義的な憲法学者として有名な美濃部達吉は、早くも一九三三年の初めには、『中央公論』（一月号）誌上で「憲政の常道」に代わる「円卓巨頭会議」構想を提唱している。

「今の斎藤内閣の最も大なる弱点は、議会に確実な基礎を有しないことに在る。（中略）

議会に基礎を有する内閣といえば、今の議会に於いては、言うまでもなく政友会内閣でなければならぬ。併し政友会内閣が果して国難打開の重任に堪うるものとして国民の信頼を博し得るやといえば、それは極めて疑わしい。（中略）吾々の希望したいことは、此の際、各政党の首領、軍部の首脳者、実業界の代表者、勤労階級の代表者等を集めた円卓巨頭会議を開き、（中略）虚心坦懐に真に国家及国民を念として財政及経済の確立に付き根本的の方針を議定し、此の大方針の遂行に関しては、（中略）暫く政争を絶って挙国一致内閣を支持することである。」（『議会政治の検討』所収、三七―三八頁）

前半部分は馬場と同じ政友会嫌いで、戦後の知識人が自民党嫌いだったのと同じく、戦前の知識人は政友会嫌いだったことを示唆している。

問題は後半部分で、ここで美濃部は馬場とは違って、「憲政の常道」と訣別している。馬場の主張する多数党を無視して少数政党を政権につかせることは、戦前の「憲政の常道」とは矛盾しない。田中義一内閣も浜口雄幸内閣も犬養毅内閣も、みな成立時の与党は少数党で、政権についてから衆議院を解散して、与党選挙で多数党になっているからである。

しかし美濃部はこの「円卓巨頭会議」構想で、「憲政の常道」どころか、議会そのものまでも否定している。明治憲法の下でも「財政及経済」のうち「財政」だけは衆議院が圧倒的な力を持ってきたことは、本書第4章以降で繰り返し記してきたところである。それを美濃部は、政党、軍部、財界、労働界の職能代表会議に移してしまおうと提案しているのである。

経済危機に際して議会の権限を一時職能代表機関に譲り渡そうという主張は、戦後の先進国でもよくなされたものだから、これをもって美濃部がファシストになったとまで言うつもりはない。しかし、わずか二年半前のロンドン軍縮問題に際しての彼の反軍国主義的で民主主義的な主張を見てきた本書の立場から言えば、美濃部の大きな転向であることは間違いない。この美濃部構想は、次節で見る岡田啓介内閣（一九三四―三六年）の下で、一部ながら実現した。

4 「危機」から「崩壊」へ

†挙国一致ではなかった岡田内閣

一九三四（昭和九）年七月に成立した海軍退役将軍岡田啓介の内閣は、前の斎藤実内閣とは違って、「挙国一致内閣」ではなかった。過半数政党の政友会が「憲政の常道」に反するとして、同党からの入閣者（床次《とこなみ》竹二郎、山崎達之輔、内田信也）を除名して、野党の立場を鮮明にしたからである。

政友会派や民政党派ではなく、システムとしての「憲政の常道」を重んじたエコノミスト石橋湛山《たんざん》は、政友会の野党化を歓迎した。内閣成立直後の『東洋経済新報』の社説で湛山は次のように論じている。

「岡田内閣が所謂《いわゆる》挙国一致ではなく、政友会と云う反対党を作ったことは、我が政界の為《た》めにも、また経済界の為めにも、かえって大に歓迎すべしとするが、記者〔石橋湛山〕の意見だ。（中略）記者は今の我国の諸政党に大なる不満を抱くことにおいては、恐らく誰にも劣るまい。併しそれでも、何をするのだか判らない軍人官僚に不見転《みずてん》で政治を托《たく》すよりは、悪くも平常において政綱政策を明《あきら》かにせる政党に之を任すの遥かに安心なるを感ずる者である。岡田内閣の成立は既に出来た事だから致し方がない。併し次には是非政党内閣が出来るよう、国民は願うべきだ。それには、（中略）在野党として政友会の存することは、即ち次期内閣が政党に廻る第一の条件を先ず作ったものだ（下略）。」（『石橋湛山全集』第九巻、五七―五八頁）

「不見転」とは湛山らしくない下品な表現であるが、彼の「軍人官僚」嫌いを端的に示している。システムとしての政党間での政権交代（「憲政の常道」）を重んじる湛山にとっては、政党内閣であれば政友会内閣でも構わなかったのである。

政友会嫌いの「憲政の常道」主義者の馬場恒吾にとっても、民政党を与党とする岡田内閣は、彼の持論の部分的な実現だったと思われる。馬場にとっては、岡田内閣の成立が一九三四年七月だったことが重要であった。解散があろうとなかろうと、あと一年半で衆議院の総選挙が行われる。そこで少数党ながら政府与党となった民政党が大勝すれば、民政党に偏った馬場の「憲政の常道」は実現するからである。

しかし、石橋湛山とは意味内容は違っても、同じく「憲政の常道」論者であった馬場にとっては、先に紹介したような美濃部達吉の「円卓巨頭会議」は受け容れられなかった。

†内閣審議会と内閣調査局

美濃部の「円卓巨頭会議」構想は、一九三五（昭和一〇）年五月に、内閣審議会と内閣調査局として実現した。内閣審議会の方は、閣僚全員の他に、財界から二名、閣僚外の民政党員から四名、同じく閣僚外の政友会除名者三名、安達謙蔵らの国民同盟から一名、その他五名よりなるもので、政友会を除いた点以外には、斎藤実内閣の再現にすぎず、とても「円卓巨頭会議」と呼べる代物ではなかった。

しかし、内閣調査局の方は、永田鉄山軍務局長を中心とする陸軍内の新勢力（統制派）と、当時「新官僚」と呼ばれた改革派の官僚を中心とした国策立案機関で、三回の普選総選挙でも一向に伸びなかった社会民主主義政党（社会大衆党）の支持を得たものであった。「軍部の首脳者」と「勤労階級の代表者」を集めるという美濃部構想は、こちらの方に反映されていたと言えよう。この点について当時社会大衆党員だった亀井貫一郎は、戦後に次のように回想している。

「永田〔鉄山〕とひととおり、軍および政党・議会の関係について申し合せをしたでしょう。その時に、議会のほうは党利党略を彼らにしないで、各党の上に議会のほうには政策審議会〔内閣審議会〕を作る。それから政府のほうには調査局を作る、こういうことですから。」（『亀井貫一郎氏談話速記録』一四〇頁）

当時陸軍内では、軍務局長の永田鉄山少将の下に、東条英機（少将）、今村均《ひとし》（大佐）、武藤章《あきら》（中佐）を中心とするグループ（統制派）が影響力を強めていた。彼らは、前陸軍大臣の荒木貞夫や教育総監の真崎甚三郎らのように、直接行動をめざす陸軍青年将校を野放しにせず、軍の「統制」を強めることを主張していた。また、彼らは対ソ戦、対中戦を準備するために、軍部以外の諸勢力を味方につけた総力戦体制を合法的に築き上げようとしていた。また、彼らは、すでに記したように社会大衆党にも手を伸ばしていたから、合法的な国家社会主義体制をめざしていたとも言えよう。

「統制派」とか「皇道派」とかいう組織が明確に存在していたわけではないが、合法的な総力戦体制をめざす永田鉄山らを「統制派」、青年将校の直接行動に容認的姿勢を示していた荒木、真崎らを「皇道派」と呼んで区別すると、陸軍内の対立がわかりやすくなる。

内閣調査局には、「新官僚」と呼ばれた官僚グループも積極的であった。彼らは、一九二〇年代から内務官僚として、労働争議や小作争議の調停に尽力してきた修正資本主義的な官僚の流れを汲むもので、岡田内閣の下で内務大臣（後藤文夫《ふみお》）や内閣書記官長（河田烈《いさお》）などの要職についていた。

こうしてみてくると、岡田内閣は、民政党と陸軍統制派と新官僚と社会大衆党の支持を得て、過半数政党政友会と陸軍皇道派を敵に廻した内閣だったことがわかる。問題はこのような政治状況をどう評価するかにある。

指導者層の四分五裂

筆者には、政治社会に一種の液状化が生じていたように思われる。陸軍も政党も官僚もそれぞれの内部に分裂が生じており、政治勢力というものが細分化されていた。細分化されたいくつかの勢力を寄せ集めて一時的に多数派を形成することはできても、中期的に安定した政権をつくることは、困難になってきたのである。

陸軍長州閥のエリートとして陸相を務め、朝鮮総督となっていた宇垣一成《かずしげ》は、このことに気が付いていたようである。一九三五（昭和一〇）年四月末の日記に、宇垣は次のように記している。

「余の承知する政治の過程においては、維新後、薩長土肥の争いより、官僚—政党の争いに、次に二大政党の対立となりしが、現在では、政党—軍部—官僚—左傾—右傾、なお進んで政友会の内争、民政の提携非提携の抗争、軍部内派閥の闘争等と、如何《いか》にも争いが小キザミと成り来れり。これは果して何を物語るか？」（『宇垣一成日記』第二巻、一〇一四頁）

この宇垣の指摘のうち、本章で触れなかった「民政の提携」派とは、民政党内閣末期の「協力内閣」論の流れを汲むもので、斎藤・岡田と二代にわたる非政党内閣を倒すためには、政友会単独でも民政党単独でも困難だから、両党が連合して政党内閣を復活させようという主張である。岡田内閣成立の一九三四年の末には、この派は両党から約三〇〇名の議員を集めた会合を開いている。

それはともかく、宇垣が一九三五年四月に着目した「小キザミ」となった諸勢力の分立は、「果して何を物語」っていたのであろうか。

宇垣の言う「右傾」は、北一輝や西田税などの民間右翼を指し、「左傾」は先に見た亀井貫一郎らの社会大衆党を意味すると解していいであろう（本当の「左傾」は治安維持法によって、すでに根絶させられていた）。そうなると、岡田内閣下の政治地図には、政友会が二派、民政党が二派、陸軍が二派、官僚が二派、左右両極が二派、合わせて一〇派の政治勢力が描かれていたことになる。

このような状況下では、政治の安定を望むべ

宇垣一成

くもないことは、言うまでもない。しかし、ことはそれにとどまらなかったように思われる。支配諸勢力が一〇に分かれるということは、各派のトップだけをとっても、一〇人の指導者がいたことになる。そのような状況は、政治エリートの質の低下をもたらさざるをえない。

宇垣が明治維新以後の政治対立の歴史として描いたもののうち、「薩長土肥」でトップは四人、「官僚―政党の争い」では二人、「二大政党の対立」でも二人である。それが一挙に一〇人に増え、政治対立の組合せも倍増ではすまなくなったのである。一九三五年の日本政治は、政界の不安定化とエリートの質の低下に直面していたのである。

†政友・民政の対立激化――政友会の天皇機関説攻撃

一九三五（昭和一〇）年五月の内閣審議会と内閣調査局の設立は、民政党首脳部にとっては、同党内の政民連立派を抑え、政友会を野党に追い込む絶好の機会であった。両機関の設立直後に、民政党幹事長の川崎卓吉は、政友会幹事長の松野鶴平《つるへい》に、政民連携の中止を次のように通告した。

「今日まで国策の検討樹立を目的として政民連携をなし来ったが、今回政府においても同様の目的を以て内閣審議会を設置せられ、我党はこれに参加し、貴党はこれに参加せられなかった。かくては我党としては、一方政府の審議会に参加し、他方政府に対し反対的立場にある貴党と連携して別個に国策の検討樹立をする事になるので、往々相容れざる場合を生ずる惧《おそ》れがある。」(『民政』一九三五年六月号、一〇六頁)

前回の総選挙が一九三二年二月であったから、解散の有無にかかわらず、選挙は一九三六年二月には行われる。民政党が政友会に連携断絶を通告した時から、わずか九カ月後には必ず総選挙が行われ、民政党は与党として、政友会は野党として、それに臨むことになる。

そのような事態を避けようとすれば、政友会としては総選挙前に政権に返り咲くしかない。そのために政友会が採った戦術は、二つあった。

第一は、言うまでもなく、衆議院に過半数を占める政党に政権を担当させるのが「憲政の常道」である、と強調するものであった。

もう一つの戦術は、美濃部達吉の「天皇機関説」を攻撃することであった。この批判を肯定的に表現すれば、「国体明徴」論(天皇中心の日本の国体を明らかに証すること)になる。

戦後民主主義の下で育ってきたわれわれの耳には、「憲政の常道」は進歩的に、「国体の明徴」は反動的に響く。しかし、すでに見てきたように、田中義一総裁の下でも犬養毅総裁の下でも、政友会は「皇室中心主義」や「統帥権の独立」を唱えて、美濃部憲法学に正反対の立場を明らかにしてきた。

しかも翌年に総選挙を控えた一九三五年という時点では、天皇機関説攻撃は政治戦術として有効なものであった。衆議院を舞台に岡田内閣に美濃部の著作の発禁、同人の処罰を迫っても、内閣の方は衆議院の解散には打って出られない。

かつて久野収氏が天皇制の二面性を「顕教」と「密教」と表現したように、国民レベルでの天皇（顕教）は、国家の「機関」などではなく、日本国家の統治者であった。天皇は国家の諸機関の中で最高位に位置するが、あくまでも国家の一機関にすぎないという「天皇機関説」は、権力の内部でひそかに信じられていた「密教」にすぎなかったのである（久野収・鶴見俊輔『現代日本の思想』一一八―一八二頁）。「密教」を攻撃されて「顕教」が支配する民意に問うことは不可能だから、内閣はこの問題では衆議院を解散できない。

もしこの問題でとことん追いつめられれば、岡田内閣としては総辞職しかなくなるであろう。そうなれば、先に記したもう一つの柱であった「憲政の常道」論によって政権につき、一九三六年二月の総選挙に与党として臨むことができる。これが政友会が描いたシナリオだったのである。

†陸軍内部の対立激化

しかし、先に記したように、当時の政治勢力はいくつにも細分化されており、民政党と政友会だけの思惑で動くものではなかった。翌年二月の総選挙を目標とする政民両党の対立よりも早く、陸軍内部の統制派と皇道派の対立が頂点に達したのである。

両派の対立は、岡田内閣の支持勢力の一つと言ってもいい統制派の方から仕掛けられた。一九三五（昭和一〇）年七月一五日の陸軍三長官会議（陸軍大臣、参謀総長、教育総監）で、林銑十郎《せんじゅうろう》陸相と閑院宮《かんいんのみや》載仁《ことひと》参謀総長とが、真崎甚三郎に教育総監の辞任を求めたのである。真崎がこれを拒否すると、林陸相は翌一六日に単独で天皇に拝謁し、真崎罷免の裁可を受けた。

天皇中心主義を唱える政友会や陸軍皇道派は、天皇による真崎教育総監の罷免を、当時「重臣」と呼ばれた天皇側近の判断によるものとして、「重臣」攻撃に力を入れはじめた。

†「重臣ブロック」をめぐる攻防

従来は元老西園寺公望の専決事項だった後継首班の選定に「重臣」たちが加わることになったのは、一九三四（昭和九）年七月の岡田内閣成立の時からであった。その際の「重臣」の定義は、内大臣と枢密院議長と総理大臣経験者であった。しかるに生存している首相経験者の中で政友会に属していたのは高橋是清のみで、その高橋もこの時には政友会と離別状態にあった(実際の離党は同年一一月)。原敬も田中義一も犬養毅も、みな鬼籍に入っていたのである。言いかえれば、「重臣会議」には政友会の声が全く届かない仕組みになっていたのである。

このため、内閣審議会問題で民政党と絶縁して完全野党化した政友会は、「重臣ブロック」攻撃を強めた。一九三五年六月の政友会幹部会で鈴木喜三郎総裁は、「いわゆる重臣ブロックの萎微退嬰の消極的方針は、国運の進展を阻害し、我党の積極的方針に背馳するものなるが故に、かくの如き指導精神は打破しなければならぬものと信じておる」と演説している(『政友』一九三五年七月号、五〇―五一頁)。

すでに記したように、「重臣」には定義があった。しかし「重臣ブロック」とは何を指すものであろうか。この声明の約一カ月後に任地から上京してきた朝鮮総督宇垣一成も同様の疑問をもって情報を集めた結果、牧野伸顕内大臣、斎藤実前首相、岡田啓介首相、高橋是清蔵相、大角岑生《おおすみみねお》海相、一木喜徳郎《いちききとくろう》前宮内大臣、鈴木貫太郎侍従長と新官僚の一部のことで、「宮中府中を壟断《ろうだん》し政権盥廻《たらいまわ》しを行わんとするものである」と定義している(『宇垣一成日記』第二巻、一〇二五頁)。

ここに名の挙がっている七人のうち、牧野、斎藤、岡田、高橋、鈴木の五人が、翌一九三六年二月に陸軍青年将校の襲撃を受け、二人が落命している。野党政友会が「打破」をめざした「重臣ブロック」は、陸軍青年将校の標的でもあったのである。

しかし、政党同士の提携と違って、政党と軍部という性格の異なる組織間では、「提携」ではなく、暗黙の行動の一致が限度であった。陸軍皇道派の真崎は、提携を申し入れてきた政友会の久原房之助に、「軍若ハ軍人トシテハ、政党ト提携ナドノ言ヲナシ得ルモノニアラズ。要ハ正当ナルコトヲ強ク主張セバ、自然ニ軍ハ無形的に共鳴スルニ至ルモノ」と答えている(『真崎甚三郎日記』第二巻、九六頁、一九三五年五月一一日)。

岡田内閣の与党的諸勢力にとっても、事情は同じであった。仮に一九三六年二月の総選挙で与党的立場にある民政党が勝ったとしても、それで陸軍統制派が皇道派に対して優勢になるというものではなかった。たしかに「重臣ブロック」攻撃を続ける政友会がその総選挙で敗れれば、「重臣」の敵の一翼は崩れる。しかし、陸軍青年将校の「重臣」攻撃は、総選挙の結果によっては左右されない。先に記したような政界の液状化状況の下では、何か一つの「事件」だけで政治の方向が決定的に変化することはありえなかった。反対に、一つひとつの事件ごとに、政界は左と右に揺れつづけたのである。

†昭和一一年の総選挙での「左揺れ」

一九三六（昭和一一）年二月二〇日の第一九回総選挙は、これまでの通史ではあまり注目されてこなかった。わずか六日後に、日本近代史上最大の軍事クー・デターが起こったからである。

しかし、まだクー・デターのことを知らない二月二一日の時点で見れば、それは相当に大きい政治の〝左揺れ〟であった。まず陸軍皇道派と結んで美濃部達吉の天皇機関説攻撃に専念してきた政友会が惨敗した。解散時には四六六議席中の二四二議席とわずかながら過半数を占めていた政友会は、一挙に七一議席を失って一七一議席の少数党に転落した。

これに対し、〝自由主義政党〟と言い切るのには躊躇があっても、少なくとも反軍国主義、反ファシズムの党ではあった民政党は、七八議席を増やして第一党に返り咲いた。

さらに進歩的な知識人は、合法社会主義政党の社会大衆党の躍進に注目した。同党の指導部は、内閣調査局を通じて陸軍統制派と関係が深く、純粋な社会民主主義政党とは言い切れず、また「躍進」と言っても、四六六議席中の一八議席にすぎなかった。しかし、解散時の三議席にくらべれば六倍増であり、しかもそのうち一一名は選挙区での最高当選であり、落選者の多くは次点者であった。候補者の増加と配分に成功すれば、より多くの議席を獲得できたはずである(『社会運動の状況』第八巻、六三四頁)。

一九三六年二月の総選挙で、国民は陸軍皇道派と結ぶ政友会にノーをつきつけ、資本家政党ながら自由主義的な民政党に合格点を、その資本家政党性を批判する社会大衆党にも一定の評価を与えたのである。

†二・二六軍事クー・デター

しかし、液状化状態にある政界では、総選挙の持つ重みは、一九二八―三二年の二大政党制時代ほどには決定力を持たなかった。総選挙のわずか六日後に、皇道派と結んだ陸軍青年将校が軍事クー・デターに打って出たのである(『二・二六事件秘録』第一巻所収の松沢哲成「青年将校運動の概要」を主に参照)。

二月二六日午前五時に、第一師団の歩兵第一、第三連隊、近衛歩兵第三連隊、野戦重砲第七連隊などが、中隊長、少隊長に率いられ(約八個中隊、一四八七名)、総理大臣官邸、内大臣私邸、大蔵大臣私邸、侍従長官邸、教育総監私邸、前内大臣の投宿先の旅館、陸軍大臣官邸、警視庁、陸軍省、参謀本部、東京朝日新聞社などを襲撃した。これにより、内大臣斎藤実、蔵相高橋是清、教育総監渡辺錠太郎《じょうたろう》は殺され、侍従長鈴木貫太郎は負傷した。岡田首相は襲撃者側の誤認で難を逃れたが、すでに記した「重臣ブロック」が一斉に襲撃されたのである。

政府側には、近衛師団と第一師団で約一万四〇〇〇の兵力が残っていたから、約一五〇〇の反乱軍は軍事制圧に成功したわけではない。しかし、宮中と政府の中枢を担ってきた「重臣ブロック」は、反乱によって壊滅的な打撃を受けた。「重臣ブロック」が、民政党と陸軍統制派の支持を受けて右翼的な二大勢力（陸軍皇道派と政友会）を抑え込むというシナリオは、二・二六事件によって崩壊したのである。

しかし、陸軍皇道派と青年将校が政友会の支持を得て一挙に軍事政権を樹立することも、同じく不可能であった。

戦後の後発国でたびたび見られた軍事クー・デターの多くは、何らかの形で国民的、民衆的支持を得ていた。しかし、二・二六事件はそういう国民的支持を欠いた、陸軍青年将校の宮中革命であった。彼らは、軍事クー・デター決行の後に国民に訴えたのではなく、「君側の奸」を倒して天皇個人に訴えたのである。

すでに記したように、約一二〇〇万人の日本の有権者の多数は、事件のわずか六日前の総選挙で「反ファッショ」勢力に投票した。民政党の勝利、社会大衆党の躍進がそれを示している。社会大衆党指導部は陸軍統制派への接近を計っていたが、皇道派や青年将校との関係はなかった。そして何よりも、同党に一八議席を与えた有権者の多くは、同党に

「ファッショ反対」を期待していた。内務省警保局は、この総選挙における社会大衆党の躍進の一因を、「最近に於けるファシズム的傾向に対する民心の反撥的意思表示」に求めている（『特高外事月報』一九三六年二月号、付録、三頁）。

二・二六事件は国民的支持や期待を欠いていただけではなく、肝腎の天皇からも排斥された。君側の奸たる「重臣グループ」を襲撃すれば、天皇は青年将校の真情を理解してくれるはず、という反乱将校たちの期待は、天皇自身によって否定されたのである。事件二日目の二月二七日、反乱軍に同情する本庄繁侍従武官長に対して、天皇は「朕ガ股肱ノ老臣ヲ殺戮ス。此ノ如キ兇暴ノ将校等、其精神ニ於テモ何ノ恕スベキモノアリヤ」と言い切っている（『本庄日記』原書房版、二七五頁）。

天皇と国民の双方から見放された反乱軍は孤立し、その敗北は時間の問題であった。反乱三日後には陸軍首脳部も武力鎮圧を決意し、二月二九日午前五時には近衛、第一、第一四師団二万四〇〇〇名に出動が命ぜられた。反乱軍は約一五〇〇名であった。同日夕方には、自決した野中四郎中隊長と自決に失敗して負傷した安藤輝三中隊長を除く一七名の現役将校と三人の元将校（村中孝次、磯部浅一《あさいち》、渋川善助）は、自首して収監された。

†広田弘毅内閣の成立

事件前後の政治状況を考慮すれば、総辞職した岡田内閣の後継に前外務大臣の広田弘毅が選ばれ、民政党と政友会から二名ずつを入閣させた挙国一致内閣が組織されたのは、当然の結果であった。反乱軍を鎮圧した勢いを駆って陸軍内閣を組織することは、事件のわずか六日前の総選挙に示された「反ファッショ」の民意から見て不可能であった。後継候補に名前の挙がった平沼騏一郎《きいちろう》（枢密院副議長）や近衛文麿《ふみまろ》（貴族院議長）は、事件の黒幕の真崎甚三郎と関係が深すぎた。軍事クー・デター鎮圧後の日本政府の動向を注視する諸外国のことを考慮しても、前外相の首相就任は穏当な選択であった。

広田の挙国一致内閣は、五・一五事件後に斎藤実の下で成立したそれと、原因も形式も類似したもので、政界の一時休戦にすぎなかった。先の岡田内閣時の支配エリートの分極化に対する宇垣一成の懸念から除去されたのは、陸軍青年将校と皇道派だけであった。そのかわりに、「憲政の常道」をあきらめさせられた民政、政友両党の間では、陸軍の長老で政党内閣時代の経験者であった宇垣の下に「政民連携」を実現しようとする声が強くなってきた。

さらに、岡田内閣時代には衆議院での勢力増大をあきらめて、陸軍統制派や新官僚の補助勢力となっていた社会大衆党も、二名を新たに加えて二〇名の議員を擁して議会の院内会派として認められていた。この党の二大政策は、国民生活の向上と国防の充実であったから、社会主義に向かうのか軍国主義に走るのかは、定かではなかった。また、内部のいわゆる「ファッショ」勢力を鎮圧した陸軍では、永田鉄山の後を継いで石原莞爾が参謀本部を掌握して、ソ連を仮想敵とする計画的な国防充実をめざしていた。そして何よりも、二月二〇日の総選挙で勝利した民政党内の主流派は、反軍国主義の立場を鮮明にしていた。

一年前に宇垣が、「如何にも争いが小キザミと成り来れり」と慨嘆した政治状況は、二・二六事件以後にも存続していたのである。

†二・二六事件後の議会の反撃

約一五〇〇名の軍人が重武装して総理大臣や天皇側近を射殺したというと、一九三六（昭和一一）年の日本は無法者が支配する無秩序社会だったように響く。しかし、当時の日本は、大日本帝国憲法の下にある立憲国家であり、その第四五条は、議会解散後の五カ月以内には特別議会を召集しなければならないと定めていた。先の解散が一月二一日だったから、二・二六事件が起ころうとも、六月二一日までには特別議会が召集されるのである。

また、特高や憲兵の支配した戦前日本にあっては、衆議院での議員の発言は制限され、その議事録にも検閲の手が入ったように誤解している人も少なくないが、衆議院は政府と並ぶ国家機関であり、政府の一部でしかない内務省警保局がその議事録を検閲したり、発言者を逮捕するなどの権限はなかった。言いかえれば、憲法の規定により五月四日に開会された第六九特別議会で、議員は二・二六事件とその後の陸軍の対応を堂々と批判できたのである。

その代表例が、同年五月七日の衆議院で民政党を代表して政府の施政方針に質問を行った斎藤隆夫の演説である。彼は次のように演説している（原文片仮名）。

「なお最後に一言致して置きたいことは、この事件〔二・二六事件〕に対する所の国民的感情であります。（中略）私の見る所に依りまするとう云うと、今回の事件に対しては、中央と云わず地方と云わず、上下あらゆる階級を通じて、衷心非常に憤慨をして居ります（拍手）。（中略）殊《こと》に、国民的尊敬の的となられた所の高橋蔵相、斎藤内府、渡辺総監の如き、誰が見た所が温厚篤実、身を以て国に許す所の陛下の重臣が、国を護るべき統帥権の下に在る所の軍人の銃剣に依って虐殺せらるるに至っては（拍手）、軍を信頼する所の国民にとっては、実に耐え難き苦痛であるのであります（拍手）。（中略）それでも国民は沈黙し、政党も沈黙して居るのであります。併《しか》しながら考えて見れば、この状態がいつまで続くか。人間は感情的の動物である。国民の忍耐力には限りがあります。」（『帝国議会衆議院議事速記録』第六六巻、四八頁）

二月二〇日の総選挙で第一党に返り咲いた民政党が、反ファッショ、反軍国主義の立場を鮮明にしたのである。

†親軍的な社会主義政党

しかし、同じ総選挙で民政党と並んで躍進した社会大衆党は、この民政党の立場に同調しなかった。同党は一九三五（昭和一〇）年前後に永田鉄山率いる陸軍統制派と結んだ時の「広義国防論」（軍拡と国民生活改善の両立）を、この議会で改めて強調したのである。それは、二・二六事件にあらわれたような陸軍急進派に同調するものではなかったが、それを鎮圧した後の陸軍に対しては、むしろ期待するものであった。斎藤演説の翌日に同党を代表して質問に立った麻生久《あそうひさし》は、次のように述べている。

「曩《さき》に陸軍省は『国防ノ本義ト其強化ノ提唱』と題するパンフレットを出して、是から先の国防は単に軍備のみを以ては足りない、国民生活の真の安定と云うものが基礎にならなければ、本当の国防は出来ない。国民生活安定の為にもし今日の経済組織が邪魔になるならば、宜しくこれを改造して、国民生活の安定の出来る経済組織を立つべしと云うのが、その結論であったと私は思うのである。吾々は軍部の広義の立前に対しては、全く賛意を表するのでありますが、（中略）或る意味においては軍部自らが、この広義国防の立前を蹂躙した精神に立って居はしまいかと云うことを、吾々は感ずるのである（拍手）。」（同前書、八二頁、傍点筆者）

傍点を付した「今日の経済組織」は〝資本主義経済〟を指すものであろう。その「改造」は、「私有財産制度」の否認を禁じた治安維持法に抵触しかねないものであったが、資本家の擁護になりかねない治安維持法のこの部分は、制定当初から国家主義者に評判のよくないものであった。特に内務官僚は、一九二〇年代から資本家の行き過ぎた私益の追求の抑制に熱心であったから、治安維持法の対象は主として「国体」の「変革」、すなわち天皇制の否定に集中されてきた。そのため、天皇制を否定しない社会主義的言動に対して内務省警保局は寛容な態度をとってきたのである。

問題は、麻生の社会主義的主張ではなく、その親軍的な方針にあった。もちろん麻生の言う「軍部」は、二・二六事件を鎮圧した側を指し、斎藤隆夫が批判したファッショ的な勢力ではなかった。しかし、一方で民政党の代表が陸軍のファッショ派を攻撃しているときに、社会大衆党の代表が同じ陸軍内部の国家社会主義的部分に支持を公表しているのである。二月二〇日の総選挙で共に躍進した民政党と社会大衆党が五月の特別議会で示した態度は、正反対に近いものだったのである。

†政友会の反ファッショ化

二・二六事件以前には陸軍皇道派と結んでファッショ色を強めていた政友会にも、二月二〇日選挙での敗北と二六日事件の鎮圧を機に、変化があらわれてきた。政友会と民政党とが提携して軍部に対抗しようとする政民連携派が優勢となってきたのである。一九三七(昭和一二)年一月の第七〇回通常議会で政友会を代表して質問に立った浜田国松の、いわゆる割腹問答が、この派の立場を示している。彼は次のように述べている(原文片仮名)。

「軍部の人々は大体において、我国政治の推進力は吾らに在り、乃公出《だいこう》でずんば蒼生を如何せんと云う概を持って居らるると云うことは事実である。(中略)この空気と云うものは、軍部における思想の底を流れて潦々として尽きざるものである。(中略)五・

一五事件然り、二・二六事件然り、軍の一角より時々種々なる機関を経て放送せらるる所の独裁政治思潮に関する政治意見然り。（中略）この底を流るる所の、ファシズムと申しますか、独裁思想と申すか、（中略）粛軍の進行と共に独裁的思想の重圧と云うものを並行して行えるものか否やと云うことに、吾々は着眼をして居ったのである。」（同前書、第六八巻、三六頁、傍点筆者）

「粛軍」すなわち陸軍ファッショ派の鎮圧の後に、陸軍全体が「ファシズム」に向かうことの矛盾を鋭く衝いたのである。

先に記したように、明治憲法の定める権限内では、立法府は行政府と並ぶ国家機関であったから、衆議院での発言は自由であった。浜田もこのことを自覚しており、この軍部批判に先立って、「何ものにも拘束牽制せられざる〔議員の〕自由をもちまして、国民の名において現下の国政に対して忌憚なきお尋ねを申上げる」と前置きしている（同前書、三五頁）。

しかし、それを前提にしても、正面から陸軍をファシズム呼ばわりした浜田の演説は、過激すぎるものであった。激怒した寺内寿一《ひさいち》陸相は、「先程から浜田君が種々お述べになりました色々の御言葉を承りますると、中には或いは軍人に対しまして聊《いささ》か侮辱さるるような如き感じを致す所」がある、と反論した(同前書、四三頁)。

ここから浜田議員と寺内陸相の「割腹問答」が始まった。浜田は、「苟《いやしく》も国民代表者の私が、国家の名誉ある軍隊を侮辱したと云う喧嘩を吹掛けられて後へ退けませぬ」と寺内に迫り、寺内がただ「御忠告申した」だけであると答えると、浜田が次のような爆弾演説をしたのである。


「私は年下のあなたに忠告を受けるようなことはしない積りである。あなたは堂々たる陛下の陸軍大臣である。併しながら、(中略)不徳未熟衆議院議員の浜田国松も、陛下の下における公職者である。(中略)あなたに忠告を受けなければならぬことを、この年を取って居る私がしたなら、私は覚悟して考えなければならぬ。(中略)速記録を調べて僕が軍隊を侮辱した言葉があったら、割腹して君に謝する。なかったら君割腹せよ。」(同前書、四五頁)

衆院本会議でここまで罵倒された陸軍大臣は寺内寿一が初めてであろう。憤った寺内は広田弘毅首相に衆院の解散を迫った。

しかし、挙国一致内閣には与党も野党もない上に、陸軍と政友会のどちらを支持するかを総選挙で問うわけにもゆかない。広田首相は元老西園寺の使いに対して、「あの二・二六事件後の急場に大命を拝して今日までまず無事に来たが、今日の情勢では到底大命を果し得ないように感ずるから、今日総辞職することが適当と思う」と述べて、一月二三日に総辞職した（『西園寺公と政局』第五巻、二四〇頁）。浜田演説の二日後のことである。

†宇垣流産内閣

政友会の浜田国松の突然の暴走と見える「割腹問答」の背後には、政友会と民政党が連携して朝鮮総督宇垣一成の内閣を樹立しようという動きがあり、宇垣自身もそれに積極的であった。また、二・二六事件以後沈然を余儀なくされてきた、牧野伸顕前内大臣、湯浅倉平内大臣たちも、宇垣擁立をめざしていた。

しかし、実際に首相候補になった時の宇垣は、約一年半前に傍観者だった時に持っていた明晰な政界分析力を失っていた。一九三五（昭和一〇）年四月末に、宇垣は時の政治状況を、「政党―軍部―官僚―左傾―右傾、なお進んで政友会の内争、民政の提携非提携の抗争、軍部内派閥の闘争等と、如何にも争いが小キザミと成り来れり」と分析していた（本書406頁参照）。このうち、宇垣が広田の後継として出馬した一九三七年一月の時点で解消していたのは、「軍部内派閥の闘争」だけであり、「左傾」と表現された社会大衆党は、一層の躍進の勢を示していた。

もちろん宇垣が、政友会と民政党とを一丸として自己の傘下に収めていれば、相当な大勢力であった。しかし、「政友会の内争」や、「民政の提携非提携の抗争」は、依然として存在していた。大命降下直前（一九三七年一月一七日）の日記で宇垣は、民政党の小泉又次郎や富田幸次郎らの「所謂硬派連中」との関係を示唆しているし（第二巻、一一二三頁）、先に紹介した政友会の浜田国松の「割腹問答」についても、「浜田の決意は旬日前より予見し得たり」（同前書、一一二五頁）と記している。彼は、民政党と政友会の「連携派」だけを基盤に、一月二五日に組閣の大命を拝受したのである。

民政党と政友会が依然として党内対立を続けている時、皇道派と青年将校を鎮圧した陸軍の方は、参謀本部戦争指導課長の石原莞爾大佐が牛耳っていた。一月一八日に石原が起案し、二三日（大命降下の二日前）に参謀総長の決裁を受けた陸軍大臣の就任条件には、石原の重要産業五カ年計画の次期首相による受け容れが、明確に記されている（同前書、一一三四頁）。宇垣内閣阻止の布石を打ったのである。

石原らの主張に押されて、陸軍大臣と教育総監は、宇垣内閣には陸軍大臣を推薦できないと宇垣に通告し、一月二九日、宇垣は組閣を断念した（大命拝辞）。

†陸軍と財閥の提携（狭義国防）

先に見たように、「流産」した宇垣内閣の支持基盤も、決して強いものではなかった。〝政民大連合〟などというものではなく、両党の一部ずつを結びつけたものでしかなかったのである。

しかし、宇垣内閣を流産させた後に陸軍が作った林銑十郎内閣は、衆議院に支持基盤を全くもたない、さらに脆弱な内閣であった。同院の八〇パーセントを占める民政、政友の両党は、宇垣内閣を流産させた陸軍に強い反感を抱いていた。会期中に二名を増やして二〇議席となっていた社会大衆党も、先に記した「広義国防」論に陸軍が関心を失ったのではないかと疑っていた。前議会で同党代表の麻生久が、かつての陸軍の「広義国防」論に全面的に賛同した後で、次のような疑問を呈していたことは改めて想起すべきであろう。

「併しながら、その後に於ける所の予算の状態を見ますするならば、或る意味においては軍部自らが、この広義国防の立前を蹂躙した精神に立っては居はしまいかと云うことを、吾々は感ずるのである（拍手）。動《やや》もすれば国民の中には、なに軍部は国民生活安定などと言うけれども、結局予算さえ取ればいいのじゃないかと云う言葉が、チラホラ聞え

て来るようになって来た（拍手）。」（『帝国議会衆議院議事速記録』第六六巻、八二頁）

「広義国防」の反対語は「狭義国防」である。当時の評論家の中には、やや否定的な響きを持つこの「狭義国防」という言葉をあえて肯定的に使い、林内閣の背後にある陸軍が国家社会主義と距離を取り始めたことを歓迎する論調もあった。すでに本章でもたびたび紹介してきた、自由主義的な評論家馬場恒吾が、その典型である。林内閣成立直後の雑誌『改造』の評論の中で、彼は次のように論じている。

「時勢の変化の最も重要なる現象は、陸軍の意志が広義国防よりはむしろ狭義国防に重点を置くようになったことである。広義国防に熱心なる余り、庶政一新を唱え、行政、産業、議会制度という如く、社会各方面に向って軍部の意見なるものが放送される。この場合には、それが当然社会各方面と軍部との摩擦を直《（ママ）》し、軍民一致の理想を達することが困難になる。（中略）だから、近時の陸軍が狭義国防により多くの関心を有して、軍本来の任務に専念せんとする傾向を示して来たことは、国民に歓迎されるのみならず、軍それ自身としても賢明な生き方ではないかと思われる。」（一九三七年四月号、八八―九三頁）

ここで馬場が注目しているのは、林内閣の背後にあった石原莞爾の対ソ五ヵ年計画（一九三七年五月陸軍省の「重要産業五ヵ年計画」として発表）と、その石原の三井財閥への接近である。前者は、一九三七（昭和一二）年から四一（昭和一六）年までの五ヵ年で、軍需産業と重化学工業を飛躍的に発展させるというもので、後者は三井財閥の中心人物池田成彬《しげあき》の日銀総裁就任である。馬場は、一九三二年の五・一五事件の前には襲撃の対象だった三井財閥の中心人物が、わずか五年後には陸軍の要請で日銀総裁に就任したことに、「時勢の変化」を感じ取ったのである。池田自身も元老西園寺公望の使いに対して、石原莞爾の五ヵ年計画の作成を助けた関係から日銀総裁を引き受けた事情を、次のように語っている。

「石原の持って来た具体的な案に対してかれこれ行きがかりがあるし、とにかく陸軍の要求する国防充実はどこまでもやっぱり国際情勢に準じてやらなければならん。そうして現在の経済機構の根本を毀《こわ》されてはならん。そうなると金融の中心に当っている日本銀行あたりがうまくやらないと、非常に危険なことになる。（中略）いまさら出る場合じゃあないけれども、まあ自分も御奉公だと思って快諾したようなわけで、まあ一つで

きるだけ結城氏〔豊太郎・蔵相〕を援《たす》けてやりましょう。」(『西園寺公と政局』第五巻、二五四頁)

「経済機構の根本」を守る代償として陸軍の五カ年計画を財閥が援助しようというのであるから、馬場の「狭義国防」そのものである。陸軍は国家社会主義に別れを告げて国家資本主義による国防の充実を求めたのである。

「国家主義」と「社会主義」が結合した失敗例を、今日の私たちは嫌というほど知っている。しかし、「国家社会主義」には「社会主義」という夢がある。これに対して陸軍と財閥が結びついた「国家資本主義」には、実利しか存在しない。ファシストと罵られながらも陸軍の「広義国防」に期待してきた社会主義者は立場を失う。「広義国防」にこだわる社会大衆党をも敵に廻した場合、陸軍と財閥は衆議院の八五パーセントを敵にすることになる。馬場の言う「狭義国防」は、陸軍と財界の算盤上では意味があっても、衆議院の八五パーセントを敵に廻した両者の提携には、民意が集まらなかったのである。

陸軍と官僚と財界だけに支持された林銑十郎内閣は、政治的展望のないままに、一九三七年三月三一日に衆議院を解散した。与党を持たないこの内閣に総選挙の結果は初めから意味を持たなかった。民政党と政友会の議席差が縮まろうとも(一八〇対一七四)、それは林内閣の支持基盤に影響を与えるものではなかった。陸軍支持を訴えながら陸軍に裏切られた社会大衆党は、四月三〇日の総選挙で議席を倍増させた（二〇→三六）。しかし、陸軍が「狭義国防」に転換した後では、社会大衆党の「広義国防」は、親陸軍のシンボルではなく、「デモクラシー」の旗印に意味転換していた。

†「広義国防」とデモクラシー

政治スローガンの意味内容は、その提唱者の意図だけでは決まらない。有権者がそのスローガンにかけた期待も同様に重要である。この総選挙で二〇議席から三六議席に再度の躍進を社会大衆党が果たした時、言論界や有権者にとっての「広義国防」は、親ファシズムのシンボルから反ファシズムの旗印に急転していたのである。

林内閣が三月三一日に衆議院を解散すると社会大衆党は、「広義国防か狭義国防か！政民連合か社会大衆党か！」を選挙スローガンに掲げた。前者は陸軍と財閥の接近を批判するもので、後者はその陸軍によって潰された宇垣一成内閣構想への復帰に反対するものであった。陸軍の石原莞爾が民政党と政友会への接近を計ったという事実は、管見の限り存在しないし、民政党と政友会の「連携派」が宇垣ではなく石原との提携を求めたという史料も見当たらない。社会大衆党の二つのスローガンは、本来は別々のものだったのである。

しかし、この二つのスローガンには、陸軍に反対し、財閥に反対し、「既成政党」（民政党と政友会）に反対するという印象がある。

現存する四つの〝強者〟に反対するという社会大衆党はこの選挙でも躍進し、議席を二〇から三六に伸ばした。民政党は二四議席を減らし一八〇議席、政友会は三議席増やし一七四議席となり、両党の力関係は均衡化した。

†自由主義か国家社会主義か

政民両党がどちらも伸び悩む中で社会大衆党だけが倍増に近い議席を獲得したことについて、当時の言論界の評価は二分した。自由主義者の馬場恒吾は、「狭義国防」と「政民連合」に同時に反対する社会大衆党の二面性に疑問を抱いていた。総選挙後に雑誌『中央公論』が主催した座談会（五月八日）において、馬場は社会大衆党の三輪寿壮《みわじゅそう》に、その疑念を次のようにぶつけている。

「社大党が政府に反対、既成政党に反対というでしょう。政府と政党と正面衝突する時に両方に反対するということは、結果において政府を助けることになりはせんか。」

（『中央公論』一九三七年六月号、一〇〇頁）

他方で、戦後の日本では、「自由主義者」の代表として尊敬され、また攻撃されてきた河合栄治郎（当時東大経済学部教授）は、馬場とは違って手放しで社会大衆党の躍進に「歓喜を感」じていた。『中央公論』に掲載された時論の中で、河合は次のように論じている。

「三十六名の代義士は、衆議院の総数四百六十六の中の渺《びょう》たる一割にも及ばない。それにも拘わらず吾々が此の少数党の膨張に歓喜を感ずるのは何故か。それはこの政党が、続出する幾多の少党と同視しえざる特質を持っているからである。その一は、何れの国の社会党もそうであるように、明白なイデオロギーを所有していることであり、その二は、現在の社会に対して革新的態度を持することであり、その三は、その故に少くとも今後の選挙において後退することなき不断の上昇線を辿《たど》る政党だと云うことである。」
（一九三七年六月号、一二三頁）

河合の言うとおり、社会大衆党の躍進といっても、四六六議席中の三六議席にすぎない。

そのような党の動向が、馬場恒吾にはファッショ政党の台頭と警戒され、河合栄治郎には「歓喜」をもって迎えられたのである。

すでに記したように林銑十郎内閣の下で陸軍は、財閥と結んで「狭義国防」に専念しはじめた。他方で、宇垣一成の組閣失敗後の民政党と政友会は、社会大衆党の言うような「政民連合」に向かっていたわけではない。総選挙となれば、民政党は民政党、政友会は政友会としてそれぞれの特色を競い合ったのである。そしてこの四大勢力の隙間を縫って党勢を拡張した社会大衆党は、ある者にはファッショ政党の台頭に映り、他の者には西欧のような合法的な社会主義政党の躍進に思えたのである。約二年前に朝鮮総督の宇垣一成が首を傾げた、対立が「小キザミ」になってきた政治の特徴は、一九三七年四月三〇日の総選挙の後に、さらに顕著になってきたと言えよう。

†国家指導者の脆弱化と日中戦争

政治世界が四分五裂の状態にあった一九三七（昭和一二）年七月七日に、盧溝橋事件が起こり、瞬く間に日中全面戦争に発展していった。盧溝橋事件が四年半後の真珠湾攻撃の直接の原因となったという歴史解釈は、今日ではあまり流行らない。この四年半の変遷を月ごとに史料で追っていけば、歴史はそう単純なものではないことがわかってくるからである。

しかし、第一次世界大戦の歴史を学び、その上で一九三七年の国際情勢の中に日中戦争を位置づけた者にとっては、日中戦争の勃発が一九四一年の太平洋戦争の原因になり、太平洋戦争の勃発の結果が、一九四五年の焼野原になることは、ほとんど自明のことであった。

こういう恐ろしい未来図は、何とか日中戦争を回避し、日米戦争を回避しようとしていた者たちには描きにくい。日米戦争を覚悟し、その結果としての焼野原をも覚悟して日中戦争を戦おうと思っていた好戦論者だけが、一九三七年の時点で一九四五年の地獄絵を描くことができたのである。

盧溝橋事件の勃発からわずか二ヵ月後に、武藤貞一の『日支事変と次に来るもの』という本が新潮社から刊行された。本の奥付には、「昭和一二年九月七日発行」とあり、「初版五万部」とある。著者の武藤は朝日新聞の論説委員ながら、対中、対英戦争への国民的覚悟を煽った軍事評論家として有名であった。筆者より四、五歳年上の世代の人は、「武藤貞一」というと、それだけで顔を背ける。典型的な行け行けドンドンのジャーナリストであったらしい。

しかし、武藤には、右は右ながら、合理主義的な国防論、戦争論に徹するという一面もあった。彼は日中戦争勃発前にも、ソ連を陸軍の仮想敵、アメリカを海軍の仮想敵とする一九三六年八月の「国策の基準」を批判して、「露英米三国と同時に戦うことを想定する国防計画」はとうてい「日本の力に及ばない」と論じ、「大和魂と神風に依存する国防計画なんてあるもんじゃない」と言い切っている（『中央公論』一九三七年三月号）。

†日中戦争と太平洋戦争

この好戦的で合理主義的な軍事評論家が一九三七年九月七日に発行したこの本には、驚くべき予測が並んでいる。

筆者は一九三七年五月の生まれで、一九四五年八月の敗戦の時には八歳であった。敗戦前の八カ月は集団疎開で富山にいたから情報不足であったが、一九四四年一杯は早熟な小学生として、ある程度の記憶がある。その一九四四年に筆者が体験したことが、筆者が生まれた一九三七年に、武藤貞一によってほとんどすべて予測されていたのである。

彼はまず、日中戦争が日英米戦争に発展した場合、米空軍の日本本土爆撃が起こる、しかもその時には壮年男子は戦地に行っている、「銃後の婦人」の役割は倍増する、として次のように論じている。

「男子の壮丁は大陸へ、男子の老幼と婦人は内地に、この関係が《（ママ）》、勢い内地における生産各機構に婦人の受持は俄然《がぜん》拡大されるであろう。（中略）おまけに防空という一大事業が、銃後の婦人の双肩にかかって来ている。焼夷弾、毒ガス、細菌弾の雨注と闘うには、現在の国防婦人会のエプロン姿は頼り無さ過ぎる。（中略）ヨーロッパでの経験によると、焼夷弾による火傷の大半は下半身、特に下肢であるという。日本の婦人服〔着物〕と素足は防弾に最も不向かつ危険なものであるから、是非これを改めなければならぬ。それには東北の婦人が着用するモンペに新工夫を凝らした新服装を創案することが刻下の急務とせられるのである。」（『日支事変と次に来るもの』五五―五六頁）

日中戦争が勃発したばかりの当時は、着物にエプロン姿の国防婦人会員たちが、駅頭で出征する軍人に日の丸の旗を振っていた。その時に武藤は、同じ婦人たちがモンペ姿で焼夷弾が降りそそぐ中で鎮火にあたる姿を想定していたのである。一九四四年の筆者の母も、モンペ姿でバケツのリレーに努めていた。

武藤は太平洋戦争末期の米の配給とその減少も予想していた。「米は大体一人一石一斗もしくは一石に割当てられ、国家の強力管理が敢行されねばなるまい」（同前書、五四頁）と。「一石」の方をとれば、年に一〇〇〇合だから、一日二合七勺《しゃく》強である。実際には二合四匁ぐらいまで下がったと記憶する。おかげで筆者は栄養失調になり、髪の毛がすべてなくなった。

戦争となれば身の廻りの金属製品は徴発されて武器に造り替えられる。すなわち、「一時に、あるいは漸次に影をひそめるものは、ニッケル銀貨であり、公園や橋梁の鉄材の手摺であろう。その他一切の鉄、銅、鉛、錫などは、街頭から、家庭から、いくさの庭へ、人間よりも大量に動員されて行く」（同前書、五二頁）と。筆者の世代の者は、忠君烈士や偉い軍人以外の銅像が、すべて台座だけになった光景を憶えているはずである。

武藤がここまでの総力戦図を描く根拠は、盧溝橋事件が日中全面戦争に発展し、日中全面戦争は、日本と英米ソの全面戦争に発展するという見通しにあった。彼は次のように記している。

「先の満州事変といい、イタリーのエチオピア占領といい、スペイン戦争といい、何れも現場の炸裂現象には（ママ）過ぎなかったが、今度の事変こそは、それに数倍する強度のものであって、もし日支の全面的戦争に発展したが最後、勢いの赴くところ、遂に世界の大禍乱を喚び起さないとは保証しがたいのだ。」（同前書、七頁）

「世界は全く一つの戦争の坩堝《るつぼ》に入ってしまった。日支戦局は何か意外なドンデン返りを打たざる限り、行くところまで行かざるを得ない情勢にある。そしてそこへ、ソ連にせよ、イギリスにせよ、又はアメリカにせよ、支那と緊密なる関係国が一歩でも乗出せば、ここに日支間の局面は、須臾《しゆゆ》にして世界的大事変の口火に点火することとなるであろう。」（同前書、一四頁）

†「危機」から「崩壊」へ

一九三七（昭和一二）年七月七日の盧溝橋事件の直後に、ここまで暗い未来図を描いたものは、武藤貞一以外にはいなかったと思われる。武藤自身はこの未来図に胸を躍らせていたのかも知れないが、筆者には「危機の時代」が「崩壊の時代」にとって代わられたものとしか思えない。

武藤の描いた「崩壊の時代」を避けることはできなかったろうか。流産した宇垣一成の内閣ならば、回避できたかも知れない。宇垣には陸軍の一部と衆議院の多数の支持があり、宇垣も民政党も政友会も、ファッショと戦争に反対していた。その宇垣の内閣を流産させた石原莞爾の「狭義国防」路線でも、日中全面戦争は回避できたかも知れない。これから五年かけて対ソ戦準備のために、飛行機と戦車とそのための重化学工業を育成しようとして財閥の協力も獲得したものが、その前に日中全面戦争に突入したとは思えないからである。戦争勃発後の石原の日中和平交渉は、よく知られている事実である。

しかし、この二つの内閣または内閣構想の挫折の後を受けて、一九三七年六月四日に成立した第一次近衛文麿内閣は、成立と同時に、「従来のような対立相剋を国内で続けて行くのは、国外で侮りを受ける。出来るだけ相剋摩擦を緩和して行きたい」という談話を発表した（『西園寺公と政局』第六巻、三六三頁）。当時の言論界は、これを「国内対立相剋の緩和」と標語化した。その標語どおり、近衛内閣は、民政党や政友会だけでなく、財界からも新官僚からも入閣者を得、陸軍も社会大衆党もそれを支持した。すでにたびたび使ってきた表現によれば、それは「小キザミ」化した諸政治勢力のすべてを包摂した内閣であった。

すべての政治勢力に支持された内閣には、基本路線もなければ信頼できる与党的勢力もない。その時々の状況により、右に行ったり、中道に行ったり、左に行くしかない内閣構成だったのである。そのような内閣の成立後約一ヵ月で、すでに武藤貞一の著書で紹介したような日中全面戦争の危機が生じたのである。「危機の時代」が懐かしくなるような「崩壊の時代」が始まったのである。筆者の長年の友人の一人は、日中戦争から太平洋戦争にいたる八年間の「崩壊の時代」の原体験があるだけに、その時代の分析なしに「日本近代史」は終えられないはずだと、筆者に注文しつづけてくれた。

しかし、「崩壊の時代」に入っていった最大の原因は、すでに国内の指導勢力が四分五裂していて、対外関係を制御できなくなっていたからである。そしてこの四分五裂状態は、一九三二年以来五年がかりで深められてきたものであり、いわば勝者なき分裂状態に陥っていた。近衛内閣はこの分裂状態を克服しないで固定化し、そのまますべてを包摂してしまった。日中戦争を途中で停めたり、日英米戦争を回避したりするための政治体制の再編をめざす指導者は、もはや存在しなかったのである。

これ以後の八年間は、異議申立てをする政党、官僚、財界、労働界、言論界、学界がどこにも存在しない、まさに「崩壊の時代」であった。異議を唱える者が絶えはてた「崩壊の時代」を描く能力は、筆者にはない。

「改革」→「革命」→「建設」→「運用」→「再編」→「危機」の六つの時代に分けて日本近代史を描いてきた本書は、「崩壊の時代」を迎えたところで結びとしたい。

おわりに

すでに第6章で明らかにしたように、昭和一〇年代初頭の日本の指導者たちは、四分五裂して小物化していた。そのような国内状況の下で、武藤貞一が大戦争の始まりと予測した日中戦争が勃発した。昭和一〇年代初頭の日本国民は、内政と外政の二重の国難の入口に立っていたのである。

言うまでもなく、日本国民がこの二重の国難から同時に解放されたのが、一九四五（昭和二〇）年八月一五日である。見通しの立たない戦争をただ拡大することしかできなかった軍人や政治家たちは追放され、国民は戦争から解放された。

二〇一一年三月一一日の大地震、大津波、大原発事故の三重苦の克服を論じるとき、多くの人々は、当然のように八月一五日の国難からの復興と対比した。敗戦で焼野原となった日本を復興させた日本人は、三月一一日の国難にも必ず打ち克てると説いたのである。

しかし、第6章で「危機の時代」が「崩壊の時代」に移行するところを分析した筆者には、二〇一一年三月一一日は、日中戦争が勃発した一九三七年七月七日の方に近く見える。一九三七年七月七日の日本は「崩壊の時代」の入口に立っていたのに対し、四五年八月一五日の日本は「崩壊の時代」を終えて「改革の時代」を迎えていたのである。愚かな指導者と愚かな戦争から解放された日本国民は、希望に燃えて戦後改革を受け容れ、復興に全力を尽くしたのである。

三月一一日の三重の国難を迎えて以後の日本には、「改革」への希望も、指導者への信頼も存在しない。もちろん東北地方の復旧、復興は日本国民の一致した願いである。しかし、それを導くべき政治指導者たちは、ちょうど昭和一〇年代初頭のように、四分五裂化して小物化している。「国難」に直面すれば、必ず「明治維新」が起こり、「戦後改革」が起こるというのは、具体的な歴史分析を怠った、単なる楽観にすぎない。「明治維新」や「戦後改革」は日本の発展をもたらしたが、第6章で明らかにしたように、「昭和維新」は「危機」を深化させ、「崩壊」をもたらしたのである。

日本国民が三月一一日に始まる「国難」を克服するためには、新しい指導者層の台頭が必要である。四分五裂した小物指導者の下では、「復旧」も「復興」も望み薄である。

しかし、歴史の上では「興」と「亡」はいつもセットである。明治維新の「興」に始まり、「昭和維新」の「亡」に終わった本書の後にも、「戦後改革」という「興」が続いた。「戦後改革」に始まり、一つのサイクルを終えようとしている戦後六六年史においても、おそらく「亡」を克服して「興」に向かう次の指導者たちは、政界、官界、財界、労働界、言論界、そして学界の中で、出番を待っているものと思われる。

筆者が本書執筆の覚悟を決めたのは、二〇一〇年三月のことであり、ちくま新書の編集者増田健史氏の熱い説得の結果である。同年八月頃から執筆にとりかかり、丸一年経った二〇一一年九月には稿を了えた。教職から離れて九年目になる筆者の丸一年は、文字どおり丸一年である。

この間、増田氏は、二〇〇字で一〇〇枚前後が終わるたびに原稿に眼を通してコメントをしてくれた。本書は二〇〇字で一二〇〇枚を超えるから、完成まで一二回は、草稿をコメントしてくれた計算になる。著者が原稿を書き、編集者が本にしてくれるというような単純な分業などは存在しないのである。

それにしても、八〇年間の日本近代史を一人で書くということは、予想していた以上の難業であった。もちろん、バランスのとれた通史などは、最初から目指していなかった。本書は筆者の独断と偏見で綴った日本近代八〇年の歴史である。しかし、いくら独断と偏見を駆使しても、一八五七（安政四）年から一九三七（昭和一二）年までの歴史は長すぎ、しかも複雑すぎた。「大過」だらけかも知れないが、今はこの苦行から解放されたことを素直に喜びたい。

二〇一一年九月

著者

参考文献・史料

本文中では省略した出版社名と刊行年とを記載した。なお、本書では新聞、政党機関紙（誌）、総合雑誌などを多く史料として使っているが、それらは本文の中に発行年月日や号数を記しているので、ここでは省略した。

第1章・第2章

勝田孫弥『西郷隆盛伝』ぺりかん社、一九七六年復刻。原書は一八九四年刊
立教大学日本史研究会編『大久保利通関係文書』第三・第五巻、吉川弘文館、一九六八・一九七一年
坂野潤治『日本憲政史』東京大学出版会、二〇〇八年
佐々木克『幕末政治と薩摩藩』吉川弘文館、二〇〇四年
勝部真長ほか編『勝海舟全集』第一八巻、勁草書房、一九七二年
勝田孫弥『大久保利通伝』上巻、同文館、一九一〇年
木戸公伝記編纂所編『松菊木戸公伝』上巻、明治書院、一九二七年
家近良樹『西郷隆盛と幕末維新の政局』ミネルヴァ書房、二〇一一年
前掲『大久保利通関係文書』第一巻、一九六五年
島内登志衛編『谷干城遺稿』上巻、靖献社、一九一二年
日本史籍協会編『戊辰日記』東京大学出版会、一九七三年
佐々木克『戊辰戦争』中公新書、一九七七年
佐佐木高行『保古飛呂比（佐佐木高行日記）』第四巻、東京大学出版会、一九七三年

第3章

前掲『大久保利通伝』下巻、一九一一年

坂野潤治・大野健一『明治維新』講談社現代新書、二〇一〇年
稲田正次『明治憲法成立史』上巻、有斐閣、一九六〇年
板垣退助監修『自由党史』上巻、岩波文庫、一九五七年
佐々克堂先生遺稿刊行会編『克堂佐佐先生遺稿』改造社、一九三六年
毛利敏彦『明治六年政変』中公新書、一九七九年
外務省編『日本外交文書』第七巻、外務省、一九五五年
黒龍会本部編『西南記伝』上巻の一、黒龍会本部、一九〇八年
「三条家文書」国立国会図書館憲政資料室所蔵
早稲田大学社会科学研究所編『大隈文書』第一・第三巻、同研究所、一九五八・一九六〇年
井上馨侯伝記編纂会編『世外井上公伝』第二巻、内外書籍、一九三四年
日本史籍協会編『木戸孝允日記』第三巻、東京大学出版会、一九六七年
「古沢滋関係文書」国立国会図書館憲政資料室所蔵
伊藤博文関係文書研究会編『伊藤博文関係文書』第四巻、塙書房、一九七六年
前掲『日本外交文書』第八巻、一九五六年
NHK編『日本と朝鮮半島2000年』下巻、日本放送出版協会、二〇一〇年
前掲『伊藤博文関係文書』第三巻、一九七五年
日本史籍協会編『大久保利通文書』第七・第八巻、東京大学出版会、一九六九年
佐藤誠三郎『「死の跳躍」を越えて』都市出版、一九九二年
鹿児島県維新史料編さん所編『鹿児島県史料　西南戦争』第一巻、鹿児島県、一九七八年
日本経営史研究所編『五代友厚伝記資料』第四巻、東洋経済新報社、一九七四年

第4章

前掲『自由党史』上巻

庄司吉之助『日本政社政党発達史』御茶の水書房、一九五九年
加藤秀俊ほか『明治・大正・昭和世相史』社会思想社、一九六七年
室山義正『松方財政研究』ミネルヴァ書房、二〇〇四年
色川大吉・我部政男監修『明治建白書集成』第六巻、筑摩書房、一九八七年
家永三郎ほか編『明治前期の憲法構想』福村出版、一九六七年
井上毅伝記編纂委員会編『井上毅伝　史料篇第四』国学院大学図書館、一九七一年
春畝公追頌会編『伊藤博文伝』中巻、統正社、一九四〇年
前掲『井上毅伝　史料篇第一』一九六六年
伊藤博文『憲法義解』岩波文庫、一九四〇年
ジョージ・アキタ著、荒井孝太郎・坂野潤治訳『明治立憲政と伊藤博文』東京大学出版会、一九七一年、原著は一九六七年刊
『愛国新誌』(明治文化研究会編『明治文化全集　自由民権篇(続)』所収)、日本評論社、一九六八年
J-J・ルソー著、桑原武夫ほか訳『社会契約論』岩波文庫、一九五四年
明治文化研究会編『明治文化全集　雑史篇』日本評論社、一九六七年
前掲『日本外交文書』第一四巻
大山梓編『山県有朋意見書』原書房、一九六六年
都筑馨六「超然主義」「民政論」未刊行原稿、一八九二年
坂野潤治『近代日本の出発』新人物文庫、二〇一〇年
幸徳秋水全集編集委員会編『幸徳秋水全集』第二巻、明治文献、一九七〇年
宮内庁編『明治天皇紀』第八巻、吉川弘文館、一九七三年

第5章

前掲『伊藤博文伝』下巻、一九四〇年

前掲『憲法義解』
横山源之助『日本の下層社会』岩波文庫、一九四九年
農商務省商工局編『職工事情』生活社、一九四七年
早稲田大学図書館所蔵大隈重信関係資料所収「政党偵察報告書」
坂野潤治『明治憲法体制の確立』東京大学出版会、一九七一年
北一輝「国体論及び純正社会主義」（『北一輝著作集』第一巻所収）、みすず書房、一九五九年
松尾尊兊『大正デモクラシー』岩波書店、一九七四年
原奎一郎編『原敬日記』第二・第五巻福村出版、一九六五年
徳富猪一郎（蘇峰）『大正政局史論』民友社、一九一六年
角田順『満州問題と国防方針』原書房、一九六七年
前掲『山県有朋意見書』
山本四郎『大正政変の基礎的研究』御茶の水書房、一九七〇年
「田健治郎日記」（マイクロ・フィルム）国立国会図書館憲政資料室所蔵
吉野作造『現代の政治』実業之日本社、一九一五年
吉野作造『吉野作造選集』第二・第一三・第一四巻、岩波書店、一九九六年
前掲『日本憲政史』
外務省編『日本外交年表並主要文書』上巻、原書房、一九六五年
「寺内正毅関係文書」国立国会図書館憲政資料室所蔵
伊藤正徳編『加藤高明』下巻、宝文館、一九二九年
山本四郎『評伝　原敬』下巻、東京創元社、一九九七年
成沢光「原内閣と第一次世界大戦後の国内状況(2)」『法学志林』第六六巻第三号、一九六九年二月
松尾尊兊『普通選挙制度成立史の研究』岩波書店、一九八九年
蠟山政道『日本政治動向論』高陽書院、一九三三年

H・スミス著、松尾尊兊・森史子訳『新人会の研究』東京大学出版会、一九七八年
山川均『山川均全集』第四巻、勁草書房、一九六七年
石上良平『政党史論　原敬歿後』中央公論社、一九六〇年
小川平吉文書研究会編『小川平吉関係文書』第二巻、みすず書房、一九七三年
井上正明編『伯爵清浦奎吾伝』下巻、伯爵清浦奎吾伝刊行会、一九三五年

第6章

幣原平和財団編『幣原喜重郎』幣原平和財団、一九五五年
前掲『小川平吉関係文書』第二巻
福沢諭吉『民情一新』常松書店、一九四七年
木戸日記研究会・日本近代史料研究会編『鈴木貞一氏談話速記録』下巻、日本近代史料研究会、一九七四年
井上寿一『戦前日本の「グローバリズム」』新潮社、二〇一一年
『帝国議会衆議院議事速記録』第五四・第六六・第六八巻、東京大学出版会、一九八三―八四年
美濃部達吉『逐条憲法精義』有斐閣、一九二七年
美濃部達吉『議会政治の検討』日本評論社、一九三四年
伊藤隆ほか編『続・現代史資料5　海軍　加藤寛治日記』みすず書房、一九九四年
今井清一ほか編『現代史資料4　国家主義運動㈠』みすず書房、一九六三年
原秀男ほか編『検察秘録　五・一五事件』第一・第三巻、角川書店、一九八九・一九九〇年
高橋亀吉『大正昭和財界変動史』中巻、東洋経済新報社、一九五五年
西田美昭「戦前日本における労働運動・農民運動の性質」（東京大学社会科学研究所編『現代日本社会4　歴史的前提』東京大学出版会、一九九一年、所収）
小林龍夫ほか編『現代史資料7　満州事変』みすず書房、一九六四年
木戸幸一『木戸幸一日記』上巻、東京大学出版会、一九六六年

伊藤隆・広瀬順晧編『牧野伸顕日記』中央公論社、一九九〇年
石橋湛山『石橋湛山全集』第九巻、東洋経済新報社、一九七一年
日本近代史料研究会編『亀井貫一郎氏談話速記録』同研究会、一九七〇年
宇垣一成『宇垣一成日記』第二巻、みすず書房、一九七〇年
久野収・鶴見俊輔『現代日本の思想』岩波新書、一九五六年
伊藤隆ほか編『真崎甚三郎日記』第二巻、山川出版社、一九八一年
内務省警保局編『社会運動の状況』第八巻、三一書房、一九七二年
林茂ほか編『二・二六事件秘録』第一巻、小学館、一九七一年
内務省警保局保安課『特高外事月報』一九三六年二月号
本庄繁『本庄日記』原書房、一九六七年
原田熊雄述『西園寺公と政局』第五・第六巻、岩波書店、一九五一年
武藤貞一『日支事変と次に来るもの』新潮社、一九三七年

わ行

や行

ら行

は行

ま行

な行

た行

さ行

か行

索　引

あ行

ちくま新書
948

日本近代史《にほんきんだいし》

二〇一二年三月一〇日 第一刷発行
二〇二〇年一一月一五日 第一七刷発行

著者 坂野潤治（ばんの・じゅんじ）
発行者 喜入冬子
発行所 株式会社筑摩書房
東京都台東区蔵前二-五-三 郵便番号一一一-八七五五
電話番号〇三-五六八七-二六〇一（代表）
装幀者 間村俊一
印刷・製本 株式会社精興社

ISBN978-4-480-06642-8 C0221

ちくま新書

457 昭和史の決定的瞬間　坂野潤治

日中戦争は軍国主義の後ではなく、改革の途中で始まった。生活改善の要求は、なぜ反戦の意思と結びつかなかったのか。日本の運命を変えた二年間の真相を追う。

650 未完の明治維新　坂野潤治

明治維新は〈富国・強兵・立憲主義・議会論〉の四つの目標が交錯した「武士の革命」だった。それは、どう実現されたのだろうか。史料で読みとく明治維新の新たな実像。

382 戦争倫理学　加藤尚武

戦争をするのは人間の本能なのか？　絶対反対を唱えれば何とかなるのか？　報復戦争、憲法九条、カントなどを取り上げ重要論点を総整理。戦争抑止への道を探る！

465 憲法と平和を問いなおす　長谷部恭男

情緒論に陥りがちな改憲論議と冷静に向きあうには、そもそも何のための憲法かを問う視点が欠かせない。この国のかたちを決する大問題を考え抜く手がかりを示す。

654 歴史学の名著30　山内昌之

世界と日本を知るには歴史書を読むのが良い。とはいえ古典・大著は敷居が高い。そんな現代人のために古今東西の名著から第一人者が精選した、魅惑のブックガイド。

655 政治学の名著30　佐々木毅

古代から現代まで、著者がその政治観を形成する上でたえず傍らにあった名著の数々。選ばれた30冊は混迷を深める時代にこそますます重みを持ち、輝きを放つ。

722 変貌する民主主義　森政稔

民主主義の理想が陳腐なお題目へと堕したのはなぜか。その背景にある現代の思想的変動を解明し、複雑な共存のルールへと変貌する民主主義のリアルな動態を示す。